Schmuck-Werkstatt

Carles Codina

Schmuck-Werkstatt

Materialien – Techniken – Gestaltungsideen

Carles Codina

Verlag Paul Haupt

Bern • Stuttgart • Wien

Schmuck-Werkstatt

Text und Gesamtkonzeption:
Carles Codina unter Mitarbeit von Xavier Domenech („Die Anfänge des Schmucks") und Ramon Puig Cuyás („Neue Schmuckkunst")

Arbeitsbeispiele:
Carles Codina, Estela Guitart, Carmen Amador, Tanja Fontane, Aureli Bisbe, Ramon Puig Cuyás und Joan Aviñó unter Mitarbeit von Jimena Bello, Verónica Andrade, Joaquim Benaque und Jaime Díaz.

Gestaltung und Reihenkonzept:
Josep Guasch

Fotos:
Nos & Soto

Illustrationen:
Juan Carlos Martínez

Übersetzung aus dem Spanischen:
Tina Kehr-de Dil

Redaktion und Satzbetreuung der deutschen Ausgabe:
Bücher-GmbH, D-95445 Bayreuth

Die Deutsche Bibliothek – CIP-Einheitsaufnahme

Schmuck-Werkstatt : Materialien – Techniken – Gestaltungsideen / Carles Codina. [Fotogr.: Nos & Soto. Ill.: Juan Carlos Martínez. Übers. aus dem Span., Red. und Satzbetreuung: Bücher GmbH, Bayreuth].
– Bern; Stuttgart; Wien : Haupt, 2000
Einheitssacht.: La joyería <dt.>
ISBN 3-258-06207-2

Die spanische Originalausgabe erschien unter dem Titel *La Joyería* in erster Auflage im September 1999.
World Rights © Parramón Ediciones S.A., Barcelona

Copyright © 2000 für die deutsche Ausgabe by Verlag Paul Haupt Berne

Alle Rechte für die deutsche Ausgabe vorbehalten
Jede Art der Vervielfältigung ohne Genehmigung des Verlags ist unzulässig

Einleitung 6

Die Anfänge des Schmucks 8
Neue Schmuckkunst 9

Metallverarbeitung 12

Die Eigenschaften der Metalle 14
Legierungen 15
Das Schmelzen 18
Glühen und Dekapieren 20
Der Umgang mit Metallen und ihre Wiederverwendung 22

Grundtechniken 26

Verschiedene Ausgangsformen 28
Feilen und Schmirgeln 36
Aussägen und Perforieren 38
Das Löten 42
Weitere Verbindungen 46
Scheiben und Zylinder 50
Das Schmieden 52
Scharniere 54
Verschlüsse 57
Ringe/Ösen 60

Oberflächengestaltung 62

Ätzungen 64
Metallkombinationen 66
Granulation 70
Das Erzeugen von Texturen 74
Endbearbeitung von Metallen 77
Färbungen 80

Ergänzende Techniken 86

Ziselieren und Treiben 88
Japanlack (Urushi) 90
Emaillieren 98
Fassen von Steinen 106
Formgussverfahren 116

Schritt für Schritt 132

Getriebener Anhänger 134
Brosche 138
Gliederarmband mit Verschluss 140
Goldanhänger mit Kette 146
Kette aus Silberdrahtringen 150
Hohler Fingerring 152
„Gehäkelte" Kette 154

Fachbegriffe 156
Literatur und Dank 160

Einleitung

Im vergangenen Vierteljahrhundert wurden nicht wenige unserer kulturellen Werte infrage gestellt, und zu ihnen zählen auch die traditionellen Auffassungen über die Aufgaben eines Schmuckkünstlers. Dieser sollte sich keinesfalls auf eine Unterdrückung der traditionellen Techniken einlassen, sondern sich vielmehr um ihre Erweiterung und ihre Anpassung an moderne Ausdrucksformen bemühen, indem er geläufige Techniken so nutzt und weiterentwickelt, dass sie den heutigen expressiven Gestaltungen zugute kommen. Heutiges Schmuckdesign setzt auf Werte wie Ausdrucksstärke, Provokation, symbolische Bedeutung von Objekten usw. Solche Werte sind prägend für die zeitgenössische Schmuckkunst, und sie verlangen in zunehmendem Maße Techniken, die gleichermaßen spartenübergreifend und unmittelbar sind und sich an den aktuellen Erfordernissen orientieren. Andererseits jedoch muss sich diese Freiheit in Bezug auf Materialien und Techniken verbinden mit einem entsprechenden künstlerischen Anspruch, um den Eindruck zu vermeiden, alles sei gültig, und es habe etwas allein schon deshalb hohen Rang, weil es handwerklich korrekt ausgeführt ist.

Der Wert eines Schmuckstücks bemisst sich im Gegensatz zu früher in unseren Tagen nicht mehr vorwiegend nach dem Material, aus dem es gefertigt wurde. Auch kann man heutzutage nicht mehr von einem einheitlichen Stil ausgehen, sondern sieht sich einer großen Vielfalt von Materialien und Gestaltungen gegenüber. Wenn die Fähigkeit zu ausdrucksvoller Gestaltung gegeben ist, lassen sich heute hochwertige Stücke aus beliebigen passenden Materialien anfertigen. Das reicht unter anderem bis zur Verarbeitung von Folien und von Kunststoffen und zu geklebten oder genieteten Verbindungen. Auf der anderen Seite kommen alte Techniken wieder in Schwang, wie etwa Granulierungen oder das Mokume-Verfahren, die kraftvoll, aber unter neuen Konzeptionen wiederbelebt werden.

Der technische Fortschritt ermöglicht auf dem Gebiet der Schmuckkunst den Künstlern heute größere Freiheiten und ist eine wesentliche Voraussetzung für eine Betonung der ästhetischen Kriterien. Er muss jedoch zugleich formalen Maßstäben und ästhetischen Normen unterworfen werden. Die handwerkliche Arbeit muss sich ausrichten an den Gestaltungsvorstellungen des Künstlers und darf nicht eingeengt werden durch traditionelle Festlegungen. Aus diesem Grunde ist die Art, wie sie vermittelt wird, von gleich entscheidender Bedeutung wie die Wahrnehmung ihrer Aufgabe durch die entsprechenden Unterrichtsanstalten und ihre Dozenten. Daher ist es ein Anliegen dieses Buches, seinen Lesern einen möglichst weiten Spielraum für Entscheidungen und Gestaltungen zu lassen; es werden die verschiedenen Techniken vorgestellt, zwischen denen, sie gegebenenfalls auch mischend oder kombinierend, man wählen kann im Streben nach größtmöglicher künstlerischer Freiheit und dem angestrebten Ausdruck eines bestimmten Stücks. In diesem Sinne und im Bestreben, gleichermaßen eine sehr alte Kunst wie die Schmuckherstellung zu lehren und Wege zu deren künftiger Entwicklung aufzuzeigen, werden zahlreiche Herstellungsweisen und Techniken der Verarbeitung vorgestellt, die zu Letzterem einen echten eigenen Beitrag ermöglichen.

Die Vermittlung der Technik der Schmuckherstellung, insbesondere an einer Kunstakademie, gilt üblicherweise als besonders mühevolle Aufgabe, da diese in mancherlei Hinsicht als regelrechter Gegensatz zu jeglicher künstlerischer Entfaltung gesehen wird. Und wenn es auch einerseits richtig ist, dass die zeitgenössische Schmuckkunst durch die Verwendung neuer Materialien und den Durchbruch neuer Auffassungen in gewissem Maße Unabhängigkeit vom traditionellen Gewerbe gewann, so ist es doch andererseits auch gewiss, dass übertriebenes Virtuosentum, die Lust am Gravieren und die Neigung zu übersteigerter Dekoration sich als Belastung für eine sinnvolle Fortentwicklung und das heutige Erscheinungsbild erwiesen haben.

Die Schmuckkunst, wie sie sich uns heute zeigt, ist das Ergebnis einer gemeinsamen menschlichen Anstrengung, die dazu führte, dass dieser Zweig des Kunstgewerbes in seinen künstlerischen Ausdrucksformen und in den Darstellungen der gewünschten Bedeutung allen Ansprüchen zu genügen vermag, die vom jeweiligen gesellschaftlichen Umfeld gestellt werden. Auch dieses Buch ist das Ergebnis einer gemeinsamen Anstrengung, denn es haben zu ihm sowohl einige der bewährtesten Fachleute als auch Neulinge beigetragen, sowohl Gerätehersteller als auch Galeristen, Lehrkräfte und deren Schüler, Künstler aus anderen Gebieten und Schmuckfabrikanten, gleichermaßen Schmuckkünstler, die in traditionell geprägter Art arbeiten, und solche, die den jüngsten zeitgenössischen Tendenzen folgen; und neben Stücken von ausgefeiltester Präzision finden wir solche, die in ihrer Schlichtheit keinerlei Vorarbeit erfordern.

Das Gestalten von Schmuck ist eine faszinierende Beschäftigung, und dank seines Fachwissens gelingt es dem Autor des vorliegenden Bandes, dessen Leser und Leserinnen vertraut zu machen mit dieser bescheidenen Kunstfertigkeit und sie zu begeistern für die Vorzüge, die sie unterscheidet von nicht wenigen anderen; ihnen die Notwendigkeit des persönlichen Ausdrucks begreiflich zu machen und ihnen das Gefühl dafür zu vermitteln, was es bedeutet, eine kleine, persönliche Welt auf kleinstem, ja gelegentlich winzigem Raum zu schaffen, der eigentlich immer auf der Fläche einer Hand Platz hat. Die manuelle Arbeit und der damit verbundene schöpferische Prozess und die Fähigkeit, ein kleines Objekt frei zu gestalten und es dann zeigen, aufstellen oder auch verschenken zu können, gewinnen vor allem in der heutigen rational geprägten Anspruchsgesellschaft, in der das Gefühl für das Verhältnis zwischen Arbeitsaufwand und Ergebnis immer mehr verloren geht, zunehmende Bedeutung für die Selbsteinschätzung und das gegenseitige Verständnis.

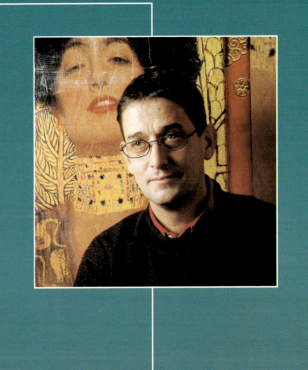

Carles Codina i Armengol hat einen wesentlichen Teil seines Berufslebens als freier Schmuckgestalter verbracht; außerdem ist er seit inzwischen zwölf Jahren Dozent für Schmuckgestaltung an der entsprechenden Abteilung der Escuela Massana in Barcelona. Er veranstaltete eigene Austellungen und nahm an Gemeinschaftsausstellungen teil in Spanien, Andorra, den Niederlanden und Deutschland. Daneben war er bei verschiedenen Wettbewerben und Ausstellungen als Preisrichter tätig sowie als Berater für einschlägige Firmen und öffentliche Körperschaften.

Die Anfänge des Schmucks

Seit urdenklichen Zeiten und aus den verschiedensten Gründen empfanden die Menschen das Bedürfnis, ihren Körper zu schmücken. Über die Anfänge des menschlichen Schmucks zu schreiben, heißt zugleich, über die Anfänge des Menschengeschlechts selbst zu schreiben. Denn die Beschäftigung mit dem menschlichen Schmuck gibt uns zugleich wertvolle Hinweise auf die Entwicklung der Menschheit mit ihren Sitten, Bräuchen und Glaubensvorstellungen, ihren technischen Kenntnissen und ihren ästhetischen Idealen. Schmuck und Körperbemalung der Menschen hatten eine wichtige Funktion, sie hatten Bedeutung als Zeichen für den Verkehr miteinander und ganz bestimmte Aufgaben.

In der Altsteinzeit dienten grafische Darstellungen weit mehr magischen als ästhetischen Zwecken. Sie waren die Inszenierung eines Ereignisses, das man herbeizwingen wollte. Der Künstler der Steinzeit war Jäger, und seine Kunst diente dem Jagdzauber; er unterschied noch nicht zwischen Realität und Fiktion, zwischen Malen und Jagen, und sein Schaffen galt der Sicherung des täglichen Lebensunterhalts.

Das menschliche Bewusstsein neigt zur Klassifizierung und Gruppierung von Ereignissen und Gründen dafür in vergleichender Gegenüberstellung und zur Umgestaltung von Situationen und Erzeugung von Effekten durch nachahmende Darstellung. Daher ist es nicht verwunderlich, dass Gegenstände, mit denen sich der Künstler der Steinzeit schmückte, magische Bedeutung hatten und in Beziehung zu seinen Aufgaben standen. Muscheln zum Beispiel dienten, wegen ihres symbolischen Bezugs auf Weiblichkeit und damit Fruchtbarkeit, als magische Objekte zur Gewährleistung der Schwangerschaft und damit zur Sicherung des Fortbestehens der Art. Andere Gegenstände, wie Zähne oder Federn, sollten ihrem Träger Stärke und Tatkraft verleihen. Der Wert dieser Objekte, auch für den Tausch, ergab sich allein aus der Überzeugung von ihrer Wirksamkeit; das erhob sie in den Rang von Stücken, mit denen man sich brüsten konnte, von Wertgegenständen eben.

In der Jungsteinzeit entwickelt sich dann der Ackerbau und die Viehzucht, es kommt zu den ersten ständigen Ansiedlungen, zu Überschüssen und damit zu Tauschgeschäften und zu Handel. Von dieser Epoche an kann man nun einen gewissen Teil seiner Zeit auch anderen Beschäftigungen widmen als der bloßen Sicherstellung des Lebensunterhalts. Mit den Anfängen einer Art von Gesellschaftsordnung und den gegenseitigen Kontakten unter den Gruppen kommt es auch schon zu einer Spezialisierung bei der Produktion und zu einer gewissen Rangordnung in Bezug auf die Tätigkeiten, insbesondere im Hinblick auf die Arbeitsorganisation. Es entstehen unterschiedliche soziale Klassen und die ersten Handwerke, darunter auch die Schmuckherstellung. Die gesellschaftliche Ordnung berücksichtigt nun bestimmte Bedürfnisse, die man bisher nicht in Erwägung gezogen hatte, so etwa psychologische und moralische Aspekte, das Gegenüber von Einzelwesen und Gemeinschaft oder auch bestimmte Ansprüche auf persönliche Intimität.

Die gesellschaftliche Entwicklung bringt auch einen Wertewandel gegenüber der Altsteinzeit; ganz bestimmte Riten und Kulte treten nun an die Stelle spontaner Magie. Das Leben des Sammlers und Jägers der Altsteinzeit war wesentlich allein vom jeweiligen Tag bestimmt; im Gegensatz dazu konnte sich der Viehzüchter oder Ackerbauer der Jungsteinzeit vielfältige Möglichkeiten für sein künftiges Geschick vorstellen und glaubte, dass dieses von höheren und weisen Mächten gelenkt werde. So entstanden Sonnen- und Mondkult und die Vorstellungen vom Unerforschlichen und Übernatürlichen, und auf diese Zeit gehen wohl auch die Anfänge der Überzeugung zurück, dass der Mensch eine unsterbliche Seele habe.

In der Jungsteinzeit entwickelten sich also die technischen, gesellschaftlichen und religiösen Grundstrukturen, welche die ganze anschließende, „geschichtlich" genannte Zeit seither prägten, von den frühesten Kulturen bis in unsere Tage. Schmuckstücke sind Zeugnisse ersten Ranges für die Fortschritte und beständigen Wandlungen, welche diesen Zeitraum beherrschen.

▲ Jedes Schmuckstück hat etwas zu erzählen und ist ein kleiner Beitrag zur großen Geschichte der Menschheit.

▲ Zeremonialmesser, Peru, 12. Jahrhundert

▶ Brosche von Xavier Domenech, 1993

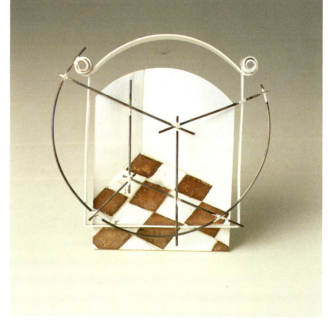

Neue Schmuckkunst

Das Hereinbrechen der industriellen Revolution über die europäische Gesellschaft in der zweiten Hälfte des neunzehnten Jahrhunderts ist das Umfeld, das die Überlegungen von John Ruskin und William Morris nährte. Diese vertraten die Meinung, dass die maschinelle Produktion und die Arbeitsteilung den echten Bezug zwischen dem Arbeiter und dem Werk seiner Hände verhindere, und forderten in einer Mischung von neuen Ideen über die Gesellschaft und romantischer Vision mittelalterlicher Traditionen, dass handwerkliche Arbeit und Kunst im täglichen Leben höheren Rang haben müssten. Diese Gedanken, die am Anfang der englischen Bewegung „Arts and Crafts" standen, übten während des ganzen zwanzigsten Jahrhunderts entscheidenden Einfluss aus auch auf die Entwicklung der Schmuckkunst, des Kunstgewerbes und des Industriedesigns insgesamt.

Alle diese Erneuerungsideen flossen im letzten Jahrzehnt des neunzehnten Jahrhunderts zusammen zu einem neuen internationalen Stil, der rasch auch gesellschaftliche Bedeutung gewann und die Welt der Kunst radikal veränderte, von der Schmuckgestaltung bis zur Architektur, und insbesondere das Kunsthandwerk. Wir nennen diese Kunst des Umbruchs, der ganz Europa erfasste, den Jugendstil, in anderen Ländern heißt sie Art nouveau, Modern Style, Modernismo, Liberty oder Sezession.

In Abkehr vom herrschenden Akademismus erblühte nun eine Welt der naturalistischen Dekoration, farbenfroh und voller gekurvter Linien, in der Blumen- und Pflanzenmotive vorherrschten, wo sich Vögel und Insekten tummelten und gewöhnlich eine weibliche Figur im Mittelpunkt stand. In der Schmuckkunst galten nun erstmals schöpferische Gestaltung und Einfallsreichtum mehr als die verwendeten Materialen; das verschaffte den Schmuckkünstlern große schöpferische Freiheit und ermöglichte die Entstehung von Stücken, die den Rang echter Kunstwerke beanspruchen können.

In enger Anlehnung an die Ideen von W. Morris und in Abkehr von der Pariser Prunkentfaltung breiteten sich Sezession und Jugendstil über ganz Mitteleuropa aus; sie waren geprägt von Schlichtheit und Sachlichkeit, wichtigste Maßstäbe waren Rationalität, Funktionalität und Klarheit, und in den Entwürfen herrschte die Abstraktion vor mit geometrischen Linien und einfachen Umrissen.

Die skandinavischen Künstler, insbesondere der Däne Georg Jensen, brachten mit Arbeiten, die bis heute eine starke Ausstrahlung haben, in die neue Stilrichtung einen Zug des Kühlen und Modernen. Die Architekten Joseph Hoffmann in Wien (in Zusammenarbeit mit den Wiener Werkstätten, einem Zentrum des Kunsthandwerks) und Henry van de Velde aus Belgien (der es als moralische Verpflichtung betrachtete, nicht nur für eine kleine Elite Schmuck zu schaffen, sondern für breitere Kreise) benutzten bereits industrielle Herstellungsverfahren für ihre Stücke, und ihre Entwürfe kündigen nicht nur das Aufkommen des Art Déco an, sondern bieten schon eine Vorahnung auf die Schmuckgestaltung der sechziger Jahre.

Der Art Déco wurde von etwa 1925 an zur zweiten großen internationalen Bewegung, welche das Kunsthandwerk und damit die Schmuckgestaltung im zwanzigsten Jahrhundert ergriff. Seither hat kein weiterer avantgardistischer Stil umfassend eine größere Rolle gespielt.

Es entstanden Schmuckstücke, bei denen wieder der Wert der verwendeten Materialien im Vordergrund stand, aber auch industriell gefertigte unter Nutzung neuer synthetischer Stoffe wie Galalit und Bakelit oder solche aus unedlen Metallen wie Nickel, Chrom oder Aluminium, die eindeutig zu erkennen geben, dass es ihnen nicht um Imitation wertvoller Kleinodien geht.

▲ Im Jahre 1895 wurde in Paris das „Maison de L'Art Nouveau" eröffnet, das sich der Ausstellung von Werken dieser neuen Kunstrichtung widmete, die einen großen Einfluss östlicher Kunst verriet. Anlässlich der Weltausstellung von 1900 machte René Lalique dank des durchschlagenden Erfolgs seiner Schmuckkollektion Paris zur Hauptstadt der Schmuckgestaltung. Oben ein Brustschmuck Laliques in Form einer Libelle.

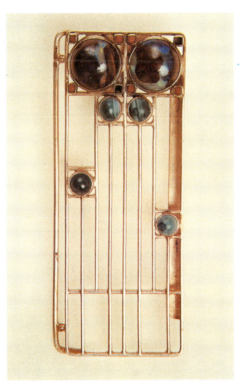

◀ Brosche von Joseph Hoffmann, 1903–1905, aus Silber, Malachit, Opalen und Korallen

▲ Armband aus verchromtem Silber von Naum Slutzky, 1931

◀ Typisch für den Art Déco waren geometrische, klare und präzise Gestaltung, Bevorzugung reiner, großflächiger und vereinfachter Formen, Verzicht auf figurative Elemente und hochwertige handwerkliche Arbeit. Die nebenstehende Abbildung zeigt eine Brosche eines unbekannten Künstlers aus Platin, Onyx, Bergkristall und Diamanten.

Mit dem Ausbruch des Zeiten Weltkriegs wurde eine Entwicklung unterbrochen, die erst Mitte der fünfziger Jahre eine Fortsetzung fand. Die Nachkriegszeit war bestimmt durch einen allgemeinen Rückgang avantgardistischer Strömungen, und es fand eine Trennung statt zwischen der Entwicklung der Schmuckkunst und jener der sonstigen Künste. Bei den großen Firmen setzte sich allgemein die Überzeugung durch, „echte" Schmuckstücke seien solche in traditionellen Formen, und es fand auch eine Rückkehr zu wertvollen Materialien statt; diese Einstellung dauerte mehrere Jahrzehnte hindurch an und wurde erst durch jüngere wirtschaftliche und gesellschaftliche Entwicklungen überwunden.

Das Schmuckstück als Einzelkunstwerk hingegen erlebte neue Entfaltung ab Mitte der fünfziger Jahre, empfunden sowohl vom Schöpfer wie vom Träger (oder wohl vorwiegend der Trägerin) als Chance für persönlichen Ausdruck; hier fand die Anknüpfung an den Erneuerungswillen aus den Anfängen des Jahrhunderts statt, doch blieb der Zugang dazu nur Minderheiten vorbehalten.

Der industrielle und wirtschaftliche Fortschritt der sechziger Jahre bewirkte eine Demokratisierung des Zugangs zu Konsumgütern und die allgemeine Ausbreitung der Wohlstandsgesellschaft, und das führte dann auch zu einer Neubewertung der gesellschaftlichen Funktion des Schmucks. Eine entscheidende Rolle spielten hierbei die Fachschulen für Kunst und Design; der in einer Werkstatt lernende Lehrling starb aus, junge Schmuckgestalter werden herangebildet in speziellen Fach- oder Fachhochschulen. Solche Schulen bieten ein Arbeitsumfeld, das wesentlich offener ist für Experimente, neue Einflüsse und Veränderungen als Werkstätten mit einer oft dem Traditionellen verhafteten und konservativen Einstellung.

In diesem Zusammenhang entwickelte sich unter dem Einfluss der Vorstellungen von W. Morris über die Bedeutung von Handwerk und Kunstgewerbe und der Bauhaus-Ideen über die Wichtigkeit des Designs für die Industrie jene Richtung, die man mit Begriffen wie „Neue Schmuckkunst", „Designer-Schmuck" oder „kunsthandwerklicher Schmuck" belegt.

Eine der Schulen, die in der Entwicklung der Schmuckkunst der sechziger und siebziger Jahre eine entscheidende Rolle spielten, war die Fachhochschule für Gestaltung in Pforzheim unter Leitung von Karl Schollmayer; ihre Lehrkräfte, wie Klaus Ullrich und Reinhold Reiling, setzten sich für den Einbezug der Schmuckkunst in die zeitgenössischen künstlerischen Strömungen und eine Erneuerung der traditionellen Techniken ein. Auch an anderen Schulen machten sich ähnliche Bestrebungen bemerkbar; das gilt für die Fachhochschule Düsseldorf, wo Friedrich Beker bekannt wurde durch seine „kinetischen Schmuckstücke"; für die Kunstakademie in München mit Hermann Jünger und die Escuela Massana in Barcelona unter Leitung von Manel Capdevila. Später kamen in diesem Sinne weitere Schulen in Europa, den Vereinigten Staaten und Japan hinzu.

◀ Goldbrosche mit Diamanten von Reinhold Reiling, 1970

▶ Halsschmuck von Hermann Jünger, 1979

Zwischen 1950 und 1970 trat eine Gruppe skandinavischer Schmuckgestalter hervor, deren Arbeiten bestimmt sind durch die Verwendung von Steinen, einfache Formen, strenge Linien und polierte Flächen, vor allem aus Silber. Zu ihr zählen in Dänemark Georg Jensen und in Schweden Sigurd Persson und Olle Ohlsson. Das finnische Unternehmen Lapponia Jewelry war mit Entwürfen von Björn Weckström Vorreiterin der Überzeugung, dass gutes Design kein Widerspruch sein muss zu industrieller Fertigung und wirtschaftlichem Erfolg.

Weitaus zahlreicher war eine zweite Gruppe, die „deutsche Schule" genannt, zu der auf Grund ihres Umfangs Künstler unterschiedlicher Nationalität und verschiedenen Temperaments zählen. Hier herrschen geometrische Formen und komplexe Strukturen vor, der Einsatz von nicht unbedingt wertvollen Materialien und das klare Streben nach individuellem Ausdruck durch Einzelstücke; diese Einstellung führte zu einer Entwicklung der „Neuen Schmuckkunst" eher am Rande der Industrie.

Hervorheben muss man vor allem in Italien Bruno Martinazzi und Francesco Pavan; den Slowaken Anton Cepka und den Österreicher Peter Skubic; in Deutschland Gerd Rohman, Rüdiger Lorenzen, Claus Bury und Manfred Bischof; in der Schweiz Max Frölich und Otto Künzli, den Holländer Onno Boeckout und die Katalanen Aureli Bisbe, Joaquim Capdevila und Ramón Puig Cuyás, auch wenn neben ihnen noch viele andere zu nennen wären.

▶ Brosche von Anton Cepka, 1991

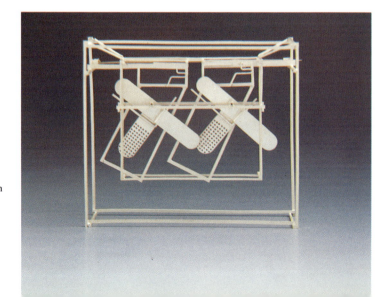

Neue Schmuckkunst

▲ Brosche von Manfred Bischoff, 1991

▶ Brosche von Bruno Martinazzi, 1972

▲ In den Vereinigten Staaten herrscht, im Gegensatz zu den in Europa gepflegten strengen und geometrischen Linien, ein eher eklektischer Stil vor, für den eine weit stärker figurative und narrative Sprache typisch ist sowie Buntheit, eine Fülle von Formen und Symbolen und eine Vorliebe für Collagen. Bekannte Vertreter dieser Richtung sind Stanley Lechzin und William Harper. Oben eine Brosche von William Harper, 1992.

Schon ist die „Neue Schmuckkunst" nicht mehr so neu und außergewöhnlich, und viele junge Künstler und Künstlerinnen gehen in aller Welt aus den zahlreichen Fachschulen oder Fakultäten für diesen Bereich hervor. Die Unterschiede zwischen bestimmten Schulen verwischen sich, und es kommt zur Ausbildung eines immer stärker internationalen Stils.

In den achtziger und neunziger Jahren verliert sich beim konventionellen Schmuck dann auch der Charakter der Protzerei und Üppigkeit, und es kommt zu einem Geschmackswandel in Richtung auf schlicht, aber elegant wirkendes Geschmeide aus Gold und Edelsteinen.

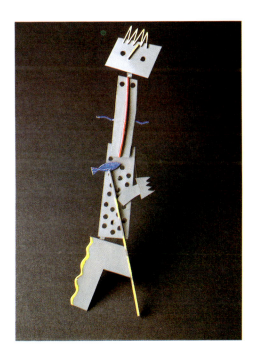

▶ Brosche *Arturus* aus oxidiertem und bemaltem Silber von Ramón Puig Cuyás, 1989

Im Hinblick auf den schöpferischen Schmuck lässt sich am jetzigen Ende des Jahrhunderts eine Trennung in zwei Strömungen feststellen. Auf der einen Seite richtet sich der Designerschmuck auf die Welt der Mode und industrielle Vorgaben aus und orientiert sich an der Nachfrage des Marktes; auf der anderen Seite geht es der „engagierten Schmuckkunst" um den persönlichen Ausdruck unter Verwirklichung allgemein künstlerischer Grundsätze in einer Art von „Komplizenschaft" mit den Trägerinnen oder Trägern. Schmuckkunst der letzteren Art ist weit mehr auf ästhetische Ziele gerichtet als auf wirtschaftliche Interessen; ihr kommt es an auf die Anpassung jener sinnbildlichen und geistigen Werte, die von Beginn an die Gestaltung von Schmuck bestimmten, an die heutige technologiebestimmte Gesellschaft an der Schwelle eines neuen Jahrtausends.

Die Entwicklung der Kulturen ist aufs engste verknüpft mit der jeweiligen Fähigkeit, Metalle zu ver- und bearbeiten. Die Erforschung der frühen Zivilisationen stützt sich weitgehend auf deren jeweilige Nutzung bestimmter Metalle. Dabei lässt sich feststellen, dass Gold wegen seiner Farbe und seiner Dauerhaftigkeit in so gut wie allen bekannten Kulturen Verwendung fand.

Das Gold, lateinisch *Aurum* und gleichen Stammes wie *Aurora*, Morgenröte, wurde in manchen Kulturen für der Sonne entstammend gehalten, und man schrieb ihm von daher magische Eigenschaften zu. Die Ägypter umhüllten damit ihre verstorbenen Pharaonen, um so deren Aufnahme in die jenseitige Welt zu sichern. Im Mittelalter wetteiferten Alchimisten und Philosophen darum, dem vermuteten Geheimnis einer Verwandlung geringwertiger Metalle in Gold auf die Spur zu kommen. Später schrieb man, wovon man dann allerdings im Laufe der Zeit wieder abkam, dem Gold heilende Kräfte zu.

Immer hat dieses wertvolle Metall die Menschen geblendet; sie haben Kriege darum geführt und zu seiner Gewinnung ganze Städte gegründet. Von alters her war für viele Völker und Kulturen Gold ein Symbol für Pracht und Macht, und auch heute ist das nicht anders.

Metallverarbeitung

Die Eigenschaften der Metalle

Alles, was uns umgibt, ist eine Zusammensetzung von Molekülen, ein Gemisch aus den 103 bekannten Grundelementen (die neun weiteren bis 1996 entdeckten sind nur wissenschaftlich interessant), die sich in einer Tabelle anordnen lassen. Zu ihnen zählen Gold, Silber, Platin, Kupfer, Cadmium, Zinn und Blei. Jedes Element trägt ein bestimmtes Zeichen, hat eine bestimmte Struktur, eine bestimmte „Wichte", ein spezifisches Atomgewicht und eine Ordnungszahl. Wenn man den genannten Metallen andere von ihnen zusetzt, verändern sich gewisse Eigenschaften: Sie können härter oder weicher werden, ihre Farbe verändern, und ihr Schmelzpunkt steigt oder sinkt.

Gold, Silber und Platin bilden die Hauptbestandteile der Legierungen, mit denen wir uns in diesem Buch beschäftigen. Ihre Anteile sind in hochwertigen Legierungen entsprechend hoch; andere Metalle werden zwar in oft nur geringen Mengen zugesetzt, aber gerade sie sind es, welche die Eigenschaften der Edelmetalle verändern.

Wenn man einem Metall Härte oder Schmiegsamkeit verleihen will, muss man das Verhalten seiner Innenstruktur für den Fall kennen, dass man es verschiedenen Temperatur- und Druckwechseln unterzieht.

Bei Normaltemperatur besteht ein Metall aus einer Reihe von gleichmäßig in einer bestimmten Form angeordneten Strukturen, die wir Kristalle nennen. Diese Kristallgitter der Metalle lassen sich vergleichen mit Bienenwaben, die aus sechseckigen Wachstäfelchen zu größeren Gesamtstrukturen aufgebaut sind. Es gibt sieben Kristallsysteme und vierzehn Gitterkonfigurationen; manche Kristalle sind würfelförmig, andere sechseckig. Sämtliche bei der Schmuckherstellung eingesetzten Metalle (Gold, Silber, Kupfer, Nickel, Blei und Aluminium) weisen würfelförmige Kristallstrukturen auf.

Wenn man Metall schmilzt, also vom festen in einen flüssigen Zustand umwandelt, verändert man seine ursprüngliche geometrische Innenstruktur hin zu einer weniger geometrischen und geordneten Struktur.

Wenn es dann wieder erkaltet, wird die Innenstruktur neu aufgebaut, aber weil sie inzwischen in Unordnung geraten ist, nun in der Form von Trauben, die zwar alle gleich angeordnet sind, aber nicht zwingend gleich ausgerichtet sein müssen. Je stärker die Abkühlung fortschreitet, desto mehr Trauben bilden sich, bis sie aneinander stoßen; es kommt zur Bildung von Linien oder Spalten, denen entlang sich die Trauben ordnen. Je feiner und einander näher diese Linien

▲ Metalle für die Schmuckherstellung sind in granulierter Form oder als dünn ausgewalzte Platten im Handel.

sind, desto härter ist das Metall; die eingegrenzten Kristalle können sich nicht mehr bewegen. Wenn man das Metall bearbeitet durch Walzen, Schmieden, Ausziehen oder ähnliche Prozesse, werden diese Gruppen oder Trauben immer stärker verdichtet; es entstehen immer mehr Eingrenzungen, die freien Räume werden verringert, und so wird die Festigkeit gesteigert. Wenn man Metall bis zum Glühen erhitzt, gewinnt es wieder eine kristalline Struktur nahe der ursprünglichen, also eine stärker geordnete, und damit wird es biegsamer und kann bearbeitet werden. Erhitzung beschleunigt die Bewegung der Atome und damit die erneute Kristallisation. Diesen Vorgang nennt man Glühen; in diesem Zustand finden sich im Metall Verwerfungen und Hohlräume, die den Kristallen zu größerer Beweglichkeit verhelfen, und deshalb lässt sich das Metall leichter bearbeiten.

Ebenfalls wichtig ist der Verlauf der Abkühlung des Metalls bis auf Normaltemperatur. Wenn diese Abkühlung schlagartig mit Wasser herbeigeführt wird, wird der Prozess der inneren Strukturierung jäh abgebrochen. In manchen Fällen kann eine solche plötzliche Abkühlung erwünscht sein, um den inneren Ordnungsvorgang zu stoppen, in anderen wieder nicht; das hängt vom jeweiligen Metall und von der beim Glühen erreichten Temperatur ab.

◀ Das plötzliche Abkühlen eines kleinen Silberbarrens kann sich empfehlen, wenn man ihn schmieden oder ausziehen will.

Legierungen

Gold ist eines der am leichtesten formbaren Metalle überhaupt, aber wenn man es nicht durch Zusätze legiert, ist es zu weich. Um ihm Festigkeit zu verleihen und es damit zur Anfertigung von Schmuck geeignet zu machen, muss man es legieren, das heißt, man muss ihm Kupfer, Silber oder Palladium beimischen, damit es widerstandsfähiger wird. Durch derartige Beifügungen werden auch die gewünschten Farbvarianten erreicht: Rotgold, Gelbgold, Weißgold usw.

Der Feingehalt der Metalle und seine Berechnung

Nachdem man das Gold von Verunreinigungen gesäubert hat, wird es als Feingold bezeichnet oder in der Fachsprache als Gold mit 1000 Tausendteilen bzw. mit 24 Karat.

Der Feingehalt gibt den Grad der Reinheit eines Metalls an. Dieser lässt sich ausdrücken entweder in Tausendteilen oder in Karat. Die Angabe „18 Karat" bedeutet, dass von 24 Anteilen 18 Feingold sind und die übrigen 6 sonstiges Metall. „Achtzehn" ist somit eine Verhältniszahl, Angaben in Tausendteilen können genauer sein; achtzehnkarätiges Gold enthält 750 Tausendteile Feingold und 250 Tausendteile anderes Metall.

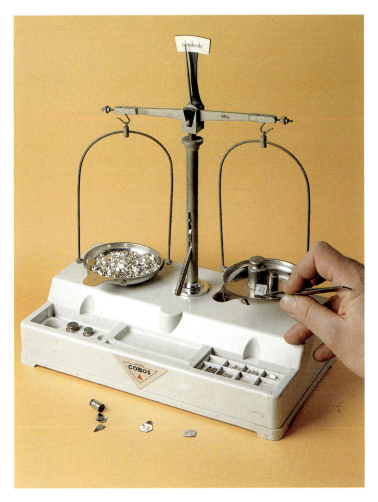

▲ Eine solche Präzisionswaage ist unentbehrlich für die Zubereitung von Legierungen.

▼ Von alters her haben die Hersteller oder auch die Zünfte die gefertigten Stücke mit Herkunftszeichen (Stempeln) versehen, die bis heute die Zuordnung zu bestimmten Künstlern oder Fertigungsorten ermöglichen.

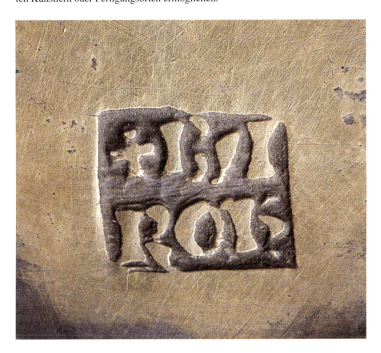

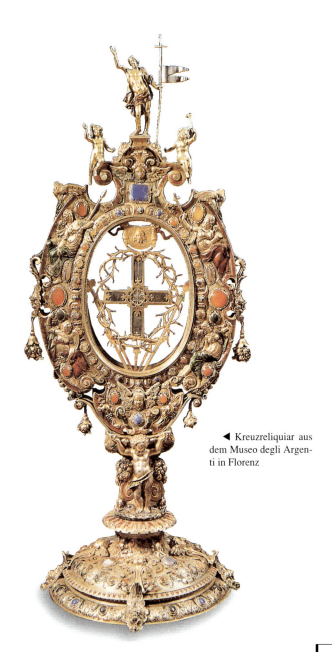

◀ Kreuzreliquiar aus dem Museo degli Argenti in Florenz

Legierungen

Umrechnung von Karat in Tausendteile

Karat	Tausendteile
24	1.000
22	916
18	750
14	583
9	378
1	41,6

1 **Karat** entspricht also 41,6 Tausendteilen:

$$1\ \text{Karat} = \frac{1.000\ \text{Tausendteile}}{24\ \text{Karat}} = 41,666\ \text{Tausendt.}$$

Wenn wir also wissen wollen, wie viel Karat ein Metall mit 750 Feingoldanteilen auf 1.000 hat, müssen wir lediglich den bekannten Feingehalt durch 41,6 teilen:

$$\text{Karat} = \frac{\text{Feingehalt}}{41,6} = \frac{750}{41,6} = 18\ \text{Karat}$$

Der Feingehalt von Metallen ist in allen Ländern verbindlich festgelegt. Er darf als Qualitätsmaßstab nicht unterschritten werden.

In einer Werkstatt können sich Stücke unterschiedlicher Herkunft zum Einschmelzen befinden, deren Feingehalt nicht bekannt ist. In solchen Fällen empfiehlt es sich, ein kleines Stück an ein Speziallabor zur Bestimmung des Feingehalt zu schicken, den dieses dann in Tausendteilen angibt. Der nächste Schritt wäre es, den Feingehalt dieser Legierungen je nach Wunsch zu erhöhen oder zu vermindern. Liegt der Feingehalt des einzuschmelzenden Stücks unter dem der von uns gewünschten Legierung, müssen wir Feingold hinzufügen; ist er höher (nehmen wir einmal an, 916 Tausendteile für 22-karätiges Gold), müssen wir sonstiges Metall zusetzen. Für derartige Fälle nachstehend einige Umrechnungsformeln und Beispiele.

Erhöhung des Feingehalts durch Zusatz von Feingold

Die folgende Formel ist nützlich, wenn man einen niedrigen Feingehalt durch Hinzufügung von Feingold erhöhen will. Man muss im Kopf behalten, dass der Feingehalt von Feingold 1.000 Tausendteile beträgt und dass in einem solchen Fall der gewünschte Feingehalt der höhere ist.

Formel 1

$$\frac{(\text{Höherer Feing.} - \text{geringerer Feing.}) \times \text{Barrengewicht}}{1.000 - \text{höherer Feing.}} = \text{Gramm Feingold}$$

Wenn man zum Beispiel einen 20-g-Barren mit einem Feingehalt von 500 Tausendteilen (geringerer Feingehalt) umschmelzen möchte in eine Legierung mit einem Feingehalt von 750 Tausendteilen, muss man 20 g Feingold zusetzen, wie sich aus der folgenden Beispielrechnung ergibt:

Beispiel A

$$\frac{(750 - 500) \times 20\ \text{g}}{1.000 - 750} = \frac{5.000}{250} = 20\ \text{g Feingold zusetzen}$$

Indem wir diese 20 g Feingold den 20 g der vorherigen Legierung von 500 Tausendteilen zusetzen, erhalten wir einen 40-g-Barren mit einem Feingehalt von 750 Tausendteilen oder 18 Karat.

Berechnung des Feingoldgehalts einer bestimmten Legierung

Eine weitere nützliche Formel dient zur Berechnung des Feingoldanteils in einer bestimmten Legierung; dazu muss man das Gewicht dieser Legierung multiplizieren mit ihrem Feingehalt und dann durch 1000 teilen, das Ergebnis ist der Feingoldanteil, der Rest zum Gesamtgewicht der Anteil des anderweitigen Metalls.

Formel 2

$$\frac{\text{Legierungsgewicht} \times \text{Feingehalt}}{1.000} = \text{Feingold-Gewichtsanteil in der Legierung}$$

Wenn wir diese Formel auf das obige Beispiel, also die neu gemischte Legierung, anwenden, dann ergibt sich:

Beispiel B

$$\frac{40 \times 750}{1.000} = 30\ \text{g Feingold}$$

Der neue 40-g-Barren von 18 Karat, also mit einem Feingehalt von 750 Tausendteilen, enthält danach 30 g Feingold.

Wir können jetzt die Gegenprobe machen anhand von Beispiel A, um nachzuweisen, dass diese 40 g der neuen Legierung von 18 Karat tatsächlich 30 g Feingold enthalten.

Dazu rechnen wir aus, wie viel Feingold der ursprüngliche 20-g-Barren mit 500 Tausendteilen enthält:

Beispiel C

$$\frac{20 \times 500}{1.000} = 10\ \text{g Feingold}$$

Die so errechneten 10 g Feingold in der ursprünglichen Legierung zählen wir mit den aus Beispiel A sich ergebenden 20 g zusammen und kommen damit auf insgesamt 30 g, womit sich unsere Rechnung in Beispiel C bestätigt.

Verringerung eines anfänglichen Feingehalts durch Zusatz anderer Metalle

Die folgende Formel dient zur Errechnung der Gewichtsanteile anderweitiger Metalle, die man zur Verminderung eines Feingehalts zusetzen muss; entscheidender Faktor ist hier der geringere Feingehalt.

Formel 3

$$\frac{(\text{Höherer Feing.} - \text{geringerer Feing.}) \times \text{Gewicht der Legierung}}{\text{Geringerer Feingehalt}} = \text{zuzusetzendes Metall}$$

Nehmen wir an, dass wir 25 g 22-karätigen Goldes (916 Tausendteile) umwandeln wollen in 18-karätiges Gold (750 Tausendteile); dann wenden wir obige Formel wie folgt an:

Beispiel D

$$\frac{(916 - 750) \times 25}{750} = \frac{4.150}{750} = 5,53\ \text{g Zusatzmet.}$$

Indem wir den 25 g des 22-karätigen Goldes 5,53 g anderweitigen Metalls zusetzen, erhalten wir einen 30,5 g schweren Barren 18-karätigen Goldes.

Es sei darauf verwiesen, dass die Einheit Karat bei solchen Legierungen nichts zu tun hat mit der Karatangabe bei Edelsteinen; dort ist sie eine Gewichtsangabe und entspricht 0,2 g.

Gold

Zeichen	Au
Ordnungszahl	79
Atomgewicht	196,9
Wichte/Dichte	19,3
Schmelzpunkt	1.063 °C

Karatbestimmung einer Legierung

In der Werkstatt ist hierfür die gebräuchlichste Methode die Verwendung eines „Prüfsteins". Dieses Verfahren ist recht einfach und vor allem für die Karatbestimmung von Gold sehr verbreitet. Trotzdem muss gesagt werden, dass es nicht so präzise ist wie die chemische Untersuchung durch einen Experten, der mit größerer Genauigkeit den Feingehalt in Tausendteilen ausweist.

Bei diesem Verfahren fährt man mit einem Stück der Legierung, die man bestimmen möchte, über den Prüfstein und macht daneben einen Strich mit einer Legierung, deren Karatwert man kennt. Beide Markierungen beträufelt man mit einer Prüftinktur (Probiersäure) und beobachtet, ob der Glanz schwindet oder nicht. Je ähnlicher der Glanz der überprüften Legierung jenem der bekannten ist, desto näher liegt ihr Karatwert an dem der Vergleichslegierung.

Wenn man zum Beispiel feststellen möchte, ob ein bestimmter Goldring 18 Karat hat, muss man ihn ein wenig anfeilen, um einen eventuellen Belag zu entfernen, und damit dann an dieser Stelle einen Strich über den Prüfstein machen – unmittelbar neben einem anderen, den man vorher mit einem Stück gemacht hat, von dem man weiß, dass es 18 Karat hat. Dann träufelt man einen Tropfen Prüftinktur für 18 Karat auf jeden der beiden Striche und beobachtet, ob der Glanz auf dem zweiten Strich im Vergleich zu dem auf dem ersten erhalten bleibt. Schwindet er, so bedeutet das, dass die überprüfte Legierung weniger als 18 Karat hat; bleibt er erhalten, hat sie ebenfalls 18 Karat oder vielleicht auch mehr. Eine genaue Bestimmung des Karatwertes ist jedoch nicht möglich.

Wenn der Glanz anhält, haben wir einen, wenn auch eher ungenauen, Hinweis darauf, dass der Karatwert der überprüften Legierung höher sein könnte als der von der Prüftinktur bestätigte. Wenn wir beim ersten Versuch den Eindruck gewonnen haben, dass der Karatwert höher als 18 liegt, können wir den Vorgang mit einer Tinktur für 22 Karat wiederholen. Verblasst der Glanz dagegen bei einer Prüfung auf 18 Karat, können wir die Tinktur für 14 Karat aufträufeln und schauen, ob nun der Glanz erhalten bleibt, und der gleiche Versuch lässt sich je nachdem für höhere oder geringere Werte wiederholen, bis uns eine annähernd genaue Bestimmung gelungen ist.

Für die Überprüfung von Silber gibt es eigene Prüftinkturen. Wir können jedoch auch die Tinktur für Gold von 18 Karat verwenden, wobei es aber auf Grund des Chloridanteils im Silber zu einer hellblauen Verfärbung kommt.

▶ Zur Bestimmung des Feingehalts einer Legierung macht man die „Strichprobe", indem man mit dem entsprechenden Stück einen Strich über den Prüfstein zieht und darauf eine auf die jeweilige Karatierung abgestimmte Tinktur (das "Probewasser") träufelt. Im Beispiel rechts zog man Striche mit Silber und achtzehnkarätigem Gold und beträufelte sie mit Probewasser für 18 Karat. Das Gold bewahrte seinen Glanz, das Silber verfärbte sich bläulich.

▲ Zur Grundausstattung für die Strichprobe gehören der Prüfstein (gewöhnlich eine Kieselschieferplatte), auf bestimmten Karatierungen (zumeist 14, 18 und 22 Karat) abgestimmte Tinkturen („Probewässer" oder „Probiersäuren", üblicherweise unter Verwendung von Salz- und Salpetersäure), und der „Prüfstern". Dessen Zacken sind jeweils aus einer bestimmten Legierung, und die mit ihnen über den Prüfstein gezogenen Striche neben jenen mit der zu prüfenden Legierung dienen dem Vergleich.

Silber

Silber ist, wie Gold auch, ein leicht formbares, aber im Reinzustand eben auch recht weiches Metall. Durch Beimischung von Kupfer wird es härter und widerstandsfähiger, doch erhöht sich dadurch die Anfälligkeit für Oxidation.

Sehr verbreitet ist eine Legierung von 925 Tausendteilen Feinsilber und 75 Tausendteilen Kupfer, entsprechend gekennzeichnet als „925er-Silber". Für bestimmte Arten der Bearbeitung, etwa Intarsierung, kann sich der Zusatz einer geringen Menge von Kadmium empfehlen (2,5 Tausendteile). Dieses muss man jedoch in Zigarettenpapier einschlagen und darf es so es erst dann in den Schmelztiegel geben, wenn Silber und Kupfer bereits geschmolzen sind; wenn man das nicht so handhabt, gehen wesentliche Anteile verloren, weil Kadmium rasch oxidiert und sich damit verflüchtigt.

	Silber	
	Schmelzpunkt	Dichte
Feinsilber	960 °C	10,5
925er-Silber	893 °C	10,4

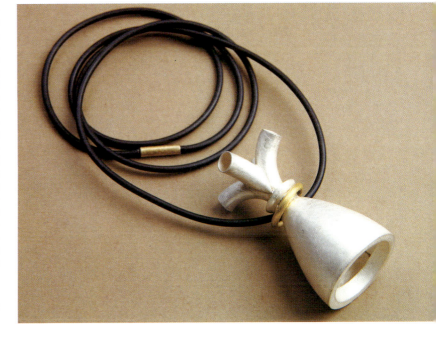

▶ Silberner Anhänger von Xavier Domenech

Das Schmelzen

Ehe wir uns an das Schmelzen wagen, müssen wir uns vertraut machen mit den entsprechenden Grundtechniken und bestimmten Voraussetzungen bzw. Vorarbeiten. Dazu gehört vor allem die Berechnung der Zusammensetzung von Legierungen mit einem bestimmten Feingehalt.

Die bei der Schmuckherstellung am häufigsten verwendete Goldlegierung hat 18 Karat, also einen Feingehalt von 750 Tausendteilen. Für die Zubereitung einer solchen Legierung multipliziert man üblicherweise das Gewicht des zur Verfügung stehenden Feingolds mit 0,33, um das Gewicht des anderen Metalls zu bestimmen.

Wenn wir beispielsweise 75 g Feingold haben, wie viel anderes Metall müssen wir zusetzen? 24,75 g gemäß folgender Rechnung:

75 g x 0,33 = 24,75 g Zusatz zum Feingold.

Damit erhalten wir dann 75 g + 24,75 g = 99,75 g achtzehnkarätiges Gold.

Der genaue Wert wäre für die Beimischung 33,33 % des Feingoldgewichts, um exakt die Wertigkeit von 750 Tausendteilen zu erreichen. Vielfach werden jedoch, vor allem bei der Verwendung einer Zentrifuge, nur 32 % beigemischt, um eine geringfügig höhere Karatierung zu gewährleisten.

◀ Silber, Kupfer und Schmelzmittel sind die Grundbestandteile für die Fertigung einer Legierung.

▲ 1. Zum Schmelzen verwendet man verschiedene Arten von Öfen; oben ein gasbetriebener Ofen mit Elektroturbine, in den ein Schmelztiegel aus Grafit eingesetzt ist.

▲ 2. Wenn das Metall geschmolzen ist, muss man es für den Fall, dass man eine Platte haben möchte, in eine entsprechende Gießform gießen.

◀ 3. Möchte man dagegen einen schmalen Barren oder Stab haben, um daraus Draht zu ziehen, gießt man das Metall in eine sogenannte Kokille. Diese muss vorgeheizt sein, weil andernfalls auf Grund des thermischen Schocks das Metall herumspritzen könnte.

▲ 4. Wenn das Metall in der Gießform erkaltet ist, kann man die Platte herausnehmen. Ehe man sie jedoch weiterverarbeitet, muss sie dekapiert (gebeizt) werden.

Gelbgold-Legierungen	Metall	Tausendteile	Prozentanteile
Grüngold	Feingold	750	100
	Silber	187	25
	Kupfer	62	8
Gelbgold	Feingold	750	100
	Silber	125	16,65
	Kupfer	125	16,65
Rotgold	Feingold	750	100
	Silber	62	8
	Kupfer	187	25

▲▼ Tabellen A und B

Verschiedene Weißgoldlegierungen mit Palladium (Tausendteile)			
Feingold	Palladium	Silber	Kupfer
750	125	125	–
750	80	125	45
750	200	50	–
750	250	–	–

Gelbgold

Achtzehnkarätiges Gelbgold gewinnt man durch Zusatz von Kupfer und Silber. Das Verhältnis von beidem in der dem Feingold zugesetzten Menge entscheidet über Farbton und Härte der jeweiligen Legierung. In der Tabelle A sind die entsprechenden Anteile für die gängigsten Farbvarianten von Gelbgold aufgeführt.

Je höher der Kupferanteil in der Legierung ist, desto rötlicher und härter wird sie sein; je höher der Silberanteil, desto heller und weicher.

Es gibt auch vorgefertigte Mischungen in bestimmten Zusammensetzungen, die man direkt gemeinsam mit dem Feingold schmelzen kann und die Gewähr bieten für die gewünschten Eigenschaften und Farben der jeweiligen Legierung.

Weißgold

In gleicher Weise wie beim Gelbgold mit den Varianten Grüngold, Gelbgold im engeren Sinne und Rotgold erzielt man Weißgold dadurch, dass man die 250 Tausendteile der Beimischung zum Feingold aufteilt in verschiedene Anteile an Palladium, Silber und Nickel. Der sehr helle Farbton wird unterstützt durch ein Elektrolytbad in Rhodium nach dem Polieren. Die empfehlenswertesten Legierungen erzielt man durch Zusatz von Palladium und Silber gemäß Tabelle B.

Goldlegierungen mit sehr hohem oder ausschließlichem Palladiumzusatz erweisen sich als sehr weich, was für Bearbeitungen wie etwa das Schmieden vorteilhaft sein kann, sich aber als ungünstig erweist, wenn es um Krampen aus Drahtschlingen geht oder die Arbeit ganz allgemein ein widerstandsfähigeres Material erfordert. Für das Schmelzen von Legierungen mit Palladium sind höhere Temperaturen erforderlich; hier sollte man mit Sauerstoffzufuhr arbeiten.

Schmelzmittel und Reinigungszusätze

Beim Schmelzen von Metallen empfehlen sich Zusätze zur Reinigung und zum Schutz vor Oxidation. Am bekanntesten hiervon ist Borax, der, kurz vor Erreichen des Schmelzpunkts beigefügt, die Oberflächenoxidation verhindert und den Schmelzpunkt etwas erhöht.

Weitere traditionelle Schmelzzusätze sind gewöhnliches Kochsalz, Natriumnitrat oder Kaliumnitrat (Salpeter), das sich als ausgezeichnetes Reinigungsmittel erweist. Kaliumbikarbonat findet Verwendung vor allem beim Schmelzen von Feilspänen.

▼ Ohrgehänge aus Weißgold von Giampaolo Babetto

Ermittlung des Feingold-Gewichtsanteils einer Legierung
Wenn es sich beispielsweise um eine achtzehnkarätige Legierung handelt, multiplizieren wir das festgestellte Gewicht des betreffenden Stücks mit 750 und teilen durch 1000; der gefundene Wert ist der Gewichtsanteil an Feingold.

Gewichtsermittlung einer Legierung
Wir multiplizieren das bekannte Gewicht des Feingoldanteils mit 1000 und teilen durch die Zahl der für eine bestimmte Legierung geltenden Tausendteile, im obigen Beispiel also 750; Resultat ist das Gesamtgewicht der Legierung.

Umrechnung des Gewichts eines Metallmodells auf Ausführungen in Gold und Silber

$$\frac{\text{Gewicht des Modells} \times \text{Dichte des vorgeseh. Gießmetalls}}{\text{Dichte des Metalls des Modells}} = \text{Gewicht des fertigen Stücks}$$

Glühen und Dekapieren (Beizen)

Glühen und Dekapieren (weniger wissenschaftlich auch Abbeizen oder einfach Beizen genannt) sind zwei bei der Schmuckanfertigung sehr verbreitete Arbeitsgänge. Sie stehen in unmittelbarer Verbindung miteinander, sind voneinander nicht zu trennen und werden gewöhnlich mehrfach wiederholt, vor allem beim Schmieden und Ausziehen.

Die mechanische Bearbeitung von Metall beinhaltet dessen Härtung, die wiederum das Glühen erfordert. Dieses seinerseits führt zur Oxidation der Oberfläche, die durch Abbeizen beseitigt werden muss.

Das Glühen

Durch ihre Bearbeitung werden die Metalle allmählich gehärtet, bis ein Punkt erreicht ist, an dem sie zerspringen würden, wenn man mit der Bearbeitung fortfährt. Zu diesem Zeitpunkt muss man sie also glühend machen, was bedeutet, sie so stark zu erhitzen, bis der sogenannte „Glühpunkt" erreicht ist. In diesem Zustand verändert sich die innere Kristallstruktur des Metalls so, dass sie sich wieder dem Anfangszustand nähert, wodurch das Metall schmiegsam wird und erneut bearbeitet werden kann. Ohne dieses Glühen würde das Metall beginnen, rissig zu werden und Sprünge zu bekommen. Jedoch darf die Glühtemperatur auch nicht zu hoch sein, weil sich sonst zu große Kristallstrukturen ausbilden würden. Ist sie andererseits zu niedrig, können diese Strukturen nicht die erforderliche Größe erreichen.

Die verschiedenen Metalle erreichen den Glühpunkt nicht zur selben Zeit und bei der gleichen Temperatur. Für Feingold ist Glühen praktisch nicht erforderlich, bei einer achtzehnkarätigen Legierung ein erstes Glühen dagegen bei einer Volumenreduktion auf 75 % des ursprünglichen Umfangs.

Es empfiehlt sich, das Glühen auf einem Holzkohleblock vorzunehmen, weil das die Oxidation vermindert und man das Erreichen des Rotglutzustands besser sehen kann. Diesen Zustand sollte man ein paar Sekunden lang andauern lassen, ehe man das Metall wieder abkühlen lässt.

Jedes Metall hat eine bestimmte Temperatur und einen bestimmten Zeitpunkt, bei der und an dem es zu glühen beginnt. Das Verfahren erfordert eine gewisse Übung zum Erkennen der dunkelroten Färbung, mit der das Glühen einsetzt.

Das Glühen kann auch in einem Ofen mit guter Temperatursteuerung stattfinden. Wenn man für eine bestimmte Zeit das Metall darin lässt, ist perfektes Glühen zu erreichen. Für Gelbgold (mit 750 Teilen Feingold, 125 Teilen Silber und 125 Teilen Kupfer) empfiehlt sich, nach einer Verdichtung auf 75 % seines Volumens, ein erstes Glühen bei 550° C für 30 Minuten. In kunsthandwerklichen Werkstätten ist der Einsatz von Öfen jedoch nicht immer möglich, und falls doch, kann er sich als ungünstig erweisen, weil ein Stück während der Arbeit daran immer wieder neu geglüht werden muss; daher ist es praktischer und geht schneller, wenn man direkt auf dem Arbeitstisch mit dem Schweißbrenner glüht.

▲ Gewöhnlich benutzt man für das Glühen einen Lötbrenner, wodurch einheitliche Erhitzung gewährleistet ist und damit ein gleichmäßiges Glühen des gesamten Stückes.

Empfohlene Glühtemperaturen

Metall	Temperatur in °C
Kupfer	600-700
Gold	600-750
Feinsilber	300-700
Platin	600-1.000
Silberlegierung	über 750

Wenn das Metall abkühlt, wird schlagartig die Neuordnung der Kristalle unterbrochen. Das kann in manchen Fällen von Vorteil sein, in anderen dagegen keineswegs, so beispielsweise bei der Bearbeitung eines Stückes oder einer Platte,

▼ Bei Draht kann man durch die Verwendung von Holzkohle und indirekte Erhitzung eine gleichmäßigere Wärmeverteilung sichern.

bei denen die Gefahr zur Verformung auf Grund des jähen Temperaturwechsels besteht. Zur raschen Abkühlung kann man das Metall in Wasser tauchen oder auch in Säuren; bei deren Verwendung können sich jedoch giftige Dämpfe entwickeln, oder Spritzer können die Kleidung beschädigen, vor allem aber durch Verbrennungen auch die Haut.

Für Barren aus Silberlegierungen empfehlen wir das Glühen bei einer Temperatur von über 760° C und das anschließende Abkühlen in kaltem Wasser, um sie schmiegsamer zu machen.

Stücke oder Platten aus Feinsilber können ebenfalls geglüht werden, aber bei niedrigerer Temperatur als jene aus Legierungen; mit dem anschließenden Dekapieren sollte man warten, bis die Temperatur auf unter 500° C gesunken ist, um Verformungen zu vermeiden.

Empfehlungen für Gold lassen sich nicht verallgemeinern, weil sich Legierungen damit unterschiedlich verhalten je nach Art und Menge der Beimischungen. Durch mehrfache plötzliche Abkühlung bleibt das Gold jedoch weicher, als wenn man es allmählich abkühlen lässt.

Empfehlungen

Wenn man sehr feinen Gold- oder Silberdraht glühen will, besteht die Gefahr, dass er bei diesem Versuch zu schmelzen beginnt. Um das zu verhindern, sollte man den in ein Antioxidationsmittel getauchten Draht zusammen mit Holzkohlestücken in eine alte Blechschachtel legen und diese dann mit dem Lötbrenner erhitzen. Auf diese Weise verteilt sich die Hitze gleichmäßig, und Beschädigungen des Drahtes werden vermieden.

Eine andere Methode besteht darin, dass man einen Kupferbehälter mit Holzkohle füllt und in diesen den Draht so einlegt, dass er an keiner Stelle dessen Wände berührt. Dann stellt man einen Ofen auf Glühtemperatur ein, und wenn diese erreicht ist, gibt man den Kupferbehälter hinein.

Zur Vermeidung der Oxidation kann man ein Antioxidationsmittel verwenden, durch welches das Metall mit einer feinen Schicht von Salzen überzogen wird, welche das Oxidieren infolge der Hitzeeinwirkung verhindert.

Das Dekapieren (Beizen)

Auf der Oberfläche der Legierungen bildet sich nach dem Glühen oder Schmelzen beim Kontakt mit der Luft eine Oxidschicht, verursacht vor allem durch den Kupferanteil, aber auch durch Reste des Schmelzmittels oder Rückstände im Brennerstrahl. Diese Schicht muss entfernt werden; würde man das unterlassen, so würden beispielsweise Feilen bei der Bearbeitung beschädigt und es würde das Löten beeinträchtigt. Zur Entfernung bedient man sich einer Lösung, Bleiche oder Beize genannt.

Zum Dekapieren von Gold oder Silber besteht diese aus Wasser mit einem Zusatz von 20 %

▲ Dekapieren verschiedener kleiner Barren in einer Schwefelsäurelösung. Für solche Arbeiten benutzt man gerne Gefäße aus Blei, weil sie nicht so leicht zerbrechen und auch erhitzt werden können.

Schwefelsäure. Wenn man sie erhitzt, wirkt sie rascher; benutzt man sie kalt, nimmt das Dekapieren viel mehr Zeit in Anspruch.

Sicherheitsvorkehrungen

Die Schwefelsäure muss immer in kaltes Wasser gegeben werden, um eine gefährliche Reaktion zu vermeiden.

Die Dämpfe der Schwefelsäure sind gesundheitsschädlich; der Arbeitsplatz muss beim Umgang damit sehr gut belüftbar sein.

Auch sollte man sich sehr vor Spritzern hüten, weil diese die Kleidung beschädigen und die Haut verletzen können.

Weitere Lösungen zum Dekapieren

Für Silber, Kupfer und Messing erzielt man schon mit einem Zusatz von nur 10 % Schwefelsäure zum Wasser gute Ergebnisse.

Für Bronze empfiehlt sich eine Lösung aus Salpetersäure und Wasser zu gleichen Teilen, doch sollte man sie nur wenige Augenblicke lang anwenden, um die gröbste Oxidation zu beseitigen, weil die Salpetersäure die Bronze angreift. Für die weitere Deoxidation sollte man eine Lösung von Wasser und 20 % Schwefelsäure verwenden.

Für Gold kann man auch eine Lösung aus neunzehn Teilen Wasser und einem Teil Salpetersäure benutzen.

Am häufigsten werden bei der Schmuckherstellung Lösungen mit Schwefelsäure verwendet; weil jedoch deren Dämpfe gesundheitsschädlich sind, sollte man auch die folgenden Möglichkeiten in Betracht ziehen: Wasser mit einem Zusatz von 10 bis 20 % Kalialaun bringt in erhitztem Zustand ebenfalls befriedigende Ergebnisse.

Ein anderes Verfahren, bei dem sich obendrein ein angenehmer Geruch entwickelt, besteht darin, dass man in ein Kupfergefäß den Saft einer Zitrone gibt und unjodiertes Meersalz hinzufügt. Wenn man diese Mischung ganz leicht köcheln lässt, kann man damit ebenfalls den Oxidationsbelag entfernen.

Daneben gibt es weitere Lösungen zum Beizen, die weniger aggressiv sind als jene mit Schwefelsäure und sich vor allem dann empfehlen, wenn sich eine Werkstatt nicht gut entlüften lässt. Sie sind bei Lieferanten, die auf chemische Produkte für die Schmuckherstellung spezialisiert sind, erhältlich und bringen gewöhnlich, mit Wasser verdünnt, ordentliche Ergebnisse.

In derartige Säurelösungen darf man niemals Eisen oder Stahl einlegen. Daher sollten auch die beim Dekapieren benutzten Greifzangen entweder aus Kunststoff sein oder aus Kupfer oder einem sonstigen säurebeständigen Material.

Nach dem Abbeizen muss man die betreffenden Stücke gut in klarem Wasser abschwenken und dann abtrocknen oder trocknen lassen, ehe man sie weiter bearbeitet.

Eine Empfehlung

Salze neutralisieren Säuren. Wenn man daher einen großen Teil einer Säure aus einem hohlen Stück oder einem Stück mit vielen Vertiefungen entfernen möchte, kann man dafür eine Natriumbikarbonatlösung verwenden. Nachdem man das Stück aus der Säurelösung geholt hat, taucht man es in eine leichte Bikarbonatlösung.

Der Umgang mit Metallen und ihre Wiederverwendung

Um mögliche spätere Probleme zu vermeiden, ist es unabdingbar, sich zu vergewissern, dass die Metalle, die man schmelzen möchte, so rein wie nur irgend möglich sind. Daher sollte man auf die Verwendung vorgefertigter Kupferplatten verzichten und stattdessen Elektrolyt-Kupfer benutzen und dazu Feinsilber.

Ebenso muss man sehr sorgsam umgehen mit den Metallen und den Schmelzgeräten. Wenn man das erste Mal in einem neuen Schmelztiegel schmilzt, muss man diesen sorgfältig dafür vorbereiten. Dazu sollte man vorab Borax oder ein Schmelzmittel darin schmelzen und über alle Innenwände fließen lassen, damit diese sozusagen einen Überzug erhalten, der ein Festsitzen des geschmolzenen Metalls verhindert.

▶ Durch wiederholtes Drehen erreicht man, dass das Schmelzmittel über die gesamte Innenfläche des Schmelztiegels fließt.

▼ Erst jetzt ist das Gefäß einsatzbereit.

Wenn man Überbleibsel wieder einschmilzt, muss man besonders sorgfältig sein, weil sich in diesen Verunreinigungen jeder Art befinden können. Zunächst sollte man jene Stücke aussondern, die frei sind von Lötspuren, dann Schleifspäne und Stücke mit Lötspuren. Die ersteren kann man unmittelbar schmelzen, nicht ohne jedoch vorher einen Magnet darüber geführt zu haben, um mögliche Verunreinigungen von Eisen zu entfernen.

Falls die Schleifspäne recht schmutzig sind und die übrigen Reste voller Lötspuren oder untermischt mit Zinn- oder Bleiteilchen, ist es das beste, sie zur Aufbereitung in einen Fachbetrieb zu bringen. Das ist nicht übermäßig teuer und vermeidet Probleme bei Legierungen.

Möchte man dennoch die Feilspäne selbst schmelzen, muss man sie vorher in einem Tiegel oder sonst einem dafür geeigneten Gefäß ausbrennen und dann mit einem Magnet eventuelle Eisenreste aussondern. Goldspäne muss man in Salpetersäure-Scheidewasser geben, damit Kupfer, Silber und Messing ausgefällt werden. Das kann mehrere Stunden dauern, und man muss dann die Goldspäne ausfiltern oder sie mit destilliertem Wasser dekantieren. Anschließend kann man sie unter Verwendung einer Mischung aus je 50 % Borax und Bikarbonat schmelzen.

Wichtig ist die Art des Schmelzens für solche Feilspäne; man muss eine ausreichende Menge

Metallverarbeitung

von Borax und Bikarbonat zugeben, damit die Schmelze ausreichend dünnflüssig wird, um ein Absetzen der Metallpartikel am Boden des Tiegels zu ermöglichen und sie nicht weiter oben herumschwimmen. Während des Schmelzens sollte man mit einem Stab aus feuerfestem Material öfters umrühren. Nach Beendigung des Schmelzens sollte man eine Probe entnehmen und die Karätigkeit prüfen.

Nachdem es um teure Metalle geht, muss man unbedingt jede Verunreinigung durch minderwertige Metalle oder sonstige schädliche Materialien vermeiden, welche die neue Legierung beeinträchtigen könnten.

Gold- und Silberschmiede (und ihre Kolleginnen, die natürlich immer eingeschlossen sind, wenn wir in diesem Buch nur männliche Bezeichnungen benutzen, um eine Textaufblähung zu vermeiden) suchen so weit wie möglich den Kontakt der beiden Edelmetalle mit anderen Metallen wie Blei, Zinn oder Aluminium zu vermeiden; schon ein einziges Gramm Blei kann genügen, um bis zu einem Kilogramm Gold anzugreifen. Daher empfiehlt es sich, nicht unbedingt bis zum letzten Gramm Metall wiederverwenden zu wollen, sondern lieber einen kleinen **Verlust** in Kauf zu nehmen.

Wenn man also Späne einschmilzt, muss man unbedingt vermeiden, dass Partikel der erwähnten Metalle hineingeraten; vielfach geschieht dies jedoch unbemerkt. So kann es vorkommen, dass man ein Stück zum Schmelzen einlegt, bei dem man nicht erkennen konnte, dass unter der Goldoberfläche etwas Zinn verborgen war. Wenn man dann eine Platte aus diesem Metall auswalzt, zeigen sich feine, in gleicher Richtung verlaufende Risse; das Metall ist brüchig und lässt sich nicht bearbeiten. Einen solchen Zustand nennt man gewöhnlich „**spröde**", und sein Auftreten ist eines der größten Probleme überhaupt.

▼ Reaktion von Salpetersäure mit Metallen wie Kupfer oder Silber

▲ Unter den Resten aus dem Abfallkasten unter der Arbeitsplatte finden sich gewöhnlich kleine Eisensplitter von Sägen oder Bohrern, Fräsen und Feilen. Um diese auszusondern, bedient man sich eines Magnets.

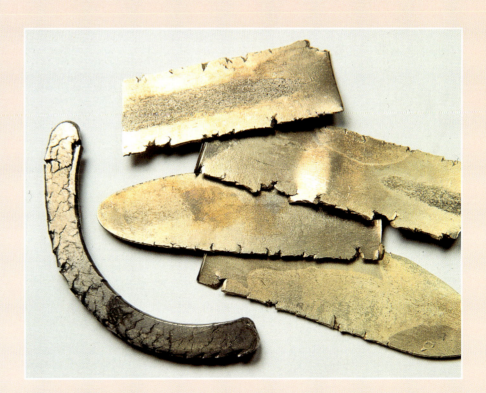

▲ Sprödigkeit von Gold

Spröde gewordenes Gold lässt sich auf den ersten Blick erkennen durch die kleinen Risse, die sich beim Auswalzen zeigen. Das Metall ist brüchig und lässt sich nicht bearbeiten. Auch mit dem Gehör kann man gelegentlich diesen Fehler erkennen: Wenn ein entsprechendes Stück auf eine harte Oberfläche fällt, erzeugt es einen viel tieferen Ton als ein Stück aus Gold, das in Ordnung ist.

Die Quartscheidung

Dieses Verfahren ist eine einfache und preiswerte Methode, die von alters her in kleinen Werkstätten angewendet wurde, um Gold von seinen Beimischungen zu trennen und damit von Zusätzen, die es spröde gemacht haben.

Dabei schmilzt man je ein Teil des Goldes, das man reinigen möchte, zusammen mit dem Vierfachen an Kupfer. Nach dem Schmelzen walzt man die Legierung in etwa drei Zehntelmillimeter starke Bleche aus und schneidet diese in ungefähr einen Zentimeter breite Streifen. Diese legt man anschließend in eine je zur Hälfte aus Wasser und Salpetersäure bestehende Lösung, wobei man Spritzer nach Möglichkeit vermeiden sollte. Wenn der Punkt erreicht ist, an dem die Säure nicht mehr auf das Metall einwirkt, was man daran erkennt, dass die Lösung nicht mehr brodelt, ist die Reaktion beendet. Nun geht man an die Entfernung der Säure, indem man durch Einfüllen von destilliertem Wasser in den Behälter dekantiert. Nach dem Ausfiltern des Goldes und seiner Trocknung kann man es wieder schmelzen.

Die Quartscheidung führt in vielen Fällen zum Erfolg, doch kann es sein, dass das Blei oder andere Metalle nicht vollständig ausgefällt werden; damit erhält man also nicht Feingold mit 1000 Tausendteilen, sondern nur annähernd 1000. Nach Beendigung des Vorgangs empfiehlt sich also eine sorgfältige Überprüfung des Feingehalts durch eine entsprechende Analyse. Vorsorglich sollte man solchem Gold für eine achtzehnkarätige Legierung nicht 33,33 % Fremdmetall beimischen, sondern lieber nur 32 %, damit 750 Tausendteile nicht unterschritten werden.

Wenn das Gold stark verunreinigt ist oder es um größere Mengen von Feilspänen geht, sollte man lieber einen Spezialbetrieb für Edelmetall-Raffinierung in Anspruch nehmen; dort wird die Verarbeitung mit geringeren Verlusten möglich sein.

Sicherheitsvorkehrungen

Wenn die Säure brodelt, wird sie giftige Dämpfe absondern, die man unter keinen Umständen einatmen darf. Gleichermaßen muss jeder Kontakt der Säure mit der Haut unterbunden werden.

Daher darf man die vorstehende Arbeit nur in einem Raum mit guter Entlüftung ausführen und sollte dabei eine Schutzmaske und säureresistente Handschuhe tragen.

Behälter mit Säure müssen an einem sicheren Ort aufbewahrt werden, außer Reichweite von Kindern und möglichst in einem verschlossenen Schrank.

Falls es zu einem Unfall kommt, sollte man die betroffene Stelle sofort mit reichlich klarem Wasser abspülen und so rasch wie möglich einen Arzt aufsuchen.

◀▲ Für die Quartscheidung ist die Verwendung einer Schutzmaske gegen Säuredämpfe und von Spezialhandschuhen unerlässlich; sie sollte außerdem nur an einem Ort mit guter Entlüftung durchgeführt werden.

Verluste/Schwund

Bei der Gestaltung eines Stückes wird es stets auf Grund von dessen Bearbeitung zu kleineren Verlusten an Metall kommen. Viele davon ergeben sich bereits beim Schmelzen. Durch die starke Hitze kommt es zu winzigen Spritzern, oder es bleiben kleine Tröpfchen am

▼ Eine Poliermaschine mit Absaugung verhindert auch das Einatmen von Abriebstaub, der ebenfalls erheblich gesundheitsschädlich ist. Außerdem kann man viel Geld sparen, wenn man die Rückstände im Absaugfilter der Wiederverwendung zuführt.

▲ Der Arbeitstisch des Goldschmieds (das „Werkbrett") zeigt besondere Konstruktionsmerkmale, unter denen vor allem unter dem hervorstehenden sogenannten Feilnagel der Abfall- oder Fangkasten auffällt, in dem sich das weggefeilte Material ansammelt.

Schmelztiegel hängen, auch wenn gerade diese am ehesten der Wiederverwendung zugeführt werden können.

Auch durch die Oxidation ergeben sich kleine Materialverluste. Sowohl beim Schmelzen als auch beim Glühen entsteht ein dünner Oxidationsfilm, gewöhnlich verursacht durch das Kupfer in der Legierung. Dessen Entfernung durch das Dekapieren führt unvermeidlich zu einem minimalen Gewichtsverlust. Daher sollte man beim Glühen von vornherein mit einem Antioxidationsmittel arbeiten; auf diese Weise wird der Materialschwund eingedämmt, und das Stück wird mit tadelloser Oberfläche und ohne die sogenannte „Zitronenhaut" an der Poliermaschine landen.

Weitere Anlässe für Materialverluste sind das Befeilen, das Sägen und das Schmirgeln. Das Metall wird dabei in Pulverform fein verteilt, und es wird nie möglich sein, es in seiner Gesamtheit wieder einzusammeln. Von daher ist es sinnvoll, mit einem Gerät mit Absaugvorrichtung maschinell zu schleifen, und Sauberkeit im Abfallkasten dadurch zu gewährleisten, dass man nach jedem Arbeitsgang Werkzeuge und Arme sorgfältig abbürstet.

Erhebliche Verluste entstehen auch beim Polieren, und auch hierfür gilt wieder, dass man am besten mit einer Absaugvorrichtung arbeitet und dann den Inhalt der Filter der Wiederverwendung zuführt.

Zur Rückgewinnung von Material sollte man auch an die Flüssigkeiten denken, sei es Waschwasser für die Hände oder Abwasser von Elektrolyt- oder Ultraschallbädern. Auch hierfür sind Spezialbecken mit entsprechenden Filtern im Handel.

Abfallbehandlung

Am besten ist es, metallhaltige Abfälle einer Spezialfirma zur Wiederaufbereitung zu übergeben. Es ist auch die rentabelste Lösung, weil es sich in einer kleinen Werkstatt zumeist als schwierig erweist, bestimmte Metalle gesondert zu behandeln oder Verfahren anzuwenden, die spezielle Sicherheitsvorkehrungen erfordern.

Um die entsprechenden Maßnahmen zu erleichtern, empfehlen sich äußerste Sauberkeit und die sorgfältige Trennung nach Abfallgruppen. Dazu müssen ausreichend unterschiedliche Sammelbehälter zur Verfügung stehen. In einem davon sollte man Schmirgelabfälle sammeln und alles, was Metallpartikel enthalten kann: Schmirgelpapier, Wischleder, Kehrricht vom Boden usw. Ein anderer dient für alles, was aus der Poliermaschine kommt oder damit zu tun hat, und ein dritter für Schmelztiegel und feuerfestes Material. Wenn es sich um eine sehr kleine Werkstatt handelt, in der nur eine geringe Menge Metall verarbeitet wird, kann man sich auch begnügen mit einem einzigen Behälter für feste Abfälle. Abwasser sollte jedoch stets getrennt werden: einerseits Waschwasser aller Art und Wasser von Ultraschallbädern, andererseits die Flüssigkeit von Elektrolytbädern.

Gewicht und Volumen des zu verarbeitenden Abfalls lassen sich verringern, wenn man ihn vor der Abgabe längere Zeit an einem gut durchlüfteten Ort aufbewahrt, aber so, dass nichts davon abhanden kommen kann. Die Gewichtsverminderung führt zu entsprechender Kostenminderung.

Grund-
techniken

Nachdem wir uns mit Eigenschaften und Besonderheiten der Metalle allgemein und mit dem Schmelzen beschäftigt haben, wenden wir uns nun den verschiedenen Techniken und Methoden zu, die bei der Bearbeitung von Metallen zur Anwendung kommen.

Zu den Verfahren der Schmuckherstellung gehören unter anderem das Walzen und Ausziehen von Drähten, das Zuschneiden von Blechen, das Schmieden von kleinen Zungen und das Zusammenfügen von Einzelteilen. Auch wenn diese Grundtechniken vielleicht nicht immer in der Form angewandt werden, in der sie hier in diesem Buch vorgestellt werden, ist ihre Kenntnis doch unerlässlich, weil sie Grundvoraussetzung für dieses Kunsthandwerk ist. Einige dieser Techniken mögen einfach und wenig aufwändig erscheinen, wie etwa das Auswalzen, aber ihre korrekte Handhabung wirkt sich stets entscheidend auf das Endergebnis aus, und daher verdienen sie die gleiche Aufmerksamkeit wie höchst komplizierte Arbeitsgänge.

Jedes der folgenden Kapitel ist so aufgebaut, dass die Einzelschritte eines Verfahrens leicht fassbar sind und in ihrer systematischen Reihenfolge gezeigt werden. Wenn man sich erst einmal vertraut gemacht hat mit den ersten Kapiteln allgemeineren Inhalts, werden auch die drei letzten, in denen es um die Anfertigung von Verbindungen, Verschlüssen und Ösen geht, keine Schwierigkeiten bieten und zu vertieften Fortschritten in der Kunst der Schmuckherstellung führen.

Der Weg zu verschiedenen Ausgangsformen

Ehe wir irgendein Schmuckstück in Angriff nehmen, müssen wir erst einmal einen gegossenen Barren in eine bestimmte Ausgangsform bringen, auch „Profil" genannt.

Die drei Grundformen, mit denen wir uns in der Folge beschäftigen, sind die Platte (vielfach auch „Blech" genannt), der Draht und die Röhre. Nach ihrer Anfertigung sind sie das Material, aus dem durch bestimmte Methoden wie Sägen, Schmieden oder Löten die entsprechenden Schmuckstücke entstehen.

Im Laufe der Gestaltung solcher Profile wird das Metall hohem Druck ausgesetzt, um dadurch die gewünschte Form zu erreichen; dies führt auch zu Veränderungen der inneren Struktur. Das Metall muss geglüht werden, sobald es zu einer Volumenreduktion von annähernd 50 % gegenüber dem Anfangsvolumen gekommen ist; Verzicht auf dieses Glühen würde zu einem Verlust der Schmiegsamkeit führen, wodurch es zu Rissen und schließlich zum Zerspringen käme.

Nach dem Glühen entwickelt sich auf der Oberfläche des Metalls eine Oxidationsschicht, die durch Dekapieren mit Säure entfernt werden muss. Nach Verschwinden dieser Schicht sollte man das betreffende Stück sehr gut mit klarem Wasser abspülen oder diesem auch noch etwas Bikarbonat beifügen, um Säurereste vollständig zu entfernen. Ist das Metall dann wieder trocken, kann man daraus entweder kleine Platten walzen oder es zu Drähten ausziehen.

◀ Fingering aus Silberdraht von Xavier Doménech

▶ Die Tolima-Kultur, aus der dieses Stück stammt, zählt zu den frühesten, in denen man Gold verarbeitete, das sich in Flüssen fand.

Auswalzen

Zur Anfertigung der verschiedenen Profile bedient man sich einer Walzmaschine, die sich als geradezu unentbehrlich erweist. Mit ihr lassen sich zwei Ausgangsformen fertigen: Platten und Stäbe mit quadratischem Querschnitt, die dann weiterverarbeitet werden zu Drähten.

Platten oder Bleche sind grundlegende Ausgangsformen zur Weiterverarbeitung, und sie sind bei Lieferanten für Edelmetalle in unterschiedlichen Formaten und Stärken erhältlich. Dennoch ist es gut, wenn man sich auskennt mit ihrer Eigenanfertigung, und dies gilt noch mehr für Drähte, weil diese oft nur in begrenzter Auswahl erhältlich sind. Das Problem der Verwertung von Überbleibseln kommt hinzu, weil diese kleinen Stücke kaum wieder benutzbar sind; auch unter diesem Aspekt lohnt es sich, zu wissen, wie man durch Einschmelzen und neues Auswalzen das Metall neu nutzen kann.

Der Durchlass einer solchen Walzmaschine wird bei jedem Durchgang durch etwa eine halbe Drehung des Handgriffs oben verengt. Man muss daran denken, dass während dieses Arbeitsgangs das Metall mehrfach geglüht und dekapiert werden muss, damit seine Schmiegsamkeit erhalten bleibt, bis die gewünschte Stärke erreicht ist.

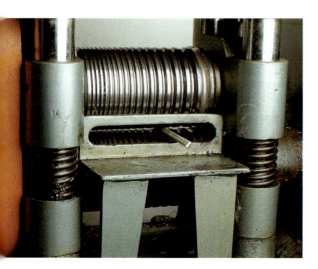

◀ Ein solcher Stab mit quadratischem Querschnitt wird geformt, indem man die Metallstreifen nacheinander durch die Rillen mit jeweils dünnerem Durchmesser zieht; so verringert sich schrittweise auch dessen Durchmesser, bis jene Stärke erreicht ist, bei der man mit dem Ausziehen des Stabes zu einem Draht mit dem gewünschten Querschnitt auf der Drahtziehbank beginnen kann.

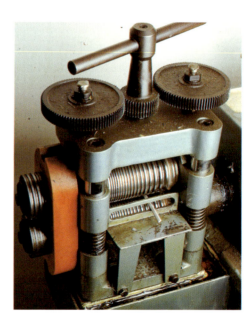

▲ Die Arbeitsweise dieser Walze zur Ausformung dünner Stäbe ist recht einfach: Nach jedem Durchlauf des Stabes öffnet man den Drehgriff oben durch eine Viertel- bis halbe Drehung, legt den Stab dann in die Rille mit dem nächstgeringeren Durchmesser und schließt den Drehgriff wieder allmählich, bis Widerstand spürbar wird. Das muss man dann bei jedem Wechsel zur entsprechend dünneren Rille wiederholen.

Grundtechniken

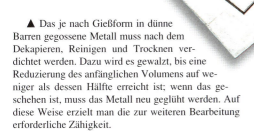

▲ Das je nach Gießform in dünne Barren gegossene Metall muss nach dem Dekapieren, Reinigen und Trocknen verdichtet werden. Dazu wird es gewalzt, bis eine Reduzierung des anfänglichen Volumens auf weniger als dessen Hälfte erreicht ist; wenn das geschehen ist, muss das Metall neu geglüht werden. Auf diese Weise erzielt man die zur weiteren Bearbeitung erforderliche Zähigkeit.

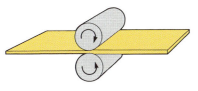

▲ Während des Auswalzens darf man niemals die Laufrichtung ändern, weil sonst die Platte brüchig werden würde. Falls man doch gegen Schluss die Laufrichtung ändern möchte, damit die Platte breiter wird, ist vorheriges Glühen unabdingbar.

▶ Die Funktion einer Plattenwalze ist eher noch einfacher: Durch Drehen am Griff oben verringert man immer wieder den Abstand zwischen den Walzen, durch welche die Platte geführt wird.

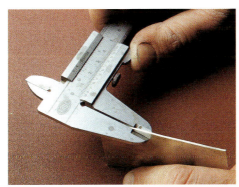

◀ Beim Auswalzen muss man auch immer wieder mit einer Schublehre oder einem Mikrometer die erreichte Stärke der Platte nachmessen, um sicher sein zu können, dass zu einem bestimmten Zeitpunkt die gewünschte Dicke erreicht ist.

Ziehen von Drähten

Die Rillenwalze liefert uns dünne Gold- oder Silberstäbe, die man dann zu Drähten ausziehen kann in einer sogenannten Drahtziehbank. Dafür verwendet man Stahleinsätze mit Öffnungen in verschiedenen Durchmessern und Profilen, sogenannte Zieheisen.

Beim Kauf solcher Einsätze muss man unbedingt auf sehr gute Qualität des Stahls achten, damit nicht unter der starken Beanspruchung die Öffnungen zu rasch ausgeweitet werden und ihr ursprüngliches Profil verlieren. Zugleich sollten die Abstufungen der Durchmesser nicht zu krass sein, damit nicht beim Wechsel zur nächstdünneren Öffnung der Unterschied zu groß ist und der Draht mit solcher Kraftanwendung durchgezogen werden muss, dass auch dadurch wieder Beschädigungen des Einsatzes befürchtet werden müssen.

Auch der Draht muss wieder nach jedem fünften oder sechsten Durchgang geglüht werden, damit er schmiegsam bleibt bis zum Schluss. Außerdem kann man durch Auftrag von etwas Wachs das Durchziehen erleichtern.

▲ Oben die hauptsächlich vorkommenden Grundprofile der Einsätze in Drahtziehbänken: Rundprofil, quadratisches Profil, Halbrundprofil und Rechteckprofil. Weil das am häufigsten verwendete Profil das vollrunde ist, empfiehlt sich die Anschaffung eines Zieheisens mit runden Öffnungen bis zu einem Durchmesser von 1,5 oder 2 mm und eines weiteren mit Löchern bis zu einem Durchmesser von 6 oder 7 mm.

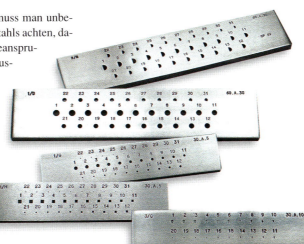

◀ Es ist eine Vielzahl verschiedener Ziehbankeinsätze mit unterschiedlichsten Durchmessern und Profilformen im Handel.

Der Weg zu verschiedenen Ausgangsformen

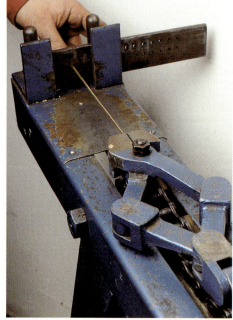

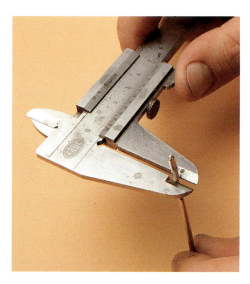

◀ **1.** Ehe man mit dem Ausziehen beginnt, muss man das eine Ende des aus der Rillenwalze entnommenen dünnen Stabes anspitzen, damit man es gut durch die größte Öffnung des Einsatzes der Drahtziehbank ziehen kann. Das Anspitzen eines Endes genügt, man muss nicht den ganzen Stab dünner machen. Das Anspitzen kann mit einer groben Feile geschehen, man könnte aber ein Ende des Stabes auch durch mehrere immer feinere Rillen der Rillenwalze führen. Diese Verjüngung ist unerlässlich, damit sich der dünne Stab (oder nunmehrige dicke Draht) durch die Öffnung des Einsatzes führen, dahinter von der Greifzange fassen und schließlich durchziehen lässt.

▲ **2.** Nur die Spitze des dicken Drahtes muss durch die Öffnung im Einsatz passen.

▶ **3.** Nachdem die Spitze des Drahtes vom Greifer der Ziehbank erfasst ist, wird dieser durch entsprechende Betätigung der Kurbel durch die Öffnung des Einsatzes gezogen; durch nachfolgendes Ziehen durch immer dünnere Öffnungen wird schließlich die erwünschte Stärke erreicht.

▲ **4.** Durch die Form der Öffnung erhält der Draht das gewünschte Profil, durch den immer geringer werdenden Durchmesser der Löcher wird er zunehmend dünner. Auch hier sollte man immer wieder mit einer Schublehre nachmessen, bis die angestrebte Stärke erreicht ist.

▼ Verschiedene Stufen der Durchmesserverringerung vom in Stabform gegossenen Silberbarren bis zum dicken Runddraht. Qualität und guter Zustand der Ziehbank sind wichtige Voraussetzungen dafür, dass ein präzises und einheitliches Profil erreicht wird.

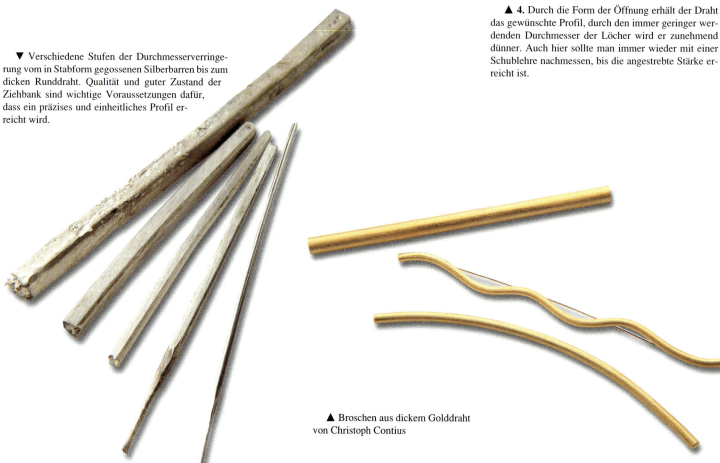

▲ Broschen aus dickem Golddraht von Christoph Contius

Grundtechniken

Die Anfertigung von Röhren

Die Röhre oder das Rohr ist eines der weiteren Grundprofile; sie ist Ausgangspunkt für viele Formen, vor allem für Tüllen und Scharniere. Eine Röhre lässt sich aus einer dünnen Platte formen, deren Kanten verlötet werden, und daher sollte man auch die Technik des Lötens kennen.

Das Herstellungsverfahren ist recht einfach und erfordert lediglich einen Würfel mit halbrunden Längsrillen (einen sogenannten Fassonamboss) und einen Goldschmiedehammer, dessen beide Köpfe so abgerundet sind, dass sie wie stark abgenutzt wirken. Hämmer mit scharfkantigen Köpfen sollte man nicht verwenden, da sie zu Einkerbungen führen, die sich nur schwer wieder beseitigen lassen.

Formeln für das Zuschneiden von Platten

Wenn man als Ausgangsmaterial eine rechteckige Platte hat, muss man wissen, ein wie breites Stück man davon abschneiden muss, um einen bestimmten Durchmesser der Röhre zu bekommen. Dafür gibt es die nachstehenden Formeln:

Ist der Außendurchmesser, also das Maß von Außenkante zu Außenkante, vorgegeben und die Stärke der Platte bekannt, so gilt:

> Außendurchmesser − Plattenstärke x 3,14
> = Zuschnittsbreite der Platte

Ist dagegen der Innendurchmesser (die Rohrweite) maßgeblich, z. B. wegen der späteren Zusammenfügung mit einem Runddraht, so gilt:

> Innendurchmesser − Plattenstärke x 3,14
> = Zuschnittsbreite der Platte

Das Schließen der Röhren

Wenn man die Platte geglüht hat, behämmert man sie mit der geraden Fläche („Bahn") des Hammers auf der ganzen künftigen Innenseite der Röhre auf einem Fassonamboss (einer „Anke") mit halbrunden Rillen. Die Schläge müssen sehr gleichmäßig sein, man muss den Hammer ganz am Ende fassen und quer über die ganze Platte hämmern, um sie fest in die Rille zu drücken und ihr so allmählich U-Form zu verleihen.

Die abgerundete Form des einen Hammerkopfes ist sehr wichtig, gleichermaßen aber auch am anderen Kopf eine völlig glatte Aufschlagfläche. Der gegenüberliegende Kopf muss etwas gewölbt sein und ohne scharfe Kanten. Die Aufschlagflächen sollten poliert sein, damit sich ihr Glanz auf die behämmerte Fläche überträgt. Wenn man Metall mit einem Hammer in schlechtem Zustand bearbeitet, dann überträgt sich auch dieser auf das Metall.

Wenn man die Röhre durch Aneinanderhämmern der Kanten geschlossen hat, sollte man sie durch eine oder zwei der größeren Öffnungen des Zieheisens ziehen, damit sie ein sauberes Profil erhält. Vorher sollte man die Röhre glühen, um ein mögliches Aufspringen beim Verlöten der Kanten zu vermeiden; bei größeren Röhren ist dies unerlässlich, weil das Metall beim Behämmern eine gewisse Spannung erhält. Es kann vorkommen, dass sich beim Glühen die Röhre etwas öffnet; wenn das geschieht, muss man die Röhre von außen mit dem Hammer bearbeiten, bis sie wieder geschlossen ist, ehe man an das Löten geht.

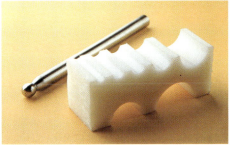

Nach dem Löten muss man entsprechende Rückstände oder überstehende Grate wegfeilen und die Röhre dann der gleichen Behandlung unterziehen wie einen Draht, den man auszieht.

◀ 1. Wenn man eine Röhre oder ein Scharnier anfertigen will, muss man an der dafür vorgesehenen Metallplatte zunächst durch Abknipsen mit einer Metallschere an einer Seite eine dreieckige Spitze anbringen.

▶ 2. Dann rundet man die Platte allmählich in dem Rillenblock, bis ihre Längskanten aneinander stoßen. Der Hammer wird zunächst auf der Innenseite angesetzt, dann unter Änderung des benutzten Kopfes auf der Außenseite (dort den breiteren Kopf benutzen). Die Kanten dürfen sich nicht überlappen, sondern müssen eben aneinander anschließen, damit sie sich später sauber verlöten lassen.

▲ Fingerringe aus Draht mit perlenbesetzten kleinen Trageröhrchen von Ulla und Martin Kaufmann

▼ Eine Auswahl von Hämmern für die Schmuckherstellung

◀ Häufig verwendet man Fassonambosse aus Holz. Man könnte sich aber einen solchen Rillenblock auch aus Kunststoff (im Bild beispielsweise Nylon) anfertigen, indem man in ein entsprechend zugeschnittenes Stück Löcher mit verschiedenen Durchmessern bohrt und dieses dann genau in deren Mitte zertrennt.

Der Weg zu verschiedenen Ausgangsformen

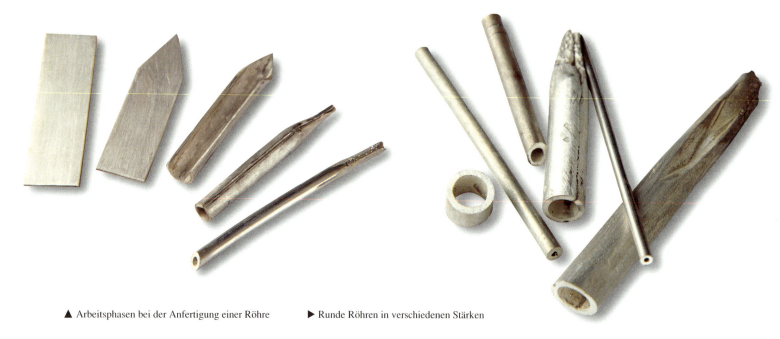

▲ Arbeitsphasen bei der Anfertigung einer Röhre ▶ Runde Röhren in verschiedenen Stärken

Ring aus einer gefüllten Röhre

In vielen Fällen wird es sich empfehlen, die Röhre (vorübergehend) innen zu füllen; bleibt sie innen hohl, kann es bei der weiteren Bearbeitung leicht zu Verformungen und damit zum Verlust eines gleichmäßigen Profils kommen. Als Füllmaterial kommt mancherlei infrage, so Kunststoff oder auch bestimmte Pasten, die jedoch druckfest sein müssen. Für Silber kann man Aluminium verwenden, doch ist dessen spätere Entfernung problematisch.

Für Gold verwendet man eine „Seele" aus Kupfer, die man dann später mit Hilfe von Salpetersäure wieder entfernen kann, jedoch unter Beachtung der gebotenen Sicherheitsmaßnahmen.

Damit das Verfahren leichter verständlich wird, zeigen wir nachstehend die Anfertigung eines hohlen Goldringes. Man braucht dazu eine 0,6 mm starke Goldplatte und einen starken Kupferdraht mit quadratischem Querschnitt, beide geglüht und dekapiert.

▲ **1.** Man bereitet eine kleine Goldplatte und einen Kupferdraht mit quadratischem Querschnitt gemäß der vorangegangenen Anweisungen vor. Die Platte wird zur Röhre gehämmert und dann durch zwei Öffnungen des Zieheisens gezogen; der Kupferdraht muss sich bequem einschieben lassen. Dann kann man entweder die Kanten verlöten oder damit bis nach einem nochmaligen Ausziehen warten.

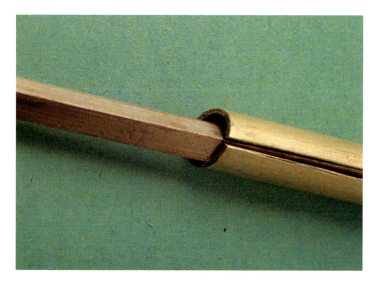

◀ **2.** Wenn der Kupferdraht eingeführt ist, verlötet man die Kanten der Röhre, wobei die Lötnaht über einer der Kanten des quadratischen Drahtes verlaufen muss.

▶ **3.** Als nächstes passt man die Goldröhre in ihrer Form dem quadratischen Querschnitt des Kupferkerns an, wobei man darauf achten muss, dass die Lötnaht weiterhin längs einer Kante des Kupferdrahts verläuft. Die Goldhülle muss sich dicht um den Kupferkern schmiegen.

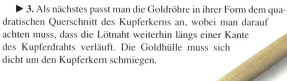

Grundtechniken

▶ 4. Nun biegt man das Profilstück zum Ring zusammen; nebenstehend wird das in einer Biegepresse gezeigt, man kann das aber auch von Hand über einem sogenannten Ringriegel machen. Anschließend kann man den Ring behutsam behämmern; der Kupferkern wird eine Deformierung verhindern.

◀ 5. Wenn der Ring die gewünschte Größe hat, spannt man ihn in eine Halterung ein und sägt die überstehenden Stücke ab; der Schnitt muss so gleichmäßig und gerade sein wie nur irgend möglich.

◀ 6. Dann ergreift man den Ring mit zwei Flachzangen, die dafür besonders geeignet sind, weil sie ein Stück flächig fassen und damit dessen Verformung vermeiden. Wenn die beiden Enden mit großer Sorgfalt zusammengeführt sind, arbeitet man mit der Säge die Stoßkanten nach, damit diese sauber aufeinander passen und verlötet werden können.

▲ 7. Zum Zusammenlöten zieht man den Ring mit Stahldraht eng zusammen, damit er nicht unter der Hitzeeinwirkung aufgeht und es zu fehlerhafter Lötung kommt; diese Gefahr besteht, weil durch das Rundbiegen gewisse Spannungen erzeugt wurden.

▶ 8. Nach dem Zusammenlöten und Glätten feilt man zwei Mulden für die Nebenfinger auf gegenüberliegenden Seiten des Ringes ein. Dabei wird zugleich die äußere Goldhülle und der Kupferkern innen weggefeilt.

Der Weg zu verschiedenen Ausgangsformen

◀ **9.** Bevor man an diesen Stellen die Deckplättchen auflötet, muss man mit Hilfe eines Salpetersäurebades, in das man den Ring legt, die Kupferfüllung im Inneren auflösen; das Gold wird dabei nicht angegriffen. Indessen kann man die Deckplättchen fertigen, die auf einem Fassonamboss ganz leicht gekrümmt werden müssen.

▶ **10.** Zum Festhalten der Deckplättchen beim Anlöten empfiehlt sich eine Schlinge aus Stahldraht. Sie darf aber nicht zu fest angezogen werden, damit der Ring nicht aus der Form gerät.

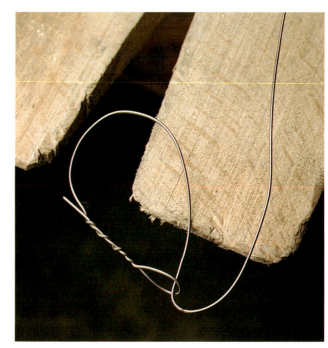

▼ **11.** Es empfiehlt sich, vor neuen Lötarbeiten vorhergehende Lötstellen mit einer Isolierschicht abzudecken, damit diese sich nicht durch die Hitzeeinwirkung lösen. Dafür kommt in Wasser aufgelöster Ocker infrage oder auch (wie in unserem Bild gezeigt) ein Spezialmittel.

▲ **12.** Da die Verlötung das Gesamtprofil der Plättchen umfassen sollte, verwendet man hier besser statt eines Sauerstoffbrenners eine Gaslötlampe und kleine Stückchen Lot, die sogenannten Paillen.

◀ **13.** Nach dem Dekapieren wird der Ring gesäubert und dann mit immer feinerem Schleifpapier bearbeitet, bis seine ganze Oberfläche gleichmäßig glatt und glänzend ist.

Grundtechniken

Aufbau einer Fassung aus Profilen

Kenntnis über die Gestaltung von Profilen und deren Kombination ist eine Grundvoraussetzung für die Schmuckherstellung. Vorstehend haben wir allgemein die Gestaltung der verschiedenen Profile in unterschiedlichen Querschnitten und Durchmessern beschrieben. Auch für eine kleine Fassung greifen wir zurück auf die Grundformen Platte, Draht und Röhre.

Unser hohler Ring ist nun zunächst einmal fertig. Wir müssen aber bedenken, dass sich bei Erhitzung die Luft in seinem Inneren ausdehnt und das Stück dann an seiner schwächsten Stelle platzt. Um das zu verhindern, bohrt man ein feines Loch in den Ring, das man dann unter einer Herstellersignatur verbergen kann.

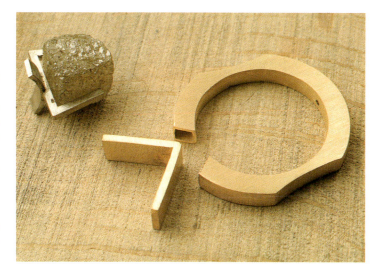

◀ **1.** An der für die Montierung vorgesehenen Stelle wird der Ring in V-Form eingesägt. Da er hier zunächst offen bleibt, besteht keine Gefahr des Platzens durch Erhitzung. Auf der Gegenseite jedoch wurde ein kleines Loch gebohrt. Eine kleine schmale Platte aus Gelbgold wurde in V-Form gebogen, ein Platindraht mit quadratischem Querschnitt, an ein anderes Plättchen gelötet, nimmt den Stein auf.

▼ **2.** Der Platindraht wurde in die entsprechende Form gebogen, um als Halterung für den Stein zu dienen.

▶ **3.** Nun muss man die beiden Teile der Fassung miteinander verbinden; am praktischsten geschieht das durch Zusammenlöten dieser feinen Einzelteile (die dazu in eine feuerfeste Fixierpaste gedrückt wurden) unter Verwendung einer starken Lötpaste.

▲ **4.** Die Fassung als solche ist jetzt zusammengefügt, und es gilt, sie fest mit dem Ring zu verbinden. Dazu befestigt man sie zunächst einmal in der richtigen Position mit Stahldraht, damit sie während des Lötens nicht verrutschen kann. Für diese Verlötung sollte man eine mittelstarke Lötpaste verwenden.

▶ **5.** Um ein Herausrutschen des Steines zu verhindern, sichert man ihn mit einem goldenen Runddraht. Damit wiederum dieser Bügel fest sitzt, befeuchtet man die beiden Enden mit Schmelzmittel und erhitzt sie kurz und stark mit dem Sauerstoffbrenner. Dadurch bildet sich auf jeder Seite ein kleines Kügelchen, das man zum Schluss mit einer konkav gewölbten Feile glättet.

◀ Hier sieht man nun das fertige Stück, eine Arbeit von Carles Codina.

35

Feilen und Schmirgeln

Sowohl Feilen wie Schmirgeln sind bei jeder Arbeit regelmäßig erforderlich. Es mag scheinen, als ob beides ganz einfach sei; aber in Wahrheit sind es schwierige Aufgaben. Ihre wirkliche Erlernung erfordert viel Zeit, und ihre korrekte Ausführung wirkt sich sehr entscheidend auf die jeweilige Gesamterscheinung eines Stückes aus.

Feilen und Schmirgeln dienen der größtmöglichen Beseitigung von Unregelmäßigkeiten oder kleinen Fehlern. Üblicherweise wird erst gefeilt und dann unter Steigerung geschmirgelt, bis das Stück völlig glatt ist oder bereit zu einer Zusatzbehandlung wie beispielsweise der Sandbestrahlung.

Feilen

Feilen weisen gewöhnlich drei Arten der Oberflächengestaltung, des sogenannten „Feilenhiebs" auf. Je gröber dieser Feilenhieb ist, desto mehr Metall kann entfernt werden; desto breiter ist dann aber auch am bearbeiteten Stück der Abstand zwischen den entstandenen Rillen, und deren anschließende Beseitigung mit Schmirgelpapier ist umso aufwändiger.

Man sollte stets im Kopf behalten, dass Stahlfeilen nur beim Vorwärtsschieben angreifen, und man muss also bei dieser Bewegung Druck ausüben. Kraftanwendung beim Zurückziehen beschädigt lediglich die Feile und bleibt ohne jede Wirkung auf das Metall.

In der Schmuckherstellung benützt man auch Diamantfeilen; ihre Wirkungsweise ist weit gleichmäßiger als jene von Stahlfeilen, und die hinterlassenen Rillen sind weniger tief. Damit wird auch das anschließende Schmirgeln weniger aufwändig.

Pflege und Säuberung von Feilen

Feilen erfordern besondere Maßnahmen, damit sie in gutem Zustand bleiben; so sollte man sie getrennt von anderen Werkzeugen aufbewahren und auch dafür sorgen, dass sie sich nicht gegenseitig verkratzen können, um ihre Beschädigung zu vermeiden. Hochwertige Feilen sollte man nicht für weiche Metalle wie etwa Kupfer verwenden, weil sich sonst rasch die Rillen zusetzen. Außerdem sollte man bestimmte Feilen ausschließlich für die Goldbearbeitung reservieren und sie getrennt aufbewahren.

Bei der Bearbeitung weicher oder auch verunreinigter Metalle können sich kleine Metallpartikel (etwa Blei) in den Rillen festklemmen; das führt dann zu Kratzern, Löchern oder kleinen Rissen, die sich beim erneuten Glühen zeigen.

Feilen kann man entweder mit Spezialbürsten reinigen oder in einem Benzinbad. Öl darf man niemals auftragen, und zu starke Erhitzung muss man (wenn man zum Beispiel einen neuen Griff anfügen will) ebenfalls vermeiden.

◀ Feilspuren auf der Oberfläche können (wie bei diesem Stück von Carles Codina) auch einmal bewusst als Gestaltungselement genutzt werden.

▲ Feilen gibt es in den verschiedensten Querschnitten; oben die gebräuchlichsten. Ein gutes Sortiment von Feilen ist eine unerlässliche Voraussetzung für die Anfertigung von Schmuckstücken.

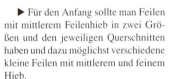

▶ Für den Anfang sollte man Feilen mit mittlerem Feilenhieb in zwei Größen und den jeweiligen Querschnitten haben und dazu möglichst verschiedene kleine Feilen mit mittlerem und feinem Hieb.

◀ Ein zu befeilendes Stück muss gut festgehalten werden, und man muss stets nach vorne feilen. Ein häufiger Anfängerfehler ist die Abrundung von Kanten auf Grund eines leicht schrägen Ansatzes der Feile. Das Befeilen eines Schmuckstücks ist keine mechanische Arbeit, sondern Kopfarbeit: Exakte Klingenhaltung ist ganz entscheidend.

◀ Wenn man eine rechtwinklige Platte sauber beschleifen will, braucht man dazu ein Winkeleisen (Winkelmaß). Man legt die zuerst befeilte Kante an den einen Winkelarm an und prüft mit einer Lichtquelle dahinter, inwieweit sie eben anliegt; Unebenheiten muss man wegfeilen bis zum glatten Anschluss. Gleiches gilt dann für die übrigen Seiten, bis perfekte Rechtwinkligkeit erreicht ist.

Grundtechniken

Schmirgeln

Hierbei geht es um die Entfernung der Grate, welche die Feile erzeugt hat, und man benutzt dafür Schmirgelpapier in unterschiedlichen Körnungen des aufgebrachten Korunds. Korrektes Schmirgeln erfordert den stufenweisen Einsatz von immer feineren Schmirgelbögen bis hin zur feinsten Körnung.

Gewöhnlich kommt man aber mit drei Körnungen aus. Wenn wir von angebotenen Körnungen zwischen den Nummerierungen 150 und 1200 ausgehen, sollte der erste verwendete Bogen eine zwischen 150 und 350 aufweisen, der folgende eine zwischen 350 und 650 und der dritte schließlich zwischen 1000 und 1200. Oder man könnte beginnen mit einem 350er- bis 400er-Bogen, fortfahren mit einem 650er bis 700er und zum Schluss einen 1000er- bis 1200er-Bogen nehmen.

Ehe man zu einem feineren Papier wechselt, muss man unbedingt sorgfältig alle vorherigen Schleifreste entfernen. Ein häufiger Fehler ist es auch, in der gleichen Richtung zu schmirgeln, in der man vorher gefeilt hat; das führt lediglich zu einer Vertiefung der Feilrinnen, und das Stück wird mit einer Oberfläche in die Poliermaschine gelangen, die für die Weiterverarbeitung ungeeignet ist. Die Arbeitsrichtungen müssen immer quer zueinander liegen, und man sollte sie in diesem Sinne beim Schmirgeln regelmäßig wechseln.

Nach der Arbeit mit dem feinsten Schleifpapier sollten keinerlei Unebenheiten mehr sichtbar sein.

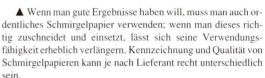

▲ Wenn man gute Ergebnisse haben will, muss man auch ordentliches Schmirgelpapier verwenden; wenn man dieses richtig zuschneidet und einsetzt, lässt sich seine Verwendungsfähigkeit erheblich verlängern. Kennzeichnung und Qualität von Schmirgelpapieren kann je nach Lieferant recht unterschiedlich sein.

◀ Wenn man präzise schmirgeln und das Schmirgelpapier nicht unnötig verschwenden will, sollte man sich unbedingt Holzleisten mit verschiedenen Querschnitten anfertigen und mit Schleifpapier in verschiedenen Körnungen bekleben. Solche Leisten kann man zwar auch fertig kaufen, aber sie lassen sich ja leicht selbst herstellen; man kann mit ihnen gezielter schmirgeln und am Schleifpapier sparen.

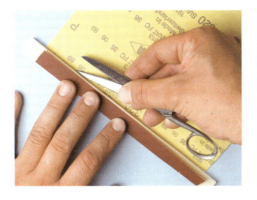

▲ Man schneidet ein Stück Schleifpapier zu und klebt es mit weißem Holzleim gut um die Leisten fest. Man muss darauf achten, dass es exakt anliegt und die Knickkanten längs der Leistenkanten verlaufen. Hilfreich ist zum Knicken der Bögen der Einsatz der Spitze einer Scherenhälfte.

▲ Beim Schmirgeln darf man keinesfalls immer in der gleichen Richtung arbeiten, vielmehr muss man immer wieder zur Querrichtung wechseln. Von der gröbsten Körnung geht man stufenweise bis zur feinsten über, bis die Oberfläche völlig glatt ist.

▼ Wenn man zum Schmirgeln einen Motorantrieb verwendet wie zum Bohren oder Fräsen, sollte man unbedingt eine Schutzbrille tragen. Außerdem empfiehlt sich dafür die Arbeit mit einem Gerät mit Absaugung, um das Herumfliegen von Metallpartikeln und mögliche Verletzungen dadurch zu vermeiden; außerdem begünstigt das die Wiederverwertung.

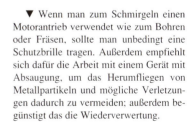

▲ Für das motorbetriebene Schmirgeln schneidet man etwa 1 cm breite Streifen aus dem Schleifpapier und befestigt sie mit Lötdraht am Ende eines entsprechenden Einsatzstifts.

▲ Das Schmirgeln mit Motor ist besonders nützlich für das Innere von Ringen, aber auch für eine Fülle anderer Arbeiten. Der Nachteil ist, dass es, besonders wenn noch eine gewisse praktische Erfahrung fehlt, gewisse Spuren hinterlässt, vor allem auf ebenen Flächen.

Aussägen und Perforieren

Wenn wir ganz typische Werkzeuge des Goldschmiedes nennen müssten, würde ganz bestimmt die Säge dazu gehören. Sägen sind uralt, denn schon in der Jüngeren Steinzeit gab es Steinsägen. Im alten Rom entstand die Form der Bügelsäge, heute weit verbreitet als Laubsäge. Aussägen und Perforieren (Durchbohren) sind eng miteinander verbunden; denn man kann aus der Innenfläche einer Platte oder eines Stückes nichts heraussägen, wenn man nicht vorher ein Loch hineingebohrt hat.

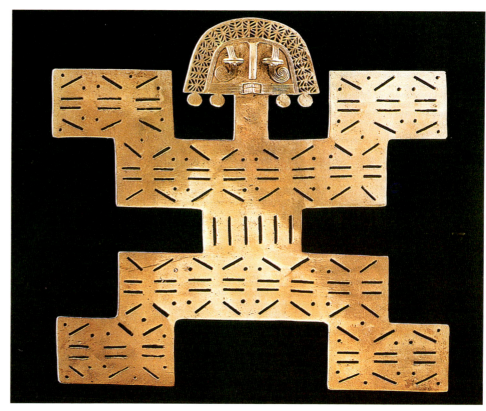

▶ Goldener Brustschmuck der vorkolumbianischen Tolima-Kultur in Kolumbien, an der gleichermaßen die Reduzierung der menschlichen Figur auf einfachste geometrische Formen als auch die feine Ausführung der Aussägungen und Durchbohrungen zu bewundern ist.

Aussägen

Aussägen bedeutet das Herausschneiden und anschließende Entfernen eines kleinen Teiles aus der Innenfläche eines Stückes, um es dadurch zu dekorieren oder anderes Material einzusetzen. Dazu verwendet man eine Nebenform der Laubsäge, die Goldschmiedesäge, mit der sich nahezu alle Metalle und sonst für Schmuck verwendete Materialien zersägen lassen. Ihre Hauptteile sind ein Stahlrahmen mit Feststellschrauben und das Sägeblatt, das darin eingespannt wird und den Schnitt als solchen bewirkt. Diese austauschbaren Sägeblätter gibt es in verschiedenen Stärken, die vom Hersteller gekennzeichnet werden. Ihre Wahl richtet sich nach dem zu zersägenden Material.

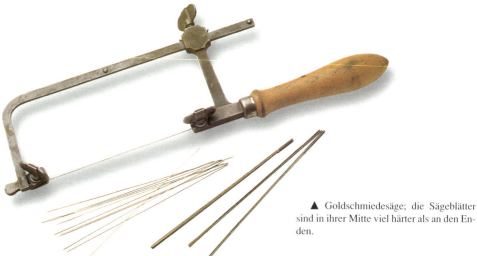

▲ Goldschmiedesäge; die Sägeblätter sind in ihrer Mitte viel härter als an den Enden.

▼ Man kann Stücke in der Form anfertigen, dass man Metallplättchen in Teile zersägt und diese dann wieder in einer bestimmten Anordnung zusammenfügt, so wie bei diesen Ohrsteckern von Stephane Landureau.

▶ Aussägen bedeutet das Heraustrennen eines Teiles aus der Innenfläche einer Metallplatte. Das setzt voraus, dass man zunächst ein kleines Loch in die Platte bohrt, um das Sägeblatt hindurchzuschieben, damit man überhaupt mit dem Sägen beginnen kann. Die hier gezeigte Brosche wurde gefertigt von Aueli Bisbe.

Grundtechniken

Das Aussägen

Die Säge dient vor allem dazu, Metallteile jeder Art ab- oder auszusägen, ist aber auch für andere Arbeiten nützlich; so kann man damit schwer zugängliche Stellen befeilen oder auch die Oberfläche von Stücken durch kleine Einschnitte verzieren

Die Wahl der richtigen Stärke des Sägeblatts ist ganz entscheidend; sie richtet sich nach der Dicke des zu sägenden Metalls. Eine dünne Platte sollte man nicht mit einem starken Sägeblatt zertrennen. Ist andererseits der Abstand zwischen den Zähnen des Sägeblatts größer als die Stärke der Platte, die es zu durchtrennen gilt, besteht die Gefahr, dass das Sägeblatt sich verklemmt und zerspringt.

Um den Schnitt zu erleichtern, kann man auf das Sägeblatt etwas Wachs auftragen. Im Fachhandel gibt es Spezialwachse für alle möglichen Sägen und sonstige Schneidwerkzeuge.

◀ Zum Einspannen des Sägeblattes lehnt man die untere Außenkante der Säge gegen den Feilnagel oder den Werktisch und setzt das Sägeblatt so in die untere Halterung ein, dass die Zähne auf einen selbst hinweisen. Mit der Schulter übt man dann etwas Druck aus, um den Bügel zusammenzupressen, und schraubt in diesem Moment das andere Ende des Sägeblatts in die obere Halterung ein. Wenn man so vorgeht, wird dann bei der Arbeit das Sägeblatt die erforderliche Spannung haben.

◀ Das Sägen muss senkrecht zum Stück erfolgen, und die Kraftanwendung erfolgt beim Hinunterziehen der Säge; der Schnitt wird erzeugt durch die nach unten gerichtete Stellung der Zähne.

◀ Zur Übertragung einer Zeichnung vom Papier auf eine Metallplatte benutzt man einen Bogen Pauspapier und abwaschbares Deckweiß.

◀ Wenn man die Schnittrichtung ändern will, muss man am entsprechenden Drehpunkt mehrfach auf der Stelle sägen, um dem Sägeblatt Spielraum zu verschaffen; dann lässt sich die Richtung leicht ändern, ohne dass man befürchten muss, dass das Sägeblatt zerspringt.

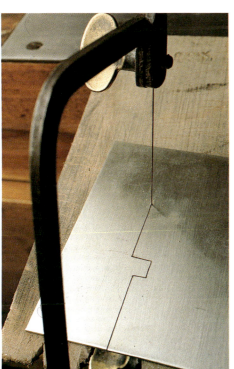

▶ Wenn man im Inneren einer Fläche etwas aussägen will, muss man zunächst mit einem Bohrer ein Loch machen, durch welches man dann das Sägeblatt schieben kann.

Übertragung einer Zeichnung

Es wird häufig vorkommen, dass man eine bestimmte Zeichnung auf Metall übertragen will, um deren Umrissen beim Sägen zu folgen. Eine einfache und schnelle Methode besteht darin, dass man die Metalloberfläche mit abwaschbarem Deckweiß bestreicht und, sobald dieses trocken ist, die Zeichnung vom Papier mit Hilfe von Kohlepapier durchpaust.

Wenn das gelingt und die Zeichnung exakt auf der Deckweißschicht zu sehen ist, kann man dann unmittelbar sägen. Möchte man aber lieber, dass die Zeichnung direkt auf die Metalloberfläche übertragen wird, fährt man die Linien der Zeichnung mit einem feinen Stichel nach, und sie werden auf dem Metall selbst zu sehen sein. Dann wäscht man vor dem Sägen die weiße Farbe ab.

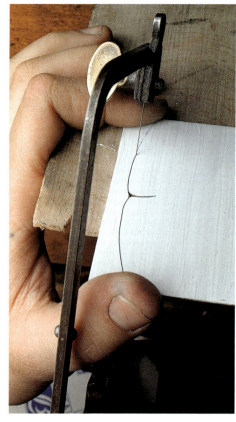

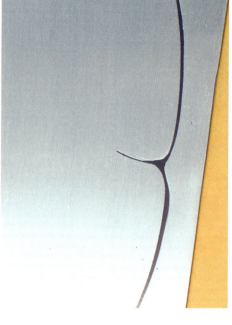

▶ Man muss die Metallplatte gut festhalten und sie mit der Säge in kräftigen, gleichmäßigen und streng senkrechten Schnitten zertrennen.

▲ Wie man hier sieht, sind mit der Säge nicht nur gerade Schnitte möglich; man kann mit ihr auch um eine Kurve gehen oder die Richtung wechseln. Dazu muss man das Sägeblatt auf der einen Seite etwas entlasten und auf der anderen leichten seitlichen Druck darauf ausüben.

Anfertigung einer Brosche von Aureli Bisbe

In manchen Fällen kann man, wie das folgende Beispiel zeigt, diese Ausschnitttechnik auch in der Form nutzen, ein anderes Material durchschauen zu lassen und es zur Geltung zu bringen. Aureli Bisbe fertigte einige ausgeschnittene Rahmen- und Gitterformen und dazu die entsprechenden Trägerplättchen; dazwischen fügte er nicht lötbares Plastikmaterial, hier mit der Markenbezeichnung „Color Core".

◀ Man bricht die Kunststoffplatten in unregelmäßige Stücke, um gerade diese Unregelmäßigkeit als gestalterisches Element zu nutzen; dann schneidet man die Stücke mit der Säge zu und feilt sie nach, damit sie exakt in den Rahmen passen.

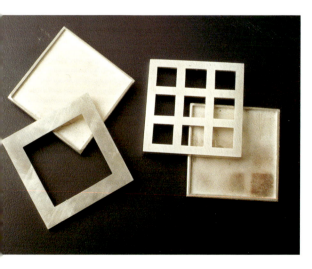

◀ Hier die Metall-Einzelteile der Broschen, in die nach der entsprechenden Endbearbeitung die farbigen Plättchen aus „Color Core" eingesetzt werden.

▶ Broschen von Aureli Bisbe, gefertigt mit dem Kunststoffmaterial „Color Core"

Grundtechniken

Bohren und Fräsen

Bohren und Fräsen sind zwei zwar nah verwandte, aber doch auch wieder etwas unterschiedliche Formen der Metallbearbeitung, die eine wichtige Rolle bei der Schmuckherstellung spielen. Dies gilt insbesondere, wenn es um die Fassung von Steinen geht, vielfach ist aber auch die Perforierung an sich ein dekoratives Element. Im Zusammenhang damit lernen wir auch Elektromotoren kennen und vor allem den mit flexibler Welle, der heute in der Werkstatt des Schmuckkünstlers eine zunehmend wichtige Rolle spielt.

▲ Plastikring von Kepa Carmona, durchbohrt mit dem Elektrobohrer

◄ Brosche von Joaquim Capdevilla; die Perforationen sind dabei ein entscheidendes Dekorationselement.

Mikromotor und Hängemotor mit flexibler Welle

Diese kleinen Antriebseinheiten sind heute für Bohr- und Fräsarbeiten nahezu unentbehrlich. Ihre Arbeitsweise ist praktisch identisch, aber die Einsatzmöglichkeiten, die Handhabung, die Leistung und die Reichweite unterscheiden sich doch beträchtlich. Beim Mikromotor ist das kleine Motörchen direkt in das mit der Steuerungseinheit durch ein Kabel verbundene Handstück eingebaut bzw. daran ansteckbar, beim Motor mit flexibler Welle wird die Antriebskraft vom Motor, den man irgendwo aufhängen kann, über eine biegsame Welle auf einen sich rasch drehenden Kopf übertragen, in den man Bohr- und Frässtifte verschiedenster Art einstecken kann.

Beide Geräte sind vielseitig einsetzbar, auch zum Polieren oder für die Anfertigung von Fassungen. Die Einsteckstifte sind bezüglich ihres Durchmessers genormt (üblicherweise 2,34 mm), und durch deren Vielfalt ergeben sich zahlreiche Einsatzmöglichkeiten.

Ein Unterschied zwischen Bohrer und Fräskopf ist ganz wesentlich: Ein Bohrer arbeitet nur vertikal, ein Fräskopf kann dagegen auf Grund seiner Form auch horizontal Material wegschaffen. Vor dem Bohren sollte man mit einem Stichel die gewünschte Stelle für das Loch genau markieren, damit es nicht zu unerfreulichen Abweichungen kommt.

◄ Die nebenstehende Abbildung zeigt die unterschiedliche Wirkungsweise von Bohrer und Fräskopf: Ersterer dringt nur in die Tiefe, letzterer entfernt Material in allen Richtungen. Daher sind auch die Einsatzweisen verschieden.

▶ Zum Bohren verwendet man gewöhnlich die flexible Welle (wie wir sie künftig vereinfacht nennen wollen), bei welcher die Antriebskraft vom separaten Motor über eine Art von Schlauch auf einen rotierenden Kopf zum Einstecken der verschiedenen Aufsteckstifte übertragen wird.

▼ Es gibt eine Vielzahl verschiedenformiger Fräsköpfe sowohl aus einfachem Stahl als auch mit Diamantbesatz; einige typische zeigt unsere Abbildung.

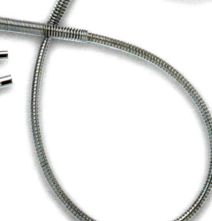

Das Löten

Das Löten (im Spanischen, aus dem das vorliegende Buch übersetzt wurde, „soldar" genannt vom lateinischen „solidare", vereinigen – das Wort steht jedoch auch für „schweißen") dient zur festen und dauerhaften, jedoch äußerlich unsichtbaren Verbindung der verschiedenen Metallteile eines Schmuckstücks. Seit Jahrtausenden wurden die verschiedensten Methoden zur Verbindung von Metallteilen untereinander oder auch mit anderen Materialien angewandt; man benutzte dafür Schnüre oder Drähte, Nieten, Klebstoffe usw. Wir beschränken uns hier auf das Löten als die heute überwiegend genutzten Technik dafür.

Schweißen (ohne Lot) und Löten bedeutet das Verbinden von Metallen untereinander unter Einwirkung auf deren Strukturen. Im Kapitel über die Metalle allgemein haben wir dargelegt, dass sich beim Schmelzen von Metallen deren Innenstruktur insofern verändert, als sich bestimmte Verbindungen von Kristallen lösen, wodurch sich die ursprüngliche Form verändert. Gleich wie beim Glühen trennen sich beim Löten Kristallgruppen, Körner genannt, voneinander, und das führt im Inneren der Metalle zu Verschiebungen und mikroskopisch feinen Spalten. Wenn man Lot aufschmilzt, dringt dieses in das Metall ein und bewirkt so eine sehr feste Verbindung; dieses Verfahren nennt man Hartlötung.

Das Verfahren

Zwei Elemente wirken beim Löten zusammen: Lot und Hitze. Ersteres ist eine Legierung aus dem gleichen Metall wie jenes, das man verbinden will, hat aber einen niedrigeren Schmelzpunkt. Durch den Einsatz des Brenners oder der Lötpistole beginnt das Lot früher zu schmelzen als das zu verbindende Metall. Es fließt wie Wasser über die erhitzte Fläche und dringt, wie Wasser in Kapillarien, in diese ein. Folge ist die stabile Verbindung verschiedener Teile.

Lot kann man fertig kaufen, in mancher Werkstatt stellt man es sich je-

◀ Aus verschiedenen Einzelteilen können bei guter Beherrschung der Löttechnik eindrucksvolle Stücke entstehen wie dieser goldene Armreif aus Indonesien.

▶ Das Löten ist eine Grundtechnik für die Fertigung von Strukturen aus Metall, wie etwa der nebenstehend gezeigten Brosche von Ramón Puig Cuyás.

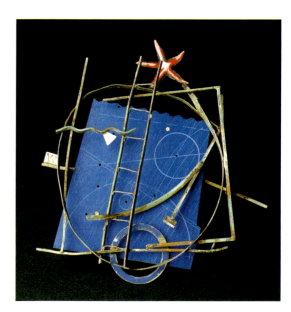

◀ Lot in Form von sogenannten Paillen und als Paste; letztere trägt man mit einem Lotspender (Lotdosierer) auf, der eine präzise Zuteilung der jeweils erforderlichen Menge ermöglicht.

doch selbst her. Für etwas kompliziertere Stücke sind mindestens drei oder vier Lötungen erforderlich, jede mit einem anderen Schmelzpunkt. Lot wird gewöhnlich nach seinem Schmelzpunkt klassifiziert und nummeriert, beginnend mit Hartlot (jenem mit dem höchsten Schmelzpunkt) über mittelhartes (mittleres) Lot mit einem mittleren Schmelzpunkt bis zum Weichlot mit entsprechend niedrigem Schmelzpunkt.

Lot ist in verschiedenen Formen erhältlich, von denen jede sich für einen bestimmten Zweck empfiehlt. Die beiden am häufigsten vorkommenden Formen sind die sogenannten Paillen, als kleine Stückchen aus Lotplatten zugeschnitten, und der Lötdraht. Immer mehr in Mode kommt jedoch die Verwendung von Lötpasten, die sich besonders für den Einsatz des Schweißbrenners eignen und keinen vorherigen Auftrag von Flussmitteln erfordern.

Lötzubehör

Lot ist unschwer im Fachhandel zu bekommen, aber die richtige Wahl des Zubehörs für das Löten ganz bestimmter Metalle kann sich als recht schwierig erweisen. Dazu muss man vorher wissen, wofür es sich besonders eignet

Lötkohle und sonstige Unterlagen

Unterlagen, auf denen Stücke gelötet werden können, gibt es aus verschiedenem Material. Dazu gehören flache Scheiben aus Fasergewebe; Platten aus weichem, feuerfestem Material, deren Oberfläche man auch eindrücken oder durchlöchern kann und die so besonders präzise Lötungen ermöglichen; festes Stahldrahtgeflecht; Drehständer aus verschiedenen Materialien; Lötkohleblöcke aus zermahlener Steinkohle, auf deren weicher Oberfläche man Stücke befestigen kann, die eine ganz bestimmte Lage für das Löten erfordern.

Drahtgeflecht bietet den Vorteil, dass die Hitze durch die Drähte hindurch sich gleichmäßig und umfassend ausbreiten kann. Eine solche Unterlage empfiehlt sich für Lötungen, bei denen das Lot sich großflächig über ein Stück verbreiten soll, wofür eine gleichmäßige Temperatur auf dessen Gesamtoberfläche erforderlich ist.

Als sehr nützlich erweist sich auch ein Holzkohleklotz, weil auf ihm ein Stück weniger stark oxidiert und er ebenfalls die Hitze gleichmäßig darüber verteilt; viele der in diesem Buch gezeigten Stücke wurden auf einem solchen Klotz gefertigt.

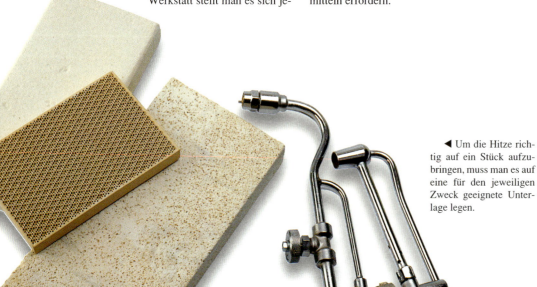

◀ Um die Hitze richtig auf ein Stück aufzubringen, muss man es auf eine für den jeweiligen Zweck geeignete Unterlage legen.

Grundtechniken

Flussmittel

Flussmittel haben eine wichtige Aufgabe, denn beim Löten bildet sich auf der Oberfläche eine Oxidationsschicht, die ein sauberes Fließen des Lots beeinträchtigt. Um das zu vermeiden, trägt man ein flüssiges Schmelzmittel auf, welches die Bildung von Oxid verhindert und so den ganzen Vorgang erleichtert.

Das bekannteste Flussmittel ist Borax, den man mit Wasser verdünnt aufträgt; man kann ihn aber auch mit Borsäure mischen, wodurch der Schmelzpunkt erhöht wird. Die Verwendung von Borax hat jedoch auch einen gewissen Nachteil: Bei seiner Erhitzung entwickelt sich leichter Schaum, durch den die Paillen aus ihrer Lage gebracht werden können. Borax wird auf beide Seiten des Stückes mit dem Pinsel aufgetragen, nachdem es von Oxid gereinigt wurde.

▼ Zwei klassische Typen von Flussmitteln: sogenanntes Lötwasser und Borax in Stangen- oder Barrenform; dieser erleichtert, in etwas Wasser aufgelöst, das Löten insbesondere von Silber.

▼ Ein Antioxidationsmittel sollte man ebenfalls vor dem Löten auftragen; dieses bildet, wie man auf der Abbildung erkennen kann, eine dünne Haut, verhindert das Auftreten von Oxidation und schützt eine polierte Oberfläche beim Auftreffen der Hitze.

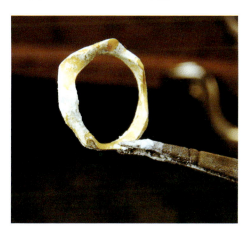

Lötgeräte/Brenner

Diese Geräte dienen zum Aufbringen der zum Löten erforderlichen Hitze auf die Einzelteile, die zu einem Schmuckstück verbunden werden sollen; man benutzt sie jedoch auch zum Glühen von Stücken, Barren oder Platten.

Die für die Schmuckherstellung verwendeten Modelle werden gewöhnlich mit Gas betrieben, die erforderliche Luftzufuhr kann durch einen Blasebalg, einen Kompressor oder auch einfach mit dem Mund erfolgen. Man arbeitet heute aber meist mit in flüssige Form gebrachtem Sauerstoff in Stahlflaschen und in gleiche Behälter abgefülltem Gas, vorwiegend Azetylen. Die Entscheidung für ein bestimmtes Gerät hängt auch vom verwendeten Gas ab.

In kleineren Werkstätten setzt man oft die blauen Gasflaschen ein und führt den erforderlichen Sauerstoff zu mit Hilfe entweder eines fußbetriebenen Blasebalgs oder eines kleinen Kompressors. Ferner gibt es Modelle, bei denen der erforderliche Luftdruck durch die Gasflasche selbst erzeugt wird und ein Sauerstoffgebläse unnötig ist. Die Druckluftzufuhr ist bei diesem System gleichmäßiger, die Regelungsmöglichkeiten sind jedoch geringer.

Ein Sauerstoff-Wasserstoff-Brenner – er erzeugt sein Lötgas durch Zerlegung destillierten Wassers, am verbreitetsten sind die sogenannten Hydrozongeräte – ist besonders vorteilhaft für die Goldschmiedearbeit, weil sich damit die Hitze präzise auf die gewünschte Stelle zielen lässt. Das bedeutet wiederum größere Genauigkeit bei der Bearbeitung, weniger Oxidation und weniger Zeitaufwand. Dagegen erweist er sich als weniger günstig beim Einsatz von Paillen, weil der Flammendruck zu deren Verschiebung führen kann. Daher empfiehlt sich für seine Verwendung die Arbeit mit Lötdraht oder Lötpaste. Vor allem bei letzterer erweist er sich als besonders leistungsfähig, weil hier auf den Zusatz von Flussmittel verzichtet werden kann und man so Arbeitsaufwand und damit Zeit sparen kann.

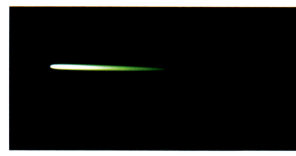

▲ In der typisch grünen Flamme eines Sauerstoff-Wasserstoff-Brenners werden Temperaturen von über 3000° C erreicht. Diese sehr heiße Flamme ist obendrein überaus präzise, weswegen man mit ihr Teile rasch und mit hoher Exaktheit zusammenfügen kann.

▲▼ Bei den Brennern lässt sich die jeweilige Zufuhr von Luft und Gas zu dem sich bildenden Gemisch genau dosieren, und damit kann man die Intensität des Feuerstrahls regulieren. Außerdem bestimmt man so, ob es zu einer reduzierenden und stärker „umhüllenden" Flamme kommt, die zum Glühen oder großflächigen Verlöten erwünscht ist, oder zu einer oxidierenden mit stärkerem Sauerstoffanteil, die sich präziser ausrichten lässt, aber eben auch zu stärkerer Oxidation führt.

◄ Viel in Gebrauch ist der Sauerstoff-Wasserstoff-Brenner, bei dem destilliertes Wasser in Sauerstoff und Wasserstoff zerlegt wird. Der Flammenstrahl lässt sich regulieren durch verschiedene Aufschraubdüsen.

43

Auflötungen

Sauberes Löten setzt voraus, dass das Metall absolut frei ist von Oxid und Fett. Daher ist vorheriges Dekapieren (Beizen) in einer Säure oder einem sonstigen Mittel unabdingbar, dem anschließende Reinigung in Wasser, dem etwas Bikarbonat beigefügt wurde, folgen muss, um wiederum mögliche Säurereste zu entfernen.

Eine korrekte Verbindung setzt außerdem voraus, dass man ein Übermaß an Lötung vermeidet; daher muss man die zu verlötenden Teile sehr präzise ausrichten. Sauberes Löten erfordert also eine gewisse Praxis, aber man sollte sich von vornherein an gewisse Empfehlungen halten. Geschmolzenes Lot wird immer der heißesten Stelle zufließen; daher ist es ratsam, zu Beginn erst einmal das gesamte Stück gleichmäßig und behutsam zu erhitzen. Wenn das Lot sich früher als das Stück selbst erhitzt, wird es schmelzen und ein Kügelchen bilden, statt in das Metall einzudringen; auch müssen zwei Teile, die man verbinden will, die gleiche Temperatur haben; denn wenn das eine Teil heißer ist als das andere, wird das Lot nur in das Erstere eindringen.

Üblicherweise arbeiten Goldschmiede mit drei Arten von Lot, die jeweils unterschiedliche Schmelztemperaturen haben und entsprechend gekennzeichnet sind. Als erstes wird man das Lot mit dem höchsten Schmelzpunkt auftragen, und wenn man dann als nächstes eines mit niedrigerer Schmelztemperatur aufbringt, wird das die erste Lötung nicht beeinträchtigen; das erlaubt präziseres und weniger aufwändiges Arbeiten.

▲ Eine perfekte Verbindung erfordert saubere Ausrichtung der Teile aufeinander. Weil im obigen Beispiel die Stoßflächen des Ringes nicht sauber aufeinander passen, ist auch eine korrekte Lötung nicht möglich.

▲ Hier dagegen sind die Kanten glatt beschnitten, und man sollte für eine exakte Lötung nun noch den Ring mit Stahldraht eng zusammenziehen.

▼ **1.** Man trägt als erstes das Flussmittel auf und legt dann mit dem dafür benutzten Pinsel oder einer Pinzette die Paillen an den Lötstellen auf. Es empfiehlt sich eine geringfügige Erhitzung von Platte und Flussmittel, damit die Paillen gut am Platz bleiben. Bei Verwendung von Lötpaste empfiehlt sich ebenfalls vor dem Auftrag eine gewisse Erhitzung des Stücks; sobald diese einzudringen beginnt, verstärkt man die Hitzezufuhr. Wenn man mit Lötdraht arbeitet, muss man diesen vorher in das Flussmittel tauchen.

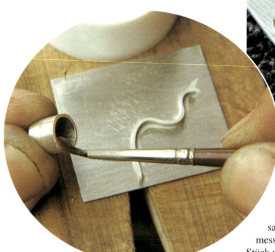

▼ **3.** Nun erhitzt man das Stück, und wenn es sich dunkel färbt, konzentriert man den Flammenstrahl auf die Lötstellen, bis diese rot glühend werden; zu diesem Zeitpunkt wird das Lot schmelzen und als leuchtender Streifen sichtbar werden. Anschließend vermindert man die Hitze oder löscht die Flamme ganz, und nach Abkühlung sind die Teile fest miteinander verbunden.

▲ **2.** Zwischen den Paillen sollte man einen gewissen Abstand lassen unter Berücksichtigung der voraussichtlich erforderlichen Gesamtmenge an Lot; sie sollte möglichst genau bemessen sein, weil man überschüssiges Lot bei einem Stück wie dem obigen nur schwer entfernen kann.

▶ Beim Löten von schwierigen Stücken muss befürchtet werden, dass deren Teile sich verschieben; man sollte diese daher vorher mit Stahldraht zusammenbinden. Solcher Draht ist in verschiedenen Stärken im Handel; er muss entfernt werden, bevor das fertige Stück in ein Säurebad gelegt wird.

Grundtechniken

◀ Um verschiedene Teile in einer bestimmten Stellung festzuhalten, benutzt man vielfach feuerfeste Fixierpaste, die auch zum Schutz von Steinen vor der Flamme dient. Daher ist sie sehr nützlich auch bei der Reparatur von Stücken mit Steinen, die keine Hitze vertragen.

▶ Lötstellen lassen sich schützen mit in Wasser aufgelöstem Ocker oder auch speziellen käuflichen Schutzmitteln. Zum Schutz von Steinen vor der Flammenhitze werden auch pastenförmige Erzeugnisse angeboten.

Biegen und Verstärken

Wenn man einem Stück mehr Volumen verleihen will, lässt sich das erreichen durch Ziselieren oder auch durch das Einsetzen von Scheiben oder Platten. Eine weitere Möglichkeit besteht jedoch darin, dass man Draht in verschiedene Profilen nimmt und darauf entsprechende Plättchen auflötet.

▶ Für ein Stück wie das in der mittleren Abbildung gezeigte biegt man mit Hilfe von Flachzangen aus Drähten mit kantigem Profil das Motiv zusammen, verlötet es und lötet es dann auf eine rechteckige Grundplatte auf.

▶ Danach feilt man alle Teile der Grundplatte außerhalb des Motivs weg und schmirgelt die Kanten sauber ab.

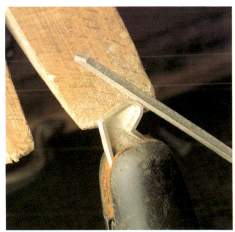

SICHERHEITSVORKEHRUNGEN

Alle Schweiß- und Lötgeräte werden mit bestimmten Gasen betrieben, und daher ist es wichtig, dass der Hersteller für eine geprüfte Ausführung einschließlich der entsprechenden Schläuche garantiert; letztere müssen sofort ausgetauscht werden, wenn man eine Beschädigung feststellt oder wenn ein Zeitpunkt dafür vom Lieferanten festgesetzt ist. Das Gerät muss auch über entsprechende Filter verfügen, über rückschlagsfreie Ventile und sonstige Sicherungen. Nicht zu vergessen ist, dass in der Werkstatt oder dem Arbeitsraum entsprechende Abzugsmöglichkeiten für Gase vorhanden sein müssen. Bei Unterlagen für Schweiß- und Lötarbeiten muss man unbedingt darauf achten, dass sie kein Asbest enthalten, weil dieses inzwischen als gesundheitsschädlich eingestuft und seine Verwendung daher verboten ist.

▶ Dieses Stück von Xavier Ines wurde zusammengesetzt aus einer Kupferplatte und verschiedenen Motiven, die aus rechteckigem Silberdraht gefertigt wurden.

Das Entfernen von Oxid

Wenn das Stück erkaltet ist, wird sich darauf eine Oxidationsschicht zeigen, die man vor der weiteren Bearbeitung durch Beizen (Dekapieren) entfernen muss. Die entsprechenden Methoden dafür wurden schon in einem vorherigen Kapitel geschildert. Erwähnt wurde auch schon, dass sich die Oxidation zumindest stark verringern lässt durch den Einsatz geeigneter Antioxidationsmittel und dass nach dem Dekapieren mit Säure ein Stück immer in Wasser mit etwas Bikarbonat von Säureresten befreit werden muss. Wenn das Stück sauber ist, muss es vor weiterer Bearbeitung erst gut trocknen; das gilt insbesondere für das Befeilen, um die Beschädigung der Feilen zu verhindern.

Gebrauchte Säure

Alte, schon benutzte Säure erweist sich zunächst als stark mit Kupfer angereicherte Lösung und wird schließlich zur gesättigten Säure mit einem Überschuss an freien Ionen. Wenn man ein Metallstück hineingibt, wird es zu elektrischer Aufladung kommen, und die Ionen werden sich an dessen Oberfläche ablagern. Der Vorgang lässt sich gut beobachten, wenn man ein Stückchen Schweißstahl oder eine Metallpinzette in die Säure fallen lässt und dadurch die erwähnte elektrische Reaktion ausgelöst wird.

Der Prozess gewinnt besondere Bedeutung, wenn man ihn bei der Granulation für die Anreicherung mit Kupfer nutzt, oder auch im Zusammenhang mit einem nachfolgenden Gold- oder Silberbad.

Gebrauchte Säure darf man nicht sofort einfach wegschütten, sondern muss sie vorher mit Bikarbonat oder Kalziumkarbonat neutralisieren.

Weitere Verbindungen

Das Löten war und ist weiterhin die häufigste Verbindungsform bei Stücken aus Metall. Da aber in der zeitgenössischen Schmuckkunst auch viele Materialien Verwendung finden, die man nicht miteinander oder mit anderen verlöten kann, müssen wir hier auch auf Verbindungen eingehen, die sich ohne Hitzeeinwirkung bewerkstelligen lassen, ohne dass sie zu Beeinträchtigungen in Form und Qualität der Stücke führen. Vielen davon, auch ganz neuartigen, begegnen wir in der zeitgenössischen Schmuckgestaltung.

▶ Der Gebrauch von Kunststoffklebern (wie auch in der nebenstehend abgebildeten Brosche von Carles Codina benutzt) setzt sich wegen der Verwendung ganz unterschiedlicher Materialien in der zeitgenössischen Schmuckkunst immer stärker durch.

Schrauben

Schrauben gestatten, ebenso wie Nieten, eine Verbindung mit verschiedenen Materialien, wie Kunststoff oder Holz, „auf kaltem Wege". Deren Verwendung nimmt immer mehr zu, zumal man damit sauber und präzise arbeiten kann.

Für die Anfertigung von Schraubverbindungen sind zwei Werkzeuge erforderlich: ein Gewindebohrer und eine Schneidkluppe. Sie sind aus Stahl und vorgesehen für die Bearbeitung weicherer Metalle; eine Bearbeitung gleich harter oder gar härterer Metalle damit ist ausgeschlossen.

▲ Brosche aus verschiedenen Materialien und mit Schraubverbindungen von Kepa Carmona

◀ 1. Die nebenstehende Abbildung zeigt die Anbringung eines Gewindeschnittes auf der Oberfläche eines vorher geglühten Silberdrahtes. Dazu wird am unteren Ende die Schneidkluppe mit einem auswechselbaren Einsatz, ausgerichtet auf den jeweiligen Durchmesser, angesetzt; durch Drehung fräsen die entsprechenden Backen das Gewinde aus.

◀ 2. Als nächstes muss man ein entsprechendes Gewinde in das Innere eines kleinen Silberröhrchens einschneiden, dessen Innendurchmesser ganz minimal geringer ist als der Durchmesser des Silberdrahtes. Üblicherweise werden nacheinander drei jeweils geringfügig stärkere Schneidstifte in den Bohrer eingesetzt, um mit ihnen durch gleichmäßiges Eindrehen schrittweise die geforderte Tiefe des Gewindes zu erzeugen.

◀ 3. Die Gewinde der beiden Teile müssen, um das Zusammenschrauben überhaupt zu ermöglichen, identisch sein, das heißt in Rillentiefe und sogenannter Steigung, dem Abstand zwischen den Graten, übereinstimmen.

▼ Bei der unten gezeigten Brosche von Carles Codina kann man gut den mit der Säge gefertigten kleinen Einschnitt am Kopf des Golddrahtes erkennen, in den der feine Schraubenzieher eingreift.

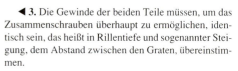
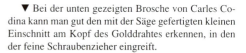

Grundtechniken

Nieten

Die Verwendung von Nieten ist keineswegs neu, sondern vielmehr schon älter als das Löten, weil sie die Formbarkeit des Metalls auch durch kalte Bearbeitung nutzt. Das Verfahren besteht darin, dass man ein geglühtes Teil, gewöhnlich ein kurzes Stück Draht, durch Löcher in den zu verbindenden Stücken führt und es dann so an seinen Enden behämmert, dass es nicht herausrutschen kann.

▶ 1. Zur Anfertigung einer Niete taucht man das Ende eines Runddrahtes in Schmelzmittel, hält ihn mit einer Pinzette oder kleinen Zange senkrecht und bestreicht das unterste Ende mit einem starken Flammenstrahl, bis sich dort ein kleines Kügelchen gebildet hat.

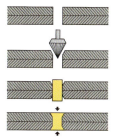

▲ 2. Nach dem Beizen schiebt man das Drahtstück mit der anderen Seite durch das entsprechende Loch eines Zieheisens.

▲ 4. Mit der Feile und einem konkaven Fräseinsatz kann man dem Kopf die erwünschte abgerundete Form geben.

▲ Schema einer Nietung

Klebstoffe

Viele Erzeugnisse der heutigen Goldschmiedekunst wären nicht vorstellbar ohne die Verwendung von Klebstoffen. Auf diesem Gebiet gibt es inzwischen viele hochwertige Produkte, die ausgezeichnete Verbindungsfestigkeit gewährleisten.

Unter dem großen Angebot muss man den Klebstoff wählen, der sich für das jeweilige ganz bestimmte Stück und die Materialien, aus denen es besteht, am besten eignet. Er selbst darf keinesfalls stärker sein als die Teile, die er verbinden soll, und diese selbst müssen völlig sauber, möglichst aber auch etwas angeraut sein. Dazu empfiehlt es sich, die Kontaktflächen mit Feile oder Schmirgelpapier zu bearbeiten und in passender Weise zu reinigen.

▲ 3. Man behämmert nun von allen Seiten den überstehenden Kopf, bis er ganz flach ist.

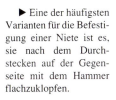

▶ Eine der häufigsten Varianten für die Befestigung einer Niete ist es, sie nach dem Durchstecken auf der Gegenseite mit dem Hammer flachzuklopfen.

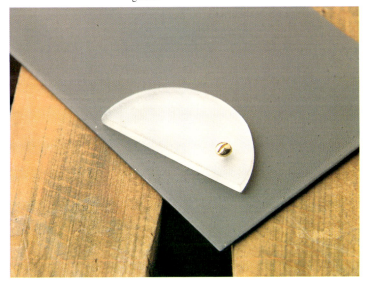

Elastische Klebstoffe, zumeist Zwei-Komponenten-Kleber wie Araldit, empfehlen sich für Stücke mit Füllungen oder für solche, bei denen man mit Vibrationen oder Bewegungen rechnen muss; diese eignen sich auch für poröse Materialien, im Gegensatz zu Klebern auf Akrylbasis (wie etwa „Super Glue"), die sich als starrer erweisen und daher eher für glatte Flächen aus verschiedenem Material infrage kommen.

Brosche von Aureli Bisbe aus „Color Core"

Ausgangsbasis ist eine runde, in der Mitte rund ausgeschnittene Silberplatte, auf deren Innen- und Außenrand ein Profil aus Silberdraht mit rechteckigem Querschnitt aufgelötet wurde. Aureli Bisbe legte in diese übereinander verschiedenfarbige, später mit der Fräse bearbeitete Ringe ein, die aus dünnen Platten von „Color Core" gefertigt wurden. Dies ist ein Kunststoffmaterial zur Beschichtung von Möbeln.

▶ **1.** Als erstes muss man die Ringscheiben aus dem Plastikmaterial in den gewünschten Farben sägen; sie müssen sehr genau in die Silberform passen. Ihre Umrisse zeichnet man als zwei konzentrische Kreise mit dem Zirkel auf die Kunststoffplatten auf.

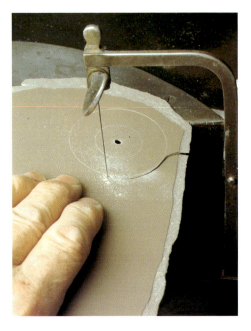

◀ **2.** Dann sägt man die Ringe mit der Handsäge entlang der aufgetragenen Umrisslinien sauber aus und glättet ihre Kanten mit einer flachen Feile.

▶ **3.** Die Plastikscheiben in den drei gewählten Farben müssen sehr präzise und „ohne Luft" übereinander in die silberne Trägerplatte passen. Nach dem Einpassen werden sie aufeinander geklebt.

▼ **4.** Dafür wurde ein leicht elastischer und rasch trocknender Viskosekleber gewählt, der für eine solche Arbeit besonders geeignet ist. Nachdem die Oberflächen sehr gut gereinigt und entfettet wurden, trägt man eine dünne Klebstoffschicht auf und setzt den ersten Plastikring ein.

▼ **5.** Ohne das Trocknen abzuwarten, streicht man eine weitere Klebstoffschicht auf und fügt den zweiten Ring hinzu.

▼ **6.** Man wiederholt den Vorgang und setzt den dritten Ring ein.

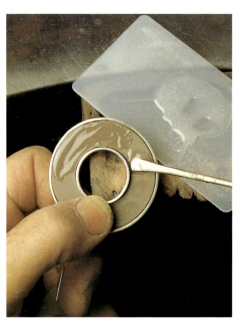

Grundtechniken

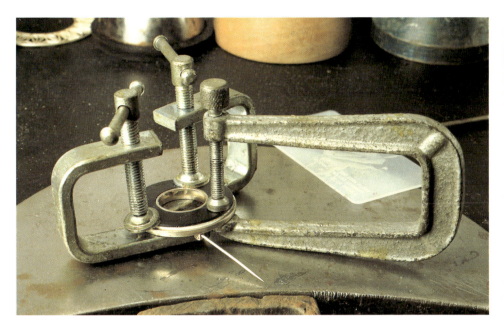

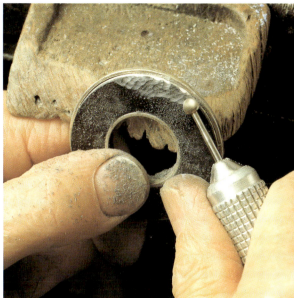

▲ **7.** Mit drei Zwingen klemmt man die Teile zusammen, damit durch den Druck die Leimschichten zusammengepresst werden und es zu einer festen Verbindung kommt. Das Trocknen kann beschleunigt werden, indem man das Stück unter eine starke Glühbirne legt.

▶ **9.** Das Abfräsen muss stets von außen nach innen erfolgen, und das Stück muss dabei gut an der Feilnase abgestützt werden.

▲ **8.** Mit einem großen Fräskopf bearbeitet man nach der Trocknung die Plastikscheiben vom Rand her nach innen so, dass die verschiedenen Farbschichten sichtbar werden.

▲ **10.** Zum Schluss werden auch die Silberränder genau so wie die Plastikringe mit der Fräse bearbeitet.

▶ So präsentieren sich nach Beendigung des Fräsens die von Aureli Bisbe gefertigten Broschen.

Anfertigung von Scheiben und Zylindern

Ausgangsformen für viele Schmuckstücke sind die Platte oder der Draht. Durch Ziselieren und Treiben entstehen aus flachen Platten die verschiedensten Formen. In vielen Fällen ist dabei ein gewisses Volumen erforderlich, damit man einen Verschluss verbergen, eine Wölbung schaffen oder auch eine dickere Seitenfläche anfertigen kann. Für solche Erfordernisse bedient man sich verschiedener Press- oder Treibwürfel, Fassonamboss und Anke genannt.

▶ Die wichtigsten Werkzeuge zum Formen von Scheiben und Zylindern sind ein Prägewürfel mit halbkugelförmigen Eintiefungen, der aus Bronze oder Stahl sein kann (eine sogenannte Anke), ein Rillenwürfel, der sogenannte Fassonamboss, zum Formen von Rohren, also Zylindern, und die Stahlstifte oder Punzen, die in ihrer Form den unterschiedlichen Aufgaben entsprechen.

▼ Ein Halsschmuck von Xavier Domenech, zusammengesetzt aus Teilen, die aus Silberscheiben getrieben wurden.

Austreiben einer Scheibe

Wenn man Teile für einen Verschluss braucht oder eine schalenartige Fassung für eine Perle oder eine halbkugelige Form allgemein, ist die Ausgangsbasis oft eine kleine runde Scheibe, die man austreibt. Aber auch die Rundscheibe an sich verdient als Gestaltungselement Aufmerksamkeit.

Daher ist es wichtig, das Metallgewicht einer solchen Scheibe berechnen zu können, vor allem, wenn sie aus Gold sein soll. Daher geben wir hier die Berechnungsformel dafür an:

Gewichtsberechnung einer Scheibe:

$$\frac{\text{Radius}^2 \times 3{,}14 \times \text{Stärke} \times \text{spezif. Gewicht}}{1.000} = \text{Grammgewicht der Scheibe}$$

Ein Beispiel: wie viel wird eine 1 mm starke Goldscheibe mit einem Durchmesser von 14 mm wiegen?

$$\frac{(7 \times 7) \times 3{,}14 \times 1 \times 15{,}5}{1.000} = 2{,}3 \text{ g Gold}$$

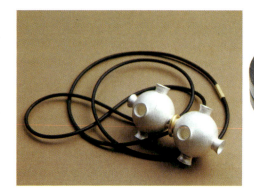

◀ Eine Scheibe, deren Umriss mit Hilfe eines Zirkels markiert wurde, kann man aussägen; man kann sich aber auch eines Stanzwerkzeugs bedienen, das sich für eine Reihe häufiger vorkommender Durchmesser benutzen lässt.

Wichtig ist die Form des Austreibens (Biegens). Wenn man eine Gold- oder Silberscheibe mit einem Treibstempel (einem Punzen) auf dem Treibwürfel (der Anke) bearbeitet, führt der Hammerschlag an der betreffenden Stelle zu einer Ausdehnung und damit Verringerung der Stärke. Bei Verwendung eines (zu empfehlenden) Buchsbaumstifts fällt diese weniger jäh aus als bei einem Stahlstift. Auch die Art der Hammerschläge ist wesentlich; der Treibstößel sollte sich leicht bewegen wie ein Polierpunzen, zu heftige Schläge muss man vermeiden, und diese müssen sich gleichmäßig der gesamten Fläche mitteilen. All dies ist Voraussetzung für eine erwünschte gleichmäßige Wandstärke.

▲ 1. Die vorgeglühte Metallplatte wird in die Stanze eingeschoben und dann mit einem scharfkantigen Stößel durchgeschlagen; damit erhält man eine exakt beschnittene Scheibe im gewünschten Durchmesser.

▲ 2. Zum Austreiben muss man die Scheibe in eine der Vertiefungen der Anke legen, und zwar in jene, in die sie an der Oberkante genau hineinpasst. Dann beginnt man das Treiben mit dem dicksten Punzen, dessen Kopfdurchmesser nahezu dem Lochdurchmesser entspricht.

▲ 3. Nun hat die Scheibe schon Kuppelform angenommen, man legt sie in eine entsprechend kleinere Vertiefung ein und bearbeitet sie mit einem dünneren Punzen, und damit fährt man dann fort. Wie man in der Abbildung gut erkennen kann, wurde das winzige Silberschälchen dabei leicht geneigt, damit man die Innenfläche gleichmäßig behämmern kann, um so eine einheitliche Wandstärke und ebenmäßige Rundung zu erreichen.

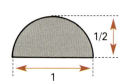

▲ Zur Überprüfung, ob eine exakte Halbkugelform erreicht wurde, misst man mit einer Schublehre nach, ob die Höhe dem halben Durchmesser entspricht. Zwei solcher Halbkugeln lassen sich dann zu einer Kugel aufeinander löten.

▶ Wenn man eine kleine runde Scheibe zur Halbkugel austreibt, wird das Metall erheblich beansprucht; daher ist wiederholtes Glühen dabei erforderlich.

Grundtechniken

◂ Halsband von Ana Pavicevik aus getriebenen, oxidierten Silberscheiben und Papier

◂ Detail des obigen Halsbands

Die Anfertigung eines Zylinders

Der Zylinder oder die Röhre ist eine weitere sehr häufig bei unseren Arbeiten vorkommende Form. Eine solche Röhre lässt sich auf dem Fassonamboss hämmern mit Hilfe entweder der längs eingelegten Treibstempel oder gesonderter Stahlstäbe, die auf die jeweiligen Rillenquerschnitte abgestimmt sind.

▸ **1.** Zum Formen einer Röhre muss man zunächst eine rechteckige Platte zuschneiden und diese glühen; wenn man dann mit dem Rundtreiben auf dem Fassonamboss beginnt, muss man darauf achten, dass sich nicht die Grate der Rillen auf der Röhrenoberfläche einprägen, weil das eine schwerwiegende Beeinträchtigung wäre.

▲ **2.** Auch hier wieder muss man schrittweise zu dünneren Rillen und dünneren Treibstempeln übergehen. Sobald eine U-Form erreicht ist, kann man auf der Außenseite hämmern, um die beiden Kanten aneinander zu fügen.

▲ **3.** Vor dem Verlöten muss man den Zylinder gut mit Stahldraht zusammenziehen, um ein Aufplatzen bei der Hitzezufuhr auf Grund der beim Treiben entstandenen Spannungen zu verhindern.

▸ **4.** Nachdem man das Rohr mit Salpetersäure dekapiert hat, schiebt man den Schaft eines Treibstempels in entsprechender Stärke hinein und arbeitet von außen mit einem Plastikhammer die Form nach. Ist sie sauber gerundet, schmirgelt man den Zylinder ab.

Herstellung eines Verschlusses

Als praktische Anwendung der in diesem Kapitel geschilderten Techniken zeigen wir nun die Anfertigung eines Verschlusses für eine Halskette. Ein solcher Verschluss wird dann nochmals bei den Schritt-für-Schritt-Anleitungen auf Seite 151 vorgestellt.

▸ **1.** Wir haben nach den oben beschriebenen Methoden zwei Scheiben zu Halbkugeln gerundet und von der Röhre zwei Teilstücke abgeschnitten; alle Teile müssen den gleichen Außendurchmesser haben.

▸ **2.** Man trägt Flussmittel auf die Stoßkanten von Halbkugel und Zylinderabschnitt auf und lötet die beiden Teile zusammen.

◂ **3.** Nachdem man die Lötnähte befeilt und glatt geschmirgelt hat, lötet man oben an die Rundung einen kleinen Ring aus starkem Runddraht und bohrt am unteren Rand zwei gegenüberliegende Löcher ein, durch die sich quer durch die Kette ein Stück Golddraht schieben lässt. Dessen Enden werden nach dem Abzwicken der überstehenden Teile mit dem Verschlussstück verschweißt.

▸ **4.** Hier nun der fertige Verschluss nach dem Polieren; unter den mancherlei Arten von Verschlüssen, die sich bei Schmuckstücken finden, ist dies eine der häufigsten.

Das Schmieden

Eine der ältesten Bearbeitungsweisen des Menschen für Metalle ist das Schmieden. Durch das Bearbeiten mit verschieden geformten Hämmern auf einem Amboss lässt sich die Form eines Metallbarrens verändern und ausdehnen, und man kann dadurch einen harmonischen Übergang von gröberen zu feineren Teilen eines Stückes bewirken; daher lassen sich auf diese Weise sowohl großformatige Werke als auch solche mit feinsten Details fertigen.

Das Schmieden verbessert ebenso wie das Walzen die innere Struktur eines Metalls; durch eine solche Bearbeitung wird die Größe der Körner verringert, und das Metall wird daher widerstandsfähiger als gegossenes Metall. Zugleich entstehen durch die Hammerschläge Oberflächen mit interessanten Texturen.

Schmieden bedeutet im wesentlichen das Einschlagen auf Metall mit einem ebenfalls metallenen Hammer, dessen eines Ende gewöhnlich quadratisch und eben ist, während das andere Keilform hat. Wenn man mit diesem auf einen Barren einhämmert, wird das Metall entlang seiner Längsachse ausgetrieben und damit ausgedehnt.

Will man einen Barren oder eine bestimmte Ausgangsform verbreitern, sollte man die gerade, flache Seite des Hammers benutzen und damit gleichmäßig die Oberfläche bearbeiten, damit sich dieses entsprechend ausdehnen kann.

Die Bearbeitung des Metalls mit dem Hammer erfolgt auf einem Amboss oder auf kleineren Steckambossen, je nach der erwünschten Größe und Form. Deren Oberfläche muss sehr fest und völlig glatt sein; zudem muss auch die Schlagfläche („Bahn") des Hammers immer gut geglättet sein, weil sich beim Schlag deren Glanz auf das bearbeitete Metall überträgt.

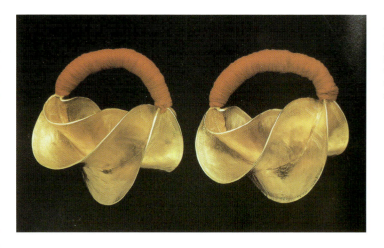

◀ Ohrschmuck aus Mali; er wurde aus einem gegossenen Barren mit verschiedenen Hämmern auf unterschiedlichen Steckambossen geschmiedet.

Gold, Silber und Kupfer lassen sich sehr gut schmieden, weil sie zu den weichsten und schmiegsamsten Metallen zählen, die es gibt; Messing dagegen erweist sich als wenig geeignet dafür.

Bei längerem Schmieden wird das Metall härter, und daher ist mehrfaches Glühen dabei erforderlich; es empfiehlt sich die wiederholte Beschäftigung mit dem Kapitel über Metalle allgemein (Seiten 12 bis 25), um sich dort zu informieren über das Verhalten bestimmter Legierungen beim Glühen und Abkühlen, welches von entscheidendem Einfluss auf die Formbarkeit ist.

▲ Anhänger von Jaime Díaz, aus Silber gefertigt unter wiederholtem Ausziehen des Metalls

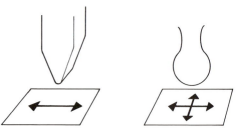

◀ Die Bearbeitung mit der keilförmigen Seite des Hammers führt zu einer Längsausdehnung des Barrens, während der Einsatz der gewölbten Seite eine Ausdehnung nach allen Seiten bewirkt.

▼ Die endgültige Erscheinungsform wird bestimmt durch die Technik des Schmiedens und die Art des dabei benutzten Hammers.

▼ Das Metall muss immer auf einer Stahlunterlage bearbeitet werden, damit es sich beim Schmieden ausdehnen kann. Im Bild ein kleiner Horn- und ein flacher Tischamboss, die sich für feinere Schmiedearbeiten eignen oder für die Anfertigung von Nieten oder das Gestalten von Texturen.

Ein geschmiedeter Armreif

Den hier gezeigten Armreif fertigte Jaime Díaz unter Verwendung eines Stahl- und eines Plastikhammers und verschiedener kleiner Ambosse aus einem Silberbarren.

▶ 1. Der verwendete Barren wog 80 g und war 3,5 mm stark.

▲ 2. Die Arbeit wurde auf einem kleinen Amboss ausgeführt, der zu diesem Zweck aus einem alten Hammer gemacht wurde; das Silber bog sich dadurch nach innen, was die gewünschte konkave Form begünstigte.

▲ 3. Dann wurde der Ring auf einen etwas größeren und oben leicht gewölbten Amboss gelegt, ursprünglich ein Maschinenteil; einige Schläge auf die Außenseite sorgten für eine Verbreiterung und eine gehämmerte Textur.

▲ 4. Ehe er nun weiter bearbeitet wird, damit die Wandung dünner wird, sollte der Reif geglüht werden. Die richtige Temperatur dafür muss bei Silber oberhalb von 750° C liegen, dann erfolgt schlagartige Abkühlung durch Eintauchen in Wasser.

▲ 5. Man biegt nun unter Verwendung eines Holz- oder wie hier Nylonhammers den Reif um einen Armreifriegel, um die Innenrundung zu verbessern, die hier etwas oval sein soll.

◀ 6. Auf dem ersten Amboss wird nun wieder die Außenseite bearbeitet, um die Kanten sauberer auszuformen und damit das gewünschte Endergebnis zu erzielen.

▶ 7. Es wurden zwei gleiche Stücke angefertigt, die dann zusammengelötet wurden. Das Innere wurde oxidiert, und das Äußere mit einem weichen Espartograsknäuel behandelt, um die Textur der Hammerbearbeitung zur Geltung zu bringen.

Scharniere

Viele Schmuckstücke, insbesondere Arm- oder Halsbänder, bestehen aus Einzelteilen, die mit Scharnieren verbunden werden müssen, damit sie beweglich sind und sich auch entsprechend an den Körperteil anschmiegen können, zu dessen Zierde sie geschaffen wurden. Es ist ganz unmöglich, hier die Vielfalt solcher Scharniere aufzulisten, die man fertigen könnte, und so wollen wir uns auf drei typische beschränken, die vielfach einsetzbar sind: das Klauenscharnier aus Draht, das Röhrenscharnier und das Blindscharnier oder verdeckte Scharnier.

Ein Scharnier muss nicht immer aus Metall sein, und zu verstecken braucht man es außerdem auch nicht; in vielen Fällen ist es vielmehr schon für sich selbst interessant.

◀ ▼ Armbänder aus gestanzten bunten Plastikstücken von Svenja John; wesentlich für die Wirkung ist die Beweglichkeit der Teile untereinander.

Klauenscharnier aus Draht

Dieses Scharnier gibt es in zahllosen Varianten, und es lässt sich auf unterschiedlichste Weise anbringen. Es findet Verwendung für das Zusammenfügen von Armbändern, von Teilen mit gefassten Steinen zu Kolliers und für sonstige Stücke. Ein Beispiel dafür findet sich auch unter den Schritt-für-Schritt-Anleitungen bei einem Armband.

Für den hier gezeigten Halsschmuck wurde unter Verwendung des entsprechenden Zieheisens ein Draht mit rechteckigem Querschnitt hergestellt. Aus ihm wurden Ringe mit unterschiedlichen Durchmessern gefertigt, die entsprechend verlötet und dann glatt geschliffen wurden.

▲ 1. In die Seite eines Ringes werden zwei parallele Löcher gebohrt, die nicht mehr als 1,5 mm voneinander entfernt sein sollten.

▲ 2. In einen anderen Ring bohrt man ebensolche Löcher wie in den ersten, entfernt dann aber im Unterschied zu diesem hier das zwischen beiden verbliebene Metall mit einer feinen Rundkopffräse. Mit einer noch feineren Fräse bringt man an dieser Stelle eine Querrille an, in die ein dünner Draht passt, den man dann anlötet.

▼ 3. Man biegt einen 0,6 mm starken Runddraht in U-Form und schiebt die Rundung durch den zweiten Ring. Dann steckt man die beiden Enden durch die kleinen Löcher am ersten Ring und lötet sie dort auf der Innenseite fest.

▲ 4. Nun fährt man folgendermaßen fort, um eine entsprechend bewegliche Verbindung herzustellen: Man schiebt alle U-Biegungen der Drähte so durch, dass sie gut vorstehen, biegt sie etwas ab und lötet ein Ende des durchgesteckten Drahtes vom anderen Ring an. Dann prüft man, ob die Verbindungen gut beweglich sind, und lötet jeweils das zweite Ende des anderen Drahtes an. Nach dem Löten muss man beizen und alle verbliebenen Drahtenden abknipsen und sauber befeilen.

▼ 5. Durch kleine Löcher werden schließlich mit vorher geglühtem Golddraht Flussperlen und Korallenstücke an dem Gehänge befestigt. Gestaltung: Carles Codina.

Grundtechniken

Röhrenscharnier

Solche Scharniere werden vor allem für die Verbindung von Teilen mit geraden Kanten bei Armbändern usw. verwendet, aber auch für kleine Kästchen. Einteilung und Größe der verschiedenen Varianten richten sich nach der Größe des jeweiligen Stücks.

Für das hier gezeigte Beispiel wurde ein Röhrchen mit rundem Querschnitt aus einer 0,5 mm starken Platte vorbereitet sowie zwei viereckige Rähmchen aus 2,5 mm starkem Draht mit quadratischem Querschnitt; sie wurden hartgelötet.

◀ 1. Als erstes muss man die Stoßkanten der beiden Quadrate so bearbeiten, dass das Röhrchen dazwischen Platz findet. Dazu klebt man vorübergehend die Quadrate nebeneinander auf einer Unterlage fest und feilt die Stoßkanten mit einer Rundfeile so ab, dass Raum für das Scharnier geschaffen wird.

▶ 3. Dieses Röhrchen wird dann unter Auslassung der Brücke angelötet, wobei man ein paar Stahlnadeln zur sauberen und unverrutschbaren Ausrichtung benutzt; man verwendet mittelhartes Lot.

▼ 5. Man schneidet einen geglühten Draht, der in die Höhlung der Röhrchen passt, so zu, dass er auf jeder Seite noch um 0,5 mm übersteht; diese geringen Überstände werden dann entsprechend abgeflacht, damit sich eine sichere Vernietung ergibt.

▲ 2. Aus dem einen Röhrchen wird, wie die Abbildung es zeigt, das Mittelteil herausgesägt, jedoch so, dass eine Brücke zwischen den beiden Restteilen verbleibt, damit sie beim Verlöten exakt ausgerichtet bleiben.

▲ 4. Nach dem Anlöten sägt man die Brücke weg und lötet auf der Gegenseite ein entsprechend zugeschnittenes Röhrchen an, das genau in die Lücke passt. Nach der Verlötung müssen die zusammengeklappten Quadrate plan aufeinander liegen.

▲ 6. Für dieses Goldarmband von Carles Codina wurden die oben beschriebenen Scharnierverbindungen verwendet.

Verdecktes Scharnier

Diese auch Blindscharnier genannte Variante findet vor allem bei glatten und sozusagen „starren" Armbändern Verwendung, bei denen es erwünscht ist, dass die Verbindung unsichtbar bleibt.

Für solche Scharniere ist es erforderlich, die Stärke der Wandungen so zu bemessen, dass sich in ihnen selbst die Verbindung unterbringen lässt. Dies setzt voraus, dass man von vornherein die Abmessungen des gesamten Stücks und seiner Einzelteile auf diese Art von Scharnier ausrichtet.

Die Fertigung eines solchen Scharniers wird hier an einem entsprechend vorbereiteten Ring gezeigt, der sich nach Fertigstellung aufklappen lässt und in der Art alter „Giftringe" Geheimfächer für Pulver oder Tropfen enthält.

▲ 1. Als erstes schneidet man in der Mitte der einen Seite eine Lücke aus, zunächst mit der Säge, dann mit Handfeilen und schließlich, wie im Bild gezeigt, mit einem auf das Handstück gesetzten längsrunden Fräskopf.

▲ 2. Man stellt zwei Röhrchen her, die perfekt ineinander passen müssen; das äußere muss eine ausreichend dicke Wandung haben, um zum Schluss noch abgefeilt werden zu können. Das Einlöten erfolgt hier mit Hartlot.

Scharniere

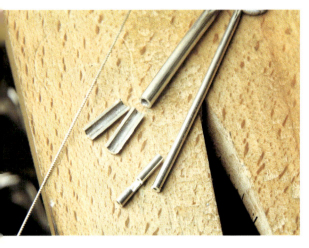

▲ **3.** Ein entsprechender Abschnitt des dickeren Röhrchens wird der Länge nach geteilt, bei einem etwa gleich langen des dünneren sägt man ein Mittelstück mit verbleibender Brücke aus. Diese sorgt beim späteren Einlöten in das dickere Röhrchen dafür, dass die oberen und unteren Teilstücke exakt ausgerichtet bleiben.

▲ **4.** Mit mittelhartem Lot lötet man das dünnere Röhrchen in die eine Hälfte des dickeren so ein, dass die Brücke außen liegt; nach der Lötung sägt man diese weg. In die zweite äußere Rohrhälfte wird entsprechend ein kurzes Stück des dünneren Röhrchens so eingelötet, dass es perfekt in die Lücke auf der Gegenseite passt.

▲ **5.** Wie wir sehen können, fügen sich die Teile gut ineinander, und ebenso passen die beiden aneinander gefügten äußeren Rohrhälften sauber in die Lücke des Ringes. Vor dem weiteren Verlöten sollte man das Innere des Scharniers und allgemein empfindliche Lötstellen gut mit einem entsprechenden Schutzmittel bestreichen.

▶ **6.** Wenn das Scharnier eingesetzt ist, zieht man den Ring fest mit Stahldraht zusammen und lötet das Scharnier mit Weichlot am Ring fest.

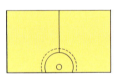

▲ Schema des Scharniers

▶ **7.** Nach dem Reinigen und Beizen wird das Scharnier außen zum Angleichen an die Ringoberfläche abgefeilt, wodurch sowohl äußere wie innere Scharnierteile ausgerichtet werden. Im Inneren des Scharniers darf man nicht feilen, weil das zur Beschädigung des Innenröhrchens führen könnte.

▶ **8.** Durch das Innenröhrchen wird ein vorher geglühter Runddraht geschoben und auf einem kleinen Amboss vernietet; das untere, auf dem Amboss aufliegende Drahtende wird beim Behämmern von oben ebenfalls verbreitert.

◀ **9.** Der Ring wurde nun auch auf der oberen Seite aufgeschnitten, und man hat dort durch das Einsetzen von Lamellen in seinem Inneren zwei getrennte kleine Hohlräume geschaffen, in die man Pulver oder eine Flüssigkeit füllen kann. Das bekrönende Schmuckmotiv ist ein in einer speziellen Technik gegossener Kaktus; mit seinem Gewinde am unteren Ende dient er als Schraubverschluss.

▶ **10.** *Todesring*; geschützte Gestaltung von Carles Codina

Verschlüsse

Abgesehen von ganz praktischen Gründen erfordert es allein schon die Neigung des Menschen, seine Schmuckstücke abzunehmen, um sie in ihrem vollen Glanz zu bewundern, dass sie einen entsprechenden Mechanismus haben, um dieses Abnehmen zu ermöglichen. In manchen Fällen kann man auf Grund der besonderen Form des Schmuckstücks darauf auch verzichten, zumeist aber sind Armbänder, Halsketten, Ohrringe, Broschen usw. mit einem Verschluss ausgestattet.

Heutzutage kann man solche Verschlüsse in allen möglichen Formen und Größen fertig im Zubehörhandel für das Goldschmiedehandwerk kaufen oder auch per Katalog bestellen. Sie lassen sich leicht anlöten oder sonstwie anmontieren, wenn auch zumeist eine gewisse Anpassung und Nachbearbeitung dafür erforderlich ist. Nicht selten aber kann ein solcher vorgefertigter Ver-

▲ Der Verschluss dieses Kolliers ist überzeugend der Besonderheit des Stückes angepasst.

schluss das Gesamtbild eines Entwurfs erheblich beeinträchtigen, und daher sollte man zumindest in der Lage sein, bestimmte Verschlüsse auf den Charakter eines Stückes auszurichten. Dazu gehört die Kenntnis der Funktion der verschiedenen Varianten und die Fähigkeit, sie einem ganz bestimmten Stück anzupassen.

▼ Im Fachhandel sind fertige Verschlüsse in allen Formen und Größen erhältlich.

Omega-Verschluss

Eine der brauchbarsten Formen fertiger Verschlüsse ist der Bogenverschluss (Bügelverschluss, Omega-Verschluss), der guten Halt für Ohrstecker gewährleistet. Dabei wird der durch das Loch im Ohrläppchen geführte Stift mit einem rundgebogenen Draht verbunden, der den Ohrstecker an das Ohrläppchen andrückt. Der Form des Drahtes verdankt er die Bezeichnung „Omega-Verschluss".

▶ Der zum O gebogene Draht darf nicht geglüht werden, damit er seine Spannung behält. Das gilt auch für Reparaturen: Vor dem Löten muss man dieses Teil entfernen. Um den Verschluss anzunieten, muss man einen feinen geglühten Draht durch die Durchbohrung der Halterung und die Löcher unten im gerundeten Draht führen und ihn dann vernieten. Dazu benutzt man, wie hier gezeigt, den Fasserhammer mit einem Nieteinsatz und legt das Stück auf einen Amboss auf, damit durch den Schlag die Abplattung auf der Unterseite erfolgt.

◀ Der durch das Ohr zu führende Stift muss im Abstand von etwa 7 bis 9 mm zu der in nebenstehender Abbildung links zu sehenden Halterung aufgelötet werden, die vorher aufgelötet wurde. Erst nach den Lötungen wird der Spannbügel eingesetzt.

Steckfederverschluss

Der eine Bestandteil eines solchen Verschlusses ist ein kleiner Stift oder gerader Draht aus Silber oder Gold, der gemäß unten stehender Zeichnung auf das Stück gelötet werden muss. Den anderen, eine kleine Feder, kann man fertig kaufen. Wenn man sie selbst anfertigen möchte, muss man bedenken, dass wegen der Spannung eine gewisse Härte des Materials erforderlich ist, es also nicht vorher geglüht werden darf.

◀ Damit die Verlötung des Stiftes stabil und dauerhaft ist, muss man eine kleine Vertiefung für den Stift in das Stück fräsen und ihn vor dem Verlöten dort hineindrücken.

◀ Mit einer Feile, die nur an ihrer Schmalseite einen Feilhieb hat, feilt man eine kleine Kerbe in den Stift, in welche die Feder zu besserem Halt einrasten kann.

◀ Schema der Sicherungskerbe im Stift

▼ Die Federn kann man fertig kaufen, muss dabei aber auf das richtige Größenverhältnis zum jeweiligen Schmuckstück achten.

Broschenverschluss

Der folgende Verschluss eignet sich gut für ebene Flächen und gewährleistet sicheren Halt. Er lässt sich auf verschiedene Weise fertigen; die unten gezeigte Ausführung in Gold lässt sich ohne großen Aufwand herstellen.

▶ **1.** Man fertigt aus einer 0,5 mm starken Goldplatte ein Röhrchen an und feilt in eine andere Platte gleicher Stärke mit einer Feile mit dreieckigem oder quadratischem Profil eine Kerbe.

▲ **2.** In die längs der Kerbe im rechten Winkel abgeknickte und so verlötete Platte lötet man dann wie gezeigt das Röhrchen ein. Dazu biegt man ein Stück Draht mit rechtwinkligem Querschnitt, nachdem man ebenfalls Kerben an den Knickstellen eingefeilt hat, zu der aus der Abbildung ersichtlichen Form und lötet ihn entsprechend.

▲ **3.** Um guten Halt der Schließnadel zu gewährleisten, verkürzt man zunächst an den beiden Öffnungen des Röhrchens etwas, wie hier gezeigt, mit einem Fräskopf, der die Form eines umgekehrten Kegelstumpfes hat.

▲ **4.** Mit einem längsrunden Fräskopf fräst man in die Oberkanten der unten verbliebenen Rundungen eine kleine Rille als Auflage für die Nadel.

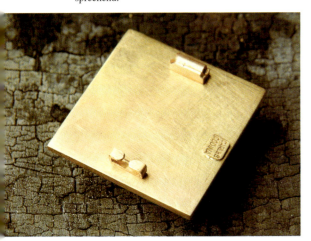

▲ **5.** Wenn beide Teile fertig sind, muss man sie exakt einander gegenüber und im größtmöglichen Abstand voneinander auf die Brosche löten.

▶ **6.** Nun schiebt man einen ungeglühten Golddraht durch die Röhre und biegt ihn so, wie unsere Abbildung das zeigt.

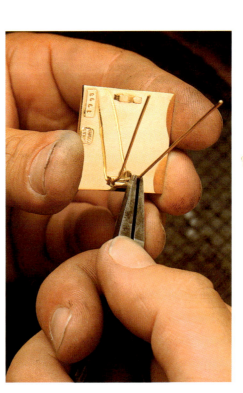

▼ **7.** Die Verschlussnadel muss in Form und Abmessungen genau unserer Abbildung entsprechen; die angespitzten Enden werden in die Verschlusshalterung geklemmt und durch die Spannung gegen deren nach oben stehende Innenkanten gedrückt.

Kastenschloss

Dieser Verschluss, den man auch Schnepperverschluss nennt, kommt in zahllosen Varianten der unten als Grundform gezeigten Ausführung vor. Die Anfertigung ist ausführlich beschrieben auf Seite 144 bei der dortigen Schritt-für-Schritt-Anleitung für ein Armband.

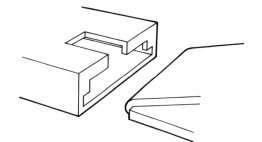
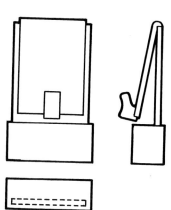
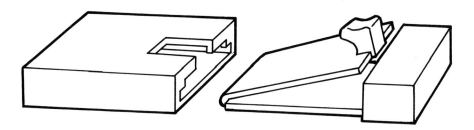

▲ Obige Zeichnung zeigt die verschiedenen Teile eines Schnepperverschlusses in Kastenform.

Röhrenverschluss für ein Armband

Ein solcher Verschluss findet vor allem für Armbänder gerne Verwendung, er ist leicht herzustellen und erlaubt vielfältigen Einsatz. Man fertigt dafür zunächst ein Röhrchen an und teilt es in drei Stücke, von denen das obere und untere an das eine Ende z.B. eines Armbandes gelötet werden, das mittlere an das andere. Als Splint, den man zum Öffnen hochzieht, verwendet man einen doppelten Draht mit halbrundem Profil. Zu seiner Sicherung lötet man an die Kante des einen Rohrabschnitts einen feinen Querdraht.

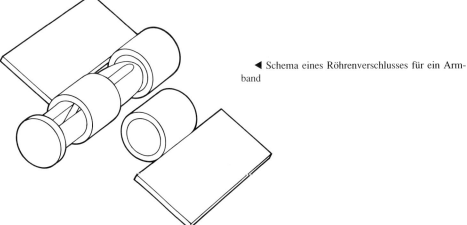

◀ Schema eines Röhrenverschlusses für ein Armband

Schraubverschluss

Wie wir schon im Kapitel über Verbindungen gezeigt haben, ist auch ein solcher Verschluss als Abwandlung leicht anzufertigen. Die Umgestaltung zum lösbaren Verschluss ist einfach und in einer Reihe von Varianten möglich.

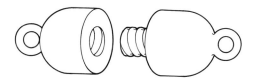

◀ So könnte ein Schraubverschluss aussehen.

Hakenverschluss

Auch solche Verschlüsse, die gewöhnlich für Halsketten und Armreifen benutzt werden, lassen sich in vielen Formen herstellen. Achten muss man jedoch auf Stärke und Härte des dafür verwendeten Drahts, denn zu feiner oder durch Glühen zu weicher Draht kann sich als ungenügend erweisen, um dem Gewicht bestimmter Stücke oder der Dauerbenutzung standzuhalten.

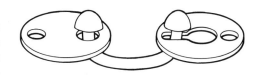

◀ Zwei Varianten von Hakenverschlüssen

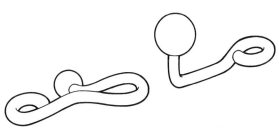

Ringe/Ösen

Ringe oder Ösen waren von alters her grundlegende Basisformen des Goldschmiedehandwerks; man verwendete sie schon immer zur Verbindung von Einzelteilen oder Anfertigung aller Arten von Ketten. Eine einfache Grundtechnik besteht darin, ausgezogenen Draht dicht um Metallprofile, Formstäbe oder Riegel genannt, zu wickeln. Die so entstandene Spirale zerteilt man in einzelne Ringe, die man dann miteinander oder mit einem bestimmten Stück verbinden kann.

Im hier folgenden Kapitel beschäftigen wir uns mit einer einfachen und viel verwendeten Grundform, der runden Öse (wie wir hier einmal zur Unterscheidung etwa von einem Fingerring sagen wollen). In unserem Beispiel wird aus einer größeren Anzahl davon ein Armband gefertigt; natürlich sind auch andere Grundformen leicht

◀ Auch wenn man Spezialgeräte zum Formen und auch Schneiden von Ringen kaufen kann, ist doch das Verfahren, das wir im folgenden behandeln, einfach und wirtschaftlich: Man braucht dazu nur einen von Hand betriebenen Bohrer und einige Stahlstäbe mit verschiedenen Durchmessern, Riegel genannt.

▲ **1.** Man spannt zunächst den Stahlstab in das Bohrfutter und klemmt den Bohrer mit dem Stab darin unverrückbar in einem Schraubstock fest; dann schiebt man das eine Ende des Drahtes neben dem Stahlstab in das Bohrfutter und schraubt es ebenfalls fest. Wenn man jetzt die Handkurbel des Bohrers langsam und gleichmäßig dreht und für leichte Spannung des Drahtes sorgt, wird sich dieser dicht um den Riegel wickeln. Die Wicklung kann unmittelbar auf der Stahloberfläche erfolgen, man könnte aber auch zum Schutz des Drahtes vor möglichem Zerkratzen ein Blatt Papier dazwischenlegen.

▶ **2.** Nach Fertigstellung der Spirale empfiehlt es sich, diese zu glühen. Denn bei der Wicklung des Metalldrahtes baute sich in diesem eine gewisse Spannung auf, und wenn man nicht für deren Beseitigung sorgt, muss man befürchten, dass sich eine spätere Lötung der Einzelringe nicht als haltbar erweist und diese aufspringen. Nach dem Glühen zerteilt man die Spirale mit der Säge; ein Abzwicken der Ringe mit einer Zange ist nicht zu empfehlen, da es zu weniger sauberen Schnitten führt und auch diese Unregelmäßigkeit wieder zu Problemen beim späteren Zusammenlöten führen kann.

▶ Kette von Sofie Lambaert aus Ringen in verschiedenen Durchmessern

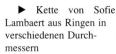

herstellbar, wenn man dafür einen Formstab mit entsprechend anderem Profil verwendet.

Armband aus Ringen

Dieses recht einfach herzustellende Armband kann dennoch sehr effektvoll wirken, vor allem wenn man der Endbearbeitung entsprechende Aufmerksamkeit widmet. Diesbezüglich wurde eine ungewöhnliche Mattierung gewählt und eine schlichte, aber dennoch attraktive Form für den Verschluss. Das Material für dieses Armband ist geglühter, 0,7 mm starker goldener Runddraht, Lötung erfolgt mit nur einer Sorte von Lot, am ehesten mittelhartem.

◀ Solche Ketten aus Ringen hat man schon von alters her in vielen Kulturen gefertigt, wie dieses aus Tunis stammende Stück mit Berbermotiven zeigt.

Grundtechniken

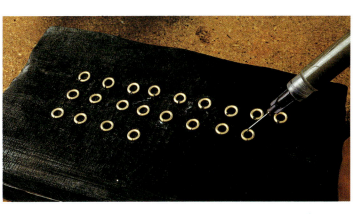

▲ 1. Zunächst einmal fertigt man in der beschriebenen Art die Ringe, die dann geglüht und dekapiert werden müssen. Zum Beschneiden und Zusammenbiegen benutzt man zwei Flachzangen.

▲ 2. Zum Verlöten reiht man die Ringe säuberlich auf einem Holzkohleblock auf. Ehe man die Flamme mit voller Kraft einsetzt, erhitzt man die Ringe nur leicht, damit die hier verwendete Lötpaste besser in die Oberfläche eindringen kann.

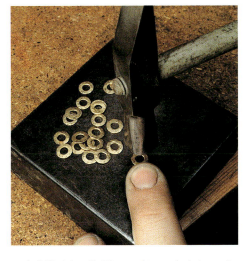

▲ 3. Nachdem die Ringe verlötet und wiederum dekapiert wurden, werden sie mit dem Goldschmiedehammer flachgeklopft oder auch mit einem speziellen Hämmerchen, das einen kugelig gewölbten Kopf hat. Anschließend sägt man etwa die Hälfte davon wieder auf.

◀ 4. Man verbindet zunächst je zwei geschlossene Ringe durch einen dritten, aufgesägten und danach wieder verlöteten, zu Dreiergruppen. Durch einen weiteren geöffneten Ring werden dann auf gleiche Weise je zwei Dreiergruppen zu Siebenergruppen vereinigt.

▲ 5. Man fährt entsprechend fort, bis eine Gesamtlänge von 18 cm erreicht ist, die für derartige Armbänder üblich ist.

▲ 6. Der Verschluss ist eine recht einfache Konstruktion. Man lötet dafür an den letzten Ring ein kurzes Kettchen aus ganz kleinen Ringen mit rundem Profil an und an dessen Ende ein kurzes Stück Golddraht mit quadratischem Profil. Dieser „Knebel" muss sich gerade noch durch den letzten Ring des anderen Endes schieben lassen und verhindert, quergelegt, dass das Armband aufgehen kann.

▶ 7. Das Ergebnis ist eine klassische Kette, die attraktiv wirkt durch das Behämmern und die anschließende Endbearbeitung mit einer mattierenden Säurelösung.

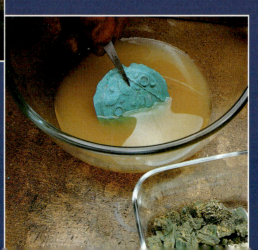

Die Oberfläche von Metallen lässt sich auf verschiedene Weise bearbeiten, um ein gewünschtes Erscheinungsbild zu erzielen; dazu muss man aber nicht nur die verschiedenen Techniken der Oberflächenbehandlung selbst kennen, sondern auch Art und Weise der vorhergehenden Metallbearbeitung, die Voraussetzung dafür ist, dass sich das gesetzte Ziel überhaupt erreichen lässt.

In den folgenden Kapiteln behandeln wir daher die verschiedenen Möglichkeiten und Methoden von Oberflächenbearbeitungen, die man einem Stück angedeihen lassen kann. Manche Techniken erfordern die vorherige Herstellung spezieller Legierungen, um beispielsweise eine ganz bestimmte Tönung zu erzielen; andere wieder bestehen in der Erzeugung interessanter Texturen, und wieder andere in verschiedenen Methoden des Polierens oder Mattierens.

Oberflächengestaltung

Ätzungen

Diese Technik, das Gravieren mit Hilfe von Säure, ist bei der Schmuckherstellung weit verbreitet; sie erweist sich als nützlich für das sogenannte Niello, für das Aufbringen von Email oder Harzen und auch die Inkrustierung mit Metall. Dabei lassen sich als wichtige Gestaltungselemente von Schmuckstücken gleichermaßen feinste Muster schaffen wie Texturen ganzer Flächen. Bei der Ätzung bleibt auch der gestalterische Schwung einer Zeichnung voll erhalten, weil diese sich ganz präzise auf das Metall übertragen lässt.

Das Grundprinzip ist sehr einfach: Man arbeitet mit Säuren, die bekanntlich Metall angreifen, und die in entsprechender Zusammensetzung und Stärke als Ätzflüssigkeit dienen. Andererseits gibt es eine Menge von Lacken oder Firnissen, mit denen man das Metall abdecken und so vor dem Einwirken der Säuren schützen kann. So wird die Ätzung nur an den nicht abgedeckten Stellen der Oberfläche wirksam, und es entstehen eindrucksvolle Muster oder Darstellungen.

Die Vorbereitung der Metalle

Die Metallflächen müssen sehr sorgfältig abgeschliffen werden, wofür man Wasser und pulverisierten Bimsstein oder auch eine Bürste mit Glasfaserborsten verwendet. Dann muss das Stück gründlich gereinigt und getrocknet werden, ehe man die entsprechende Schutzschicht aufträgt; wenn man das versäumt, könnte sich die Abdeckung beim Auftrag des Ätzmittels ablösen, und damit wäre die ganze Arbeit hinfällig.

Übertragung des Motivs

Für die Übertragung des jeweiligen Motivs auf die Metallfläche gibt es verschiedene Möglichkeiten je nach dessen Kompliziertheit und Feinheit.

Eine davon besteht im vollständigen Bestreichen der Metalloberfläche mit abwaschbarem Deckweiß. Auf dieses lässt sich dann mit Hilfe von Kohlepapier eine Zeichnung einfach durchpausen. Mit einem feinen Stichel fährt man anschließend die Umrisse entsprechend nach, um sie in die Metallfläche selbst einzuritzen, und wäscht am Ende die Farbabdeckung wieder sorgfältig ab.

▶ Das Metall, das geätzt werden soll, darf auf keinen Fall fettig sein; wenn es gereinigt wurde, sollte man es nicht mehr direkt berühren, denn bereits das Fett an den Fingerspitzen kann dazu führen, dass sich ein Abdeckmittel nicht gleichmäßig und haltbar auftragen lässt. Wie hier zu sehen, wurde das Stück nach Nachbearbeitung der Kanten daher mit breiten Klebestreifen hinterklebt.

▼ *The outlook*, eine erst geätzte und dann zisielierte Brosche von Judith McCaig

Säurebeständige Abdeckmittel

Es gibt eine ganze, auf die jeweiligen Erfordernisse abgestimmte Reihe solcher Abdeckmittel. Ihre Verwendung kann zu ganz unterschiedlichen interessanten Ergebnissen führen, je nachdem, ob es sich dabei nun um Kitte oder Kleber, Mischungen auf Teerbasis, Wachse oder Klebefolie handelt.

Auch wenn warm aufgetragenes Bienenwachs oder Schellack Schutz vor Säure bieten, lässt sich damit nur in Grenzen präzise arbeiten. Für schwierigere Aufgaben kann man eine Art von schwarzem, satiniertem Grundierlack in Fachgeschäften für Künstlerbedarf kaufen; er eignet sich gut zum Auftragen auf gewölbte Stellen oder sehr bewegte Flächen und verläuft weniger stark als Asphalt, der wiederum in anderen Fällen gerne verwendet wird. Eine Wachsschicht kann man leicht entfernen: Es genügt Erhitzen des Stücks und anschließendes Abwaschen in Wasser, dem Spülmittel zugesetzt wurde. Eine Firnis- oder Lackschicht muss sehr fein und gleichmäßig sein, und man muss sie gut trocknen lassen.

▲ Das erhitzte Wachs kann man entweder aufpinseln oder durch Eintauchen auftragen.

▲ Wenn man Bienenwachs im Tauchbad aufträgt, muss man darauf achten, dass die Schicht nicht zu dick wird; dazu sollte auch das Metall angewärmt werden.

▲ Eine so beschichtete Platte kann nun mit einem Stichel oder Punzierstift bearbeitet werden.

▲ Zum Nachfahren der Linien benutzt man einen feinen Stichel oder Punzierstift aus Stahl, dessen Spitze so beschaffen sein muss, dass sich die Deckschicht damit abheben lässt. An den Stellen, an denen sie entfernt wurde, greift die Ätzflüssigkeit an, und es kommt dabei zu Eintiefungen im Metall.

Ätzmittel

Die verbreitetsten Ätzmittel sind Salzsäure (HCl), Salpetersäure (HNO_3) und Schwefelsäure (H_2SO_4). Der Vorteil bei allen ist die Lösbarkeit in Wasser.

Um exaktes Arbeiten zu gewährleisten, muss man auf die folgenden Mischungsverhältnisse achten:

Metall	Salpetersäure	Salzsäure	Destilliertes Wasser
Gold	1 Teil	3 Teile	40 Teile
Silber	1 Teil		3 - 4 Teile
Kupfer	1 Teil		1 - 2 Teile

Eine Mischung aus einem Teil Salpetersäure und drei Teilen Salzsäure nennt man „Königswasser".

Die Säuren sind schwerer als Wasser; die entsprechende Lösung muss also stets gut, wenn auch behutsam umgerührt werden, damit sich die Säuren gut in der Mischung verteilen und diese gleichmäßig einwirken kann.

Anwendungsweise

Das Ätzen hängt von drei Faktoren ab: der Säurekonzentration, der Einwirkungszeit und der Temperatur; sie alle tragen entscheidend zum Endergebnis bei.

Man muss mit Qualitätssäuren arbeiten, die einen möglichst geringen Grad von Verunreinigung aufweisen. Höhere Säurekonzentration bedeutet geringeren Zeitaufwand, kann aber auch zu einer gewissen Unregelmäßigkeit der Linien führen, die wiederum interessant sein kann. Man muss auch sehr aufpassen, dass nicht durch eine zu hohe Säurekonzentration die Abdeckschicht angegriffen wird. Wenn man auf klare und feine Linien Wert legt, ist eher eine schwächere Konzentration zu empfehlen, die präzises Ätzen gewährleistet.

Eine wichtige Rolle spielt die Außentemperatur, und es macht einen erheblichen Unterschied, ob man eine Ätzung im Winter vornimmt oder in sommerlicher Hitze. Die Temperatur der Ätzlösung selbst wirkt sich auf die Einwirkungszeit aus; je höher erstere ist, desto geringer letztere. Je länger wiederum eine Ätzlösung auf das Metall einwirken kann, desto tiefer wird die Ätzung sein.

Ablauf des Ätzens

Das Ätzen erfolgt in der Form eines Tauchbades, wobei das Ätzwasser in einen feuerfesten Glasbehälter gegeben werden sollte, weil einerseits die Säuremischung selbst Hitze entwickelt, man aber andererseits das Gefäß vielleicht zusätzlich erhitzen möchte, um den Vorgang zu beschleunigen.

Zum Einlegen des Stückes in das Bad verwendet man Pinzetten aus Plastik oder Holz; damit ein Abstand zum Boden bleibt, sollte man zwei Plastikröhrchen unterschieben. Die Tiefe der Ätzung lässt sich mit einem feinen Prüfstift messen. Nach der Ätzung entfernt man die Schutzschicht mit einer Bürste und einem Lösungsmittel.

▶ Dieses silberne Objekt von Carles Codina wurde mit einer sehr starken Säurelösung geätzt. Die Ätzung ist daher wenig fein, dennoch ergibt sich ein eindrucksvoller Effekt.

▲ Langsame Ätzung in einer schwachen Säurelösung erbringt dagegen eine sehr feine Zeichnung wie bei diesem Stück von Sabine Meinke.

▲ Gute Steuerung der drei Faktoren Säurekonzentration, Temperatur und Zeit führt zu exakten Ergebnissen; andererseits lässt sich eine zu schwache Konzentration kompensieren durch längere Einwirkungszeit oder Temperatursteigerung.

▼ Unten das Ergebnis einer doppelten Ätzung; der ersten, längeren folgte nach der oben gezeigten Behandlung mit Schellack eine kürzere im gleichen Säurebad.

▲ Man kann auf diesem Wege auch Texturen erzeugen oder Stücke mit Ausbuchtungen ätzen. Dazu erhitzt man das Stück leicht und bestäubt es durch ein Sieb mit Schellack; dieser schmilzt beim Auftreffen auf die Oberfläche, und anschließend führt man die Ätzung durch.

▶ Wenn man nach der oben geschilderten Methode verfährt, ergeben sich Stücke wie die nebenstehend gezeigten.

Sicherheitsvorkehrungen

Säuren sind gesundheitsschädlich, sie können die Haut angreifen und beim Einatmen ihrer Dämpfe die Nasenschleimhaut. Daher sollte man bei ihrem Einsatz stets Schutzhandschuhe tragen und einen Atemschutz mit Säurefilter; zusätzlich empfiehlt sich eine Schutzbrille, um Schäden an den Augen durch Spritzer vorzubeugen. Der Arbeitsplatz muss sich gut entlüften lassen, und die Säuren sollten stets an einem gesicherten Ort aufbewahrt werden.

Metallkombinationen

Edelmetalle verbindet man gewöhnlich miteinander durch Verlöten, aber sie lassen sich auch durch Zusammenschmelzen vereinigen. Denn wenn man sie hoher Temperatur, einer reduzierenden Atmosphäre und einem gewissen Druck unterzieht, schmelzen sie an und verbinden sich dabei, ohne dass es einer Lötung bedarf. Im folgenden stellen wir zwei spezielle Methoden zur Verbindung verschiedener Metalle vor. Das sogenannte *Mokume gane* ist ein Verschmelzungs- oder Schweißverfahren, das zweite, die sogenannte „Kordelfertigung", ein mechanisches mit Lötung.

Mokume gane

Dieses Verfahren wurde vor etwa dreihundert Jahren für die Fertigung von Säbelscheiden und -griffen eingeführt. Es ist japanischen Ursprungs, daher auch die hier beibehaltenen japanischen Bezeichnungen für bestimmte Varianten. Der Begriff ist zusammengesetzt aus den japanischen Worten *mokume* für Holzmaserung und *gane* für Metall. Die Technik besteht aus dem Zusammenfügen verschiedener Metallschichten, sodass sie schließlich einen festen Block mit deutlich unterscheidbaren Lagen bilden. Diese Schichten lassen sich zusammenlöten oder auch zusammenschmelzen. Im folgenden wird das zweite Verfahren gezeigt, das zwar anfangs etwas aufwändiger ist, aber zu besseren Ergebnissen führt, zumal der Wegfall von Verlötungen breitere Möglichkeiten der späteren Verarbeitung bietet.

Die Herstellung eines Blocks

Als erstes wird ein Block in der Weise hergestellt, dass man das Metall starker Hitze in reduzierender Atmosphäre und einem leichten Druck aussetzt, wodurch die verschiedenen Schichten sich miteinander verbinden, ohne dass ein Verlöten erforderlich ist. Dazu stellen wir einige Metallplatten her, deren verbindendes Element ihr jeweiliger Kupfergehalt ist. Die Nähe der jeweiligen Schmelzpunkte und eine etwa gleiche Schmiegsamkeit bewirken, dass sich der erzeugte Block dann als geschlossene Einheit zeigt, die man wie ein Stück aus nur einem Material, einer einzigen Legierung schmieden oder sonstwie bearbeiten kann.

Tabelle A enthält die jeweiligen Legierungen und ihre Zusammensetzung:

▼ Tabelle A: Legierungen

	Feingold	Silber	Kupfer
Shakudo	4,8 %	–	95,2 %
	2,5 %	–	97,5 %
Shibuichi	–	40 %	60 %
	–	30 %	70 %
Shiro-shibuichi	–	60 %	40 %

▲ Es gibt viele verschiedene Methoden, um Metalle miteinander zu verbinden; im obigen Stück mit dem Titel *Dark dead grass steps for tomorrow* hat Judith McCraig verschiedene Schichten von Gold nach dem Ätzen und Ziselieren auf Silber aufgetragen.

Die obigen Legierungen lassen sich auch wieder untereinander mit jeweils unterschiedlichen Anteilen kombinieren. Die folgende Tabelle B listet beispielsweise Varianten der Mischung von Shakudo und Shibuichi auf, die dann Kuro-Shibuichi genannt werden:

▼ Tabelle B: Mischungen für Kuro-Shibuichi

Shakudo	+	Shibuichi
83,3 %	+	16,7 %
71,4 %	+	28,6 %
58,8 %	+	41,2 %

Die verschiedenen Legierungen wählt man dann nach ihren jeweiligen Tönungen aus und fügt sie kontrastierend aufeinander; dabei sollte man nicht vergessen, dass Legierungen mit höherem Kupferanteil glatter sind.

Für den hier gezeigten Block haben wir eine Schicht aus Feingold als obere Lage und eine dickere aus Kupfer als untere gewählt.

▶ **4.** Die vier gemäß unserer Abbildung angeordneten Eisenplatten schnürt man mit dickem Stahldraht eng zusammen; sie sind unentbehrlich, damit es zu einer gleichmäßigen Verteilung des Drucks auf den Schichtblock dazwischen kommt.

▶ **5.** Das verschnürte Paket wird nun reduzierender Hitze ausgesetzt. Das kann in einer Schmiedeesse oder einem Holzkohleofen geschehen. Wenn der Block orangerot zu glühen beginnt, übt man mit einem alten Hammer oder Gusszangen Druck auf ihn aus. Es wird sich an den Auflagekanten der Metallplatten heller Glanz zeigen als Anzeichen dafür, dass ihre Verbindung erfolgt ist.

▲ **1.** Die Platten müssen gut glatt geschliffen werden und dürfen keinerlei Unregelmäßigkeiten aufweisen. Nach entsprechender Behandlung werden sie mit Wasser, dem Bikarbonat zugesetzt wurde, und schließlich mit Alkohol gereinigt, wobei man sie jedoch nicht mit bloßen Fingern anfassen darf.

▲ **2.** Auch wenn sich schon eine entsprechende Schutzschicht gebildet hat, sollte man die Eisenplatten, die in Kontakt zu den Legierungsplatten kommen, gut mit Ocker oder einem Schutzmittel für Lötungen bestreichen.

▲ **3.** Man legt die Legierungsplatten, nachdem man sie mit einer dünnen Boraxlösung bepinselt hat, zwischen die Eisenplatten.

Oberflächengestaltung

Auswalzen

Wenn der Block miteinander verschmolzen ist, sollte er möglichst noch auf einem Amboss kräftig mit einem Eisenhammer geschmiedet werden, um das Metall zu verdichten, ehe man es auswalzt.

▼ **1.** Nach dem Beizen und Reinigen des Blocks muss er aussehen wie auf unserer Abbildung: Die verschiedenen Schichten und das Fehlen von Lötungen sind klar erkennbar. Dieser Verbund lässt sich nun weiterverarbeiten wie ein Stück aus nur einem Metall oder einer einheitlichen Legierung.

▲ **2.** Der Block wird geschmiedet und anschließend ausgewalzt, bis er nur noch halb so dick ist wie vorher.

▲ **3.** Die so entstandene dicke Platte wird in zwei Hälften zersägt, die sauber geglättet und aufeinander gelegt werden. Dann spannt man sie erneut zusammen zwischen die Eisenplatten und behandelt dieses Paket wie beim ersten Mal, um die Hälften miteinander zu verschmelzen.

▶ **4.** Nun besteht der Block aus zwölf Schichten, und man wiederholt den ganzen Ablauf, um erst einen Block mit 24 Lagen und schließlich einen mit 48 zu erhalten.

Weiterbehandlung des Blocks

Man kann die Teilstücke eines solchen Blocks entweder vor dem Auswalzen oder auch danach mit Bohrern oder Feilen bearbeiten. Das Vorgehen dabei und ein Ergebnis davon zeigt das Beispiel unten. Wie wir sehen, ergeben sich beim senkrechten Zerteilen interessante Farbeffekte.

▲ **1.** Durch Vertiefungen im Block kann man die Stärke der einzelnen Schichten verändern und auch ihre gegenseitige Durchdringung; das führt in der Folge zu Maserungs- oder Marmorierungseffekten.

▲ **2.** Nachdem man die verschiedenen Schichtungen mit der Feile bearbeitet hat, setzt man das Schmieden und Auswalzen fort. Wenn der Block entsprechend verdichtet wurde, kann man ihn dann nochmals befeilen, um die Vertiefungen zu verstärken.

▲ **3.** Man walzt schließlich den Block zu einer dünnen Platte aus. In unserem Beispiel haben wir nun als Endergebnis eine Platte mit ganz unregelmäßig verlaufenden Querstreifen.

▼ Wenn man auf ein Zerschneiden des Blocks verzichtet und sich auf das Auswalzen beschränkt, erhält man einen solchen schmalen Streifen, der sich auf mancherlei Weise bearbeiten lässt.

▼ Statt den Block in gleichmäßige Streifen quer durchzusägen, lassen sich durch entsprechendes Zerteilen und neues Zusammenfügen im Verlaufe des wiederholten Zusammenschmelzens auch diese interessan-

▼ Schema der verschiedenen Bearbeitungsformen für einen Block und daraus resultierende Ergebnis.

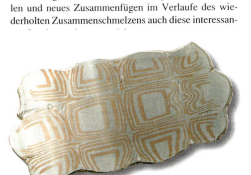

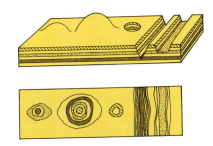

Kördelung

Das Zusammendrehen oder Formen von Kordeln besteht darin, dass man Drähte oder auch Platten herstellt, indem man Drähte aus Gold, Silber oder einer der Legierungen, die man für das *Mokume gane* verwendet, ineinanderwirkt. Es gibt zahllose Möglichkeiten der Herstellung, und der Arbeitsablauf gestattet viele Varianten, von denen wir einige in diesem Kapitel zeigen.

Herstellen von Platten

Durch das Zusammendrehen von Drähten und das anschließende Auswalzen lassen sich auch ganze Platten herstellen, die eine große Vielfalt von Mustern in den unterschiedlichsten Farbstellungen aufweisen können.

▲ Brosche und Ohrringe von Francesco Pavan.

◀ **1.** Mit Hilfe eines Handbohrers dreht man einen Gold- und einen Silberdraht zusammen. Man kann vor dem Einspannen in das Bohrfutter die beiden Enden zusammenlöten, die anderen Enden werden mit einer Zange straffgezogen, und durch das Drehen der Bohrerkurbel werden die Drähte zusammengewunden.

▶ **2.** Nebenstehend eine Auswahl geglühter und dekapierter Gold- und Silberdrähte in verschiedenen Tönungen. Man kann ebenso Golddrähte in unterschiedlichen Farbvarianten zusammendrehen wie auch Drähte aus den unter *Mokume gane* aufgeführten Legierungen.

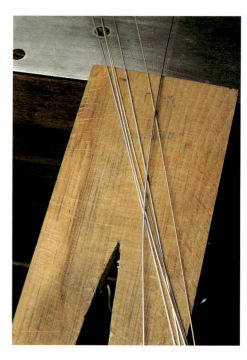

▲ **3.** Es gibt zahlreiche Varianten für das weitere Vorgehen. Oben sehen wir beispielsweise fünf vereinigte Doppeldrähte, in deren Mitte ein Einzeldraht aus Lot geschoben wurde. Man trägt vor der Erhitzung zum Verlöten reichlich Flussmittel auf und umwindet das Bündel mit Stahldraht.

◀ **4.** Eine andere Möglichkeit besteht darin, Drahtbündel aus verschiedenen Metallen oder Legierungen mit Stahldraht zu umwickeln und mit üppig in Drahtform aufgetragenem Lot zu verlöten. Wichtig ist dabei, dass die Drähte gut aneinander gepresst werden, damit später das erstarrte Lot möglichst wenig Raum einnimmt und nicht nach der Auswalzung zwischen den Metallflächen unangenehm auffällt.

▲ **5.** Die verlöteteten Bündel kann man weiter in sich verdrehen, auf der Drahtziehbank zu runden oder quadratischen Profilen ausziehen und dann zu Ringen biegen. Man kann aber auch wie oben Abschnitte mit quadratischem Profil nebeneinander legen und zur Weiterverarbeitung als Platte miteinander verlöten.

▼ Armband von Stefano Marchetti

▼ **6.** Den so entstandenen Block feilt man mit einer groben Feile auf beiden Seiten gut ab, um ausgetretenes Lot zu entfernen.

▶ **7.** Zur Umformung in eine Platte walzt man den Block bis auf eine Stärke von nur noch 0,6 mm aus; im gezeigten Beispiel wurde der Kontrast verstärkt durch Oxidierung mit Silberoxid. Vorsorglich kann es sich empfehlen, bei der Vorbereitung einer solchen Platte für die erste Lötung Lot mit höherem Schmelzpunkt zu verwenden im Hinblick auf künftige Lötungen bei der weiteren Verarbeitung.

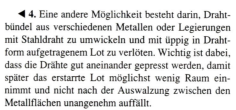

Oberflächengestaltung

Ein einfacher Ring.

Wenn man nur drei Drähte zusammenzwirnt und miteinander verlötet, ist der hier gezeigte Ring sehr einfach zu fertigen.

▶ **1.** Man klemmt die Enden von drei oder auch nur zwei Drähten in einen Tischschraubstock und dreht sie wie hier gezeigt zusammen.

◀ **2.** Die so entstandene Wicklung biegt man um einen Ringriegel zum Ring zusammen und verlötet anschließend. Wenn man den Ring nun in ein Bad von Silberoxid legt, wird nur der Silberdraht dunkler, während das Gold unverändert bleibt, weil eben das Oxid nur auf Silber einwirkt.

Kette aus geschmiedeten Gliedern

Wir haben die Fertigung einer solchen Kette schon im Kapitel über Ringe gezeigt. Das Verfahren ist hier das gleiche, nur mit dem Unterschied, dass der verwendete Draht hier aus zwei Komponenten besteht, nämlich Silber und Gold.

▲ **1.** Man lötet je einen Silber- und Golddraht mit rechteckigem Querschnitt mit Hartlot zusammen, walzt den Doppeldraht leicht aus und führt ihn dann durch die Ziehbank, um ihm so auf die gleiche Weise ein quadratisches Profil zu geben, wie das auch mit einem Einzeldraht aus nur einem Material geschehen würde.

◀ **3.** Auch diese Kette kann man einem Tauchbad in Silberoxid unterziehen, wodurch, wie auf unserer Abbildung klar zu erkennen ist, der Kontrast zwischen Silber und Gold verstärkt wird.

▲ **2.** Nach Glühen dieses Drahtes formt man, wie das schon weiter vorn gezeigt wurde, Ringe daraus, verlötet diese, hämmert sie flach und hängt sie gemäß dem beschriebenen Schema zusammen.

Ohne Lot gefertigter Ring aus Silber und Gold

Unter Nutzung des bekannten Verhaltens von Metallen bezüglich ihrer Verbindung auch ohne Lötung lässt sich leicht ein Ring wie der nachfolgend gezeigte herstellen.

▶ **1.** Man fertigt ein schmales Silberplättchen an und sorgt dafür, dass es völlig eben und glatt ist. Darauf legt man winzige Flitterblättchen aus Feingold, die vorher in Flussmittel getaucht wurden.

▲ **2.** Dann erhitzt man das Plättchen mit gut umhüllender Flamme bis zum Verschmelzen von Gold und Silber.

▲ **3.** Anschließend walzt man das Plättchen auf eine Stärke von 0,8 mm aus und schmirgelt es sauber ab.

▲ **4.** Man hämmert das Plättchen um einen Ringriegel in Form und verlötet es an seinen Stoßkanten.

▶ **5.** Der fertige Ring nach der abschließenden Oxidierung.

Granulation

Granulation ist die Verbindung winziger Kügelchen aus Silber oder Gold untereinander oder mit einer Unterlage ohne äußerliches Verlöten. Dabei können so kleine Kügelchen entstehen, dass sie, eine Fläche bildend, wie Flaum wirken. Beispielhaft sind auf diesem Gebiet etruskische Goldschmiedearbeiten aus dem sechsten und fünften vorchristlichen Jahrhundert.

Metallgranulat

Ausgangsmaterial sind kleine Metallkörner, und sie können aus achtzehnkarätigem Gold oder Silber mit 925 Tausendteilen Feingehalt sein. Bessere Ergebnisse sind jedoch mit Grundmaterial aus Feingold und Feinsilber zu erwarten, weil hier der Schmelzpunkt höher liegt und sich die Temperatur leichter steuern lässt. Nach Abschluss des Vorgangs wirkt die Oberfläche lockerer als die Schicht darunter. Die Tatsache, dass man hier mit Metallen ohne eigentliche Legierung arbeitet, setzt voraus, dass man das erforderliche Kupfer in Form einer Granulierpaste einbringt.

Metall, das man schmilzt, nimmt immer den geringstmöglichen Raum ein. Daher wird ein geschmolzenes Metallteilchen immer Kugelform annehmen. Solche Kügelchen lassen sich schmelzen aus Drahtstücken, Ringen oder kleinen Plättchen, und sie müssen immer exakt rund sein, wenn es eine saubere Granulation werden soll. Daher muss man als erstes das Metall so vorbereiten, dass es später durchgängig solche Kugelform annimmt. Zur Herstellung derartiger Kügelchen gibt es verschiedene Methoden, von denen wir drei im folgenden vorstellen.

▲ Bei diesem Ring von Harold O'Connor verbinden sich unterschiedliche sehr präzise Granulationen zu einem Stück von ausgeprägt moderner Auffassung.

Vorbereitung des Metalls

Bei einem ersten Verfahren schneidet man kleine Metallstückchen zu und legt sie auf einen Holzkohleklotz, um sie zu schmelzen. Diese Methode ist vorteilhaft, wenn man keine große Menge von Granulat braucht, weil es sehr schnell geht.

Ein zweiter Weg zur Erzielung von Kügelchen gleicher Größe und gleichen Gewichts besteht in der Anfertigung von vielen, jeweils gleichen Ringen aus Draht, an einer Seite offen; die daraus geschmolzenen Kügelchen werden ebenfalls gleich sein.

▲ Man zerschneidet ein dünnes Metallplättchen in sehr kleine Stücke verschiedener Größe. Auf diese Weise erhält man unterschiedlich große Kügelchen für wenig umfangreiche Granulationen.

◀ Granulierte Ringe von Carles Codina

Anfertigung der Kügelchen

Wenn das Metall auf obige Weise zugeschnitten ist, muss man es auf einen Holzkohleklotz legen, in den man vorher mit einem kugeligen Fräskopf eine Reihe von Vertiefungen gebohrt hat, in denen das Metall schmelzen und die erwünschte Kugelform annehmen kann. Dies geschieht durch entsprechende Hitzezufuhr, anschließend muss das Metall nur noch abkühlen und dann gebeizt und getrocknet werden. Nimmt man das Schmelzen auf einem feuerfesten Block oder einer Faserunterlage vor, werden die Kügelchen nicht sauber gerundet sein, vor allem an der Unterseite. Daher ist die Verwendung eines Holzkohleklotzes so wichtig, weil sich bei ihm die Hitze viel gleichmäßiger verteilt und auch besser anhält als bei Schmelzunterlagen aus anderem Material.

Bei einer dritten Methode, die vor allem für größere Materialmengen vorteilhaft ist, setzt man ein Gefäß aus hitzebeständigem Stahl, wie es gewöhnlich für Feinstschmelzung verwendet wird, auf eine feuerfeste Unterlage und verbindet beide Teile mit Hilfe von feuerfestem Ton miteinander. Auf den Boden des Gefäßes häuft man zuerst eine Schicht gröber zerstoßener Holzkohle und dann eine Schicht fein zermahlene. Zweck dieser Maßnahme ist es, zu vermeiden, dass geschmolzene Kügelchen nach unten sinken und dort mit anderen zusammenbacken. Auf die obere Kohleschicht werden dann die zugeschnittenen Metallstückchen oder Ringe gelegt, wobei man darauf achten muss, dass sie sich nicht berühren. Man

▼ Hier wurden kleine Ringe aus Feinsilber angefertigt und in die Vertiefungen eines Lötklotzes gelegt. Diese Ringe bieten den Vorteil, dass sie leicht identisch zugeschnitten werden können und damit auch das gleiche Gewicht haben, weshalb dann auch lauter gleiche Kügelchen entstehen.

legt entweder das gesamte Metall ein oder so viel, wie unter Beachtung des obigen unterzubringen ist.

Dann setzt man das Gefäß auf seinem Trägerblock in einen Ofen und stellt dessen Temperatur auf einen höheren Wert ein als den des Schmelzpunktes des Metalls, auf das später die Granulation aufgebracht werden soll. Die Aufenthaltsdauer im Ofen richtet sich nach dem zu schmelzenden Metall und der Größe des Stahlgefäßes.

▲ Kügelchen lassen sich auch herstellen, indem man einzelne Metallstückchen in die jeweiligen Vertiefungen legt und sie dann mit dem Lötbrenner zum Schmelzen bringt. Sobald sich das Metall zu Kügelchen geformt hat, muss man es erkalten lassen und dann durch Dekapieren in Säure die Oxidation entfernen.

▲ In einem Mörser zerstampft man die Holzkohle zu zwei unterschiedlichen Konsistenzen, eine gröbere und eine feinpulvrige.

▼ Man kann auch Metallstückchen auf einem Holzkohleklotz ohne Vertiefungen direkt der Erhitzung unterziehen. Dadurch bilden sich kleine Kügelchen, die man dann in einen Behälter mit Wasser rollen lassen kann. Man muss aber dabei darauf achten, dass die Kügelchen nicht voll erhitzt in das Wasser fallen, weil sie sich sonst durch den thermischen Schock verformen könnten.

▼ Für die Granulierpasten gibt es verschiedene Methoden der Herstellung, von denen einige zwar kompliziert und zeitraubend sind, dafür aber beste Ergebnisse versprechen. Die hier im Bild gezeigte grüne Paste wird sehr häufig verwendet.

Granulierpaste

Beim Granulieren kommt es zu einer gewissen Schmelze an den Oberflächen, die zu einer gegenseitigen Durchdringung der Strukturen führt. Um sie zu bewirken, muss die Temperatur an den Verbindungsstellen erhöht werden, damit es zu thermischer Reaktion kommt, welche die Kristallgruppen aufbricht. In diesem Augenblick kommt nun dem Kupfer eine wesentliche Aufgabe zu, das in Form einer Granulierpaste zugeführt wird: Es dringt in die Strukturen beider Teile ein und lässt an den Kontaktstellen eine Legierung entstehen, die einen geringeren Schmelzpunkt hat als das Innere der Kügelchen und der Unterlage, mit der sie verbunden werden sollen; auf diese Weise werden beide miteinander verschmolzen.

Man kann eine solche Granulierpaste in vielen Arten herstellen, zwei Grundkomponenten sind jedoch unerlässlich: Kupfer und Kohle. Das Kupfer kann in Form von reinem Kupfer oder auch von Kupfersalzen beigemischt werden: Kupferhydroxid, Kupferchlorid, Kupferazetat, schwarzes oder rotes Kupferoxid.

Rotes Kupferoxid kann man erzeugen, indem man das Granulat zusammen mit Stahldraht in alte Säure legt, wobei dann die Kügelchen einen leicht rötlichen Ton annehmen. Oder man kann sie in einen Ofen geben und dort bei etwa 460° der Oxidation aussetzen.

Kohle wird in Form von Klebern zugesetzt, die Kolloide sein müssen, also aus organischen Stoffen bestehend, und die beim Verbrennen Kohle freisetzen. Infrage kommen Fischleim, Tragant, Gummiarabikum oder auch Weißleim, weil diese die entsprechenden organischen Substanzen enthalten.

Fertigen eines Ringes mit Granulation

Man sortiert zunächst die Kügelchen nach ihrer Größe. Man kann sie in verschiedenen Größen kombinieren, aber sie sollten stets gut gerundet und innerhalb ihrer Gruppe möglichst gleich sein, damit das Endergebnis befriedigt.

Es gibt unterschiedliche Formen der Verschmelzung; so kann man Lötpaste entweder sowohl auf die jeweilige Oberfläche auftragen und zugleich auf das Granulat oder ausschließlich auf letzteres. Es muss darauf verwiesen werden, dass sowohl ein Zuviel an Lötpaste als auch ein zu hoher Kupferanteil darin nachteilig für die Verschmelzung sind.

Zum Aufsetzen der Kügelchen kann man Pinzetten verwenden oder kleine Holzspatel oder auch, wie bei unserem Beispiel, einen Pinsel.

Zum Verschmelzen sollte man eine reduzierende Flamme erzeugen und daher die Sauerstoffzufuhr so gering wie möglich halten; dazu muss man auch sehr rasch arbeiten und darf die Flamme für keinen Augenblick vom Stück entfernen. Durchführung der Arbeit auf einem Holzkohleblock gewährleistet gleichmäßige Hitzezufuhr, welche für den Vorgang entscheidend wichtig ist.

▶ **3.** Man gibt etwas von der Lötpaste in ein kleineres Gefäß, und nachdem man darin alle Kügelchen gut mit der Paste getränkt hat, setzt man sie an die entsprechenden Stellen.

▼ **5.** Die Hitzezufuhr kann im Ofen erfolgen oder auch mit dem Brenner. Die Verschmelzung nimmt nur eine kurze Zeitspanne in Anspruch, und daher muss man die Hitzeeinwirkung sehr genau steuern und kontrollieren, um Schmelzschäden am Stück selbst zu vermeiden.

Wenn die Granulierung aufgetragen ist, wird wie üblich die dabei entstandene Oxidationsschicht mit Säure abgebeizt.

▲ **1.** Das Sortieren der Kügelchen erfolgt mit Hilfe verschieden feiner Siebe. In obigem Beispiel erwiesen sich dabei die Einsätze einer Kaffeemühle als sehr nützlich, doch sicher kommen auch andere im Haushalt genutzte Siebe infrage.

▲ **2.** Die Lötpaste wurde hier zubereitet aus schwarzem Kupferoxid und Gummiarabikum unter Zusatz von etwas Borsalz, um die gewünschte Konsistenz zu erreichen.

▲ **4.** Sehr wichtig ist das Antrocknen, weil es Voraussetzung dafür ist, dass man auch an den Seiten Granulat auftragen kann. Vernachlässigt man den Feuchtigkeitsentzug, besteht die Gefahr, dass bei der Erhitzung die Kügelchen verrutschen.

▼ **6.** So präsentiert sich der fertige Ring von Carles Codina.

Oberflächengestaltung

▲ Nach Abschluss der Granulation kann man das Stück löten oder sonstwie weiterbearbeiten. Oben einige weitere Ringe mit Granulation von Carles Codina.

▲ Man kann ein granuliertes Stück auch mit dem Hammer treiben oder die Granulation befeilen, um ihr Aussehen zu verändern, wie bei der obigen Brosche von Harold O'Connor.

Granulation ohne Trägerfläche

Die Kügelchen lassen sich auch nur untereinander selbst verbinden unter Verzicht auf eine Trägerplatte. Im folgenden Beispiel dafür verwendete Verónica Andrade größere Kügelchen aus Feinsilber und eine Lötpaste in gleicher Zusammensetzung wie die links beschriebene, aber in festerer Konsistenz wegen der stärkeren Kugeldurchmesser.

◄ Silberschale aus Granulat von David Huycke

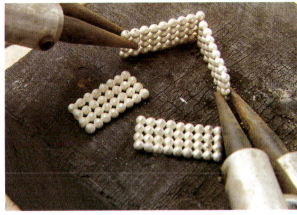

◄ 1. Man fertigt Kügelchen mit einem Durchmesser von 1,5 mm und tränkt sie gut in der Lötpaste wie vorher beschrieben. Dann legt man sie einzeln auf eine Glimmerunterlage, um ein Anhaften unten zu verhindern. Man reiht die Kugeln zu vier Seitenteilen auf, und verschmilzt nach dem Trocknen die Kugeln im Feuer miteinander, wobei sie sich nicht verschieben dürfen.

▲ 2. Man setzt die vier Teile zu einem quadratischen Rahmen zusammen und verlötet sie, wie hier zu sehen, an den Kanten miteinander.

◄ 3. Nach Fertigstellung dieses Rahmens formt man einen Goldring, um ihn hineinzulöten. Beide Teile müssen in jeder Hinsicht perfekt ineinander passen.

▶ 4. Wenn beide Teile miteinander verbunden sind, unterzieht man das Stück einem Oxidationsbad mit Silberoxid, um die Kügelchen zu schwärzen. Nebenstehend der fertige Ring von Verónica Andrade.

Das Erzeugen von Texturen

Dünne Metallplättchen, auch Bleche genannt, erhält man durch Auswalzen; die Oberflächen sind glatt, aber um sie ungewöhnlicher zu machen, möchte man ihnen vielfach Relief oder Textur verleihen. Das lässt sich erreichen mit dem Einsatz von Sticheln oder Punzen, durch Ätzen mit Säure und unter Verwendung einer solchen Fülle von Werkzeugen und Materialien, dass sie sich hier auf keinen Fall aufzählen lassen. Dennoch wollen wir im folgenden Kapitel wenigstens einige Methoden zum Erzeugen von Texturen zeigen, so das Bearbeiten mit verschiedenen Hämmern und das Prägen mit der Walze.

▲ Bei einigen Verfahren werden die Texturen im Metall auch auf geprägten Unterlagen aus Wachs oder sonst einem schmelzbaren Material erzeugt. Für die oben gezeigte Brosche von Carles Codina wurde Wachs verwendet.

◀ Texturierter Ring von Silke Knetsch

Texturierung durch Behämmern

Eines der vielseitigst einsetzbaren Werkzeuge zum Erzeugen von Texturen ist der Hammer. Doch das Endergebnis wird nicht nur durch dessen Form beeinflusst, sondern auch durch die Unterlage, auf der geschmiedet wird; es unterscheidet sich, je nachdem, ob diese ein stählerner Amboss ist oder einer aus Blei oder auch ein Sandsack. Gleich wie beim Heißschmieden wird bei diesem Kaltschmieden Metall zwischen zwei Stahlflächen ausgedehnt; weil es weicher ist, verändert es sein Volumen.

Man kann neue Hämmer verwenden oder beispielsweise in die Schlagflächen von alten Kerben feilen, die dann auf der behämmerten Fläche ihr Gegenbild hinterlassen. Unterschiede im Rhythmus und der Abfolge der Schläge und Richtungswechsel führen zu ganz verschiedenen Ergebnissen selbst mit dem gleichen Hammer.

Texturen lassen sich auch erzeugen durch den Einsatz von Punzen in Form von Stahlstiften, alten Holzgriffen usw. Der Umgang mit ihnen ist im Kapitel über Ziselierung geschildert. Im übrigen spielt bei bestimmten Texturen auch die jeweilige Härtung eine Rolle.

▼ Damit der Hammer beim Schlag tiefer ins Metall eindringen kann, ist dessen vorheriges Glühen zu empfehlen.

▼ Diese Ohrringe von Beatriz Würsch wurden gestaltet durch das Behämmern kleiner Silberrundscheiben mit der Schmalseite des Hammers.

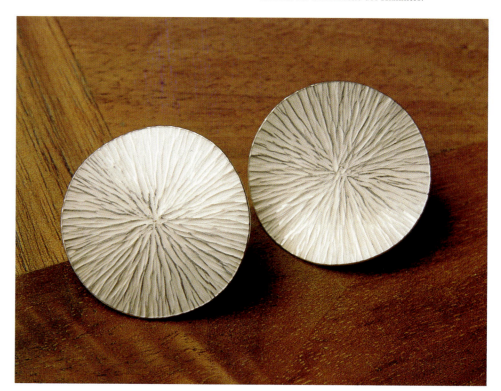

Oberflächengestaltung

Texturieren mit der Walze

Beim Durchgang durch die Walze wird durch deren Einzelwalzen starker Druck auf die eingeführten Platten ausgeübt. Legt man gemeinsam Platten oder Teile aus unterschiedlich harten Metallen ein, werden sich die Formen oder Texturen des härteren in das weichere einprägen.

Wenn ein Muster oder Relief von einer härteren Platte, beispielsweise aus rostfreiem Stahl oder Alpaka, auf eine Gold- oder Silberplatte übertragen werden soll, werden beide aufeinander gelegt und darüber sowie darunter eine Messingplatte dazu, um eine mögliche Beschädigung der Walzen zu vermeiden. Auf gleiche Weise lassen sich Texturen nicht nur von Stahl, sondern auch von Materialien wie Papier, Karton oder Plastik übertragen.

▶ Die Übertragung des Reliefs erfolgt zwischen zwei Messingplatten, vor allem, wenn eine Platte aus Stahl oder sonst einem sehr harten Material verwendet wird, welches die Walzen beschädigen könnte.

▶ Hier wiederum hat man Sägeblätter zwischen zwei Silberplatten gelegt, und die eine davon wurde anschließend der Behandlung mit Silberoxid unterzogen. Stahl prägt sich tief in starkes, geglühtes Silberblech ein.

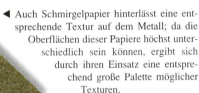

◀ Auch Schmirgelpapier hinterlässt eine entsprechende Textur auf dem Metall; da die Oberflächen dieser Papiere höchst unterschiedlich sein können, ergibt sich durch ihren Einsatz eine entsprechend große Palette möglicher Texturen.

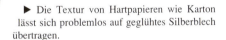

▶ Die Textur von Hartpapieren wie Karton lässt sich problemlos auf geglühtes Silberblech übertragen.

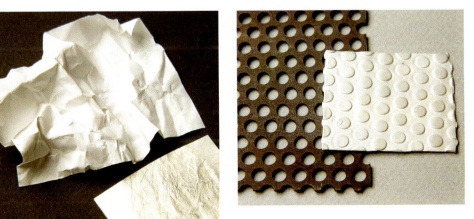

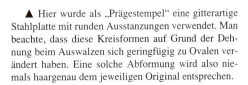

▲ Selbst die Textur von zerknülltem Papier lässt sich, wie man sieht, auf diesem Wege übertragen.

▲ Hier wurde als „Prägestempel" eine gitterartige Stahlplatte mit runden Ausstanzungen verwendet. Man beachte, dass diese Kreisformen auf Grund der Dehnung beim Auswalzen sich geringfügig zu Ovalen verändert haben. Eine solche Abformung wird also niemals haargenau dem jeweiligen Original entsprechen.

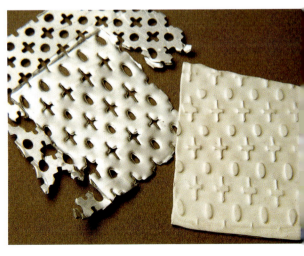

▲ Bei dem hier als Prägevorlage verwendeten Aluminiumgitter ist die Abweichung zwischen Original und Abformung weniger stark auf Grund der geringeren Härte des Aluminiums.

Das Erzeugen von Texturen

Flambieren

Diese Oberflächenbehandlung geht zurück auf die viktorianische Epoche im zaristischen Russland und in Skandinavien. Fabergé wandte diese Methode mit großer Meisterschaft an und schuf unter Anwendung dieser Technik zahlreiche Stücke wie Zigaretten-, Visitenkarten- oder Brillenetuis, Likörflakons usw.

Das Verfahren besteht in der Erzeugung berg- und talartig gefalteter oder gerunzelter Oberflächen durch gezielte Nutzung der unterschiedlichen Schmelzpunkte zweier in einer Legierung enthaltenen Metalle. Dazu muss man auf einer Metallplatte aus einer Legierung aus Silber und Kupfer eine stark kupferhaltige Schicht erzeugen und über dieser wieder eine stark silberhaltige. Die unterschiedliche Schmelztemperatur zwischen innen und außen bewirkt, dass die so behandelte Platte wegen des verbliebenen Silberanteils in der Legierung und damit eines niedrigeren Schmelzpunktes im Inneren etwas früher schmilzt als in der ummantelnden Kupferschicht. Zwischen den beiden Außenschichten bildet sich eine Lage von Kupferoxid, die unverändert bleibt, wenn das Innere der Platte weich wird. Wird dieses dann abgekühlt, zieht es sich zusammen und kräuselt dabei sozusagen diese Oxidschicht mit dem zuerst geschmolzenen Silber darauf, was zu einem Effekt wie etwa von runzliger Haut führt.

▲ So sieht ein solcherart flambiertes Plättchen aus, nachdem man es anschließend mit Silberoxid geschwärzt hat.

Vorbereitung der Platte

Zur Erzeugung der stärker silberhaltigen Außenschicht muss man die Platte oxidieren lassen und dann unter Einsatz von Schwefelsäure das an die Oberfläche getretene Kupfer ausscheiden. Durch dessen Entzug wird die Außenschicht praktisch aus reinem Silber bestehen mit fast 1000 Tausendteilen und die Kupferschicht darunter einen entsprechend höheren Schmelzpunkt haben als der Kern.

Dieses Ergebnis lässt sich dadurch herbeiführen, dass man die Platte für zehn Minuten Einwirkungszeit in einen auf 650° C eingestellten Ofen gibt; anschließend wird sie in Schwefelsäure dekapiert und dann behutsam gereinigt. Man muss diesen Ablauf etwa vier Mal wiederholen, bis die Platte rein bleibt, das Oberflächenkupfer also ausgeschieden ist. Wenn man mit einem Brenner arbeitet, muss man die Platte erhitzen, bis die Oxidation sichtbar wird und dann mit frischer Säure beizen; das ganze muss man wenigstens fünfmal wiederholen. Wenn man auch Legierungen mit einem höheren Silbergehalt auf diese Weise behandeln kann, empfiehlt sich doch für gute Ergebnisse ein wesentlicher Kupferanteil; beste Resultate wurden erreicht mit Silberfeingehalten von 800 und 820 Tausendteilen.

Hitzezufuhr

Das Flambieren setzt eine gewisse Erfahrung voraus, und seine Ergebnisse sind nicht immer genau vorhersehbar. Daher empfiehlt es sich, immer mit einer größeren Platte zu arbeiten, damit man später die Teile mit den interessantesten Texturen herausschneiden kann.

◄ 1. Es wurde eine rechteckige Scheibe aus Silber mit einem Feingehalt von 820 Tausendteilen vorbereitet, deren Stärke keinesfalls 0,5 mm unterschreiten darf und deren Oberfläche völlig glatt, sauber und frei von Kratzern sein muss.

▼ 2. Zur Entfernung der Oberflächenoxidation bereitet man eine frische Säurelösung vor, die stärker sein muss als die gewöhnlich zum Dekapieren benutzte.

▼ 3. Um einen gewissen Abstand zum Kohleblock zu schaffen, damit sich die erwünschte Kräuselung gut entwickeln kann, legt man entweder Stahlnägel unter oder steckt dicke, gerundete Reißnägel in vorgebohrte Löcher.

▲ 1. Beim Hitzeauftrag wird die Platte im Inneren rascher schmelzen wegen des Schmelzpunktunterschieds zur an Kupfer reichen Zwischenschicht. Die Außenlage mit hohem Silberanteil kräuselt sich, weil die Schicht darunter sich zusammenzieht.

▲ 2. Man beginnt am besten an einer Seite mit mittlerer Flamme und verstärkt die Sauerstoffzufuhr erst, wenn das Metall sichtbare Veränderungen zeigt; dann bestreicht man mit der Flamme die gesamte Oberfläche. Die unterschiedlichen Effekte ergeben sich durch wechselnde Stärke der Erhitzung.

▲ 3. Während der Erhitzung kommt es zu Spannungen im Metall, die verschiedene Ursachen haben. Die wesentlichste ist die Hitzezufuhr: Sie führt zur Schmelze im Inneren, wodurch das Metall sich ausdehnt. Nimmt man die Flamme weg, kühlt es wieder ab und zieht sich zusammen; das führt zu einem runzligen Erscheinungsbild der Oberfläche, weil diese sich der Schicht darunter anpassen muss. Weil diese Oberfläche porös ist, lässt sie sich später nur schwer löten, und daher empfiehlt sich für die Verbindung mit anderen Teilen eines Stückes die Vernietung oder ein ähnliches Verfahren.

Endbearbeitung von Metallen

Nach dem Abschmirgeln sollte man dem Metall noch eine Endbearbeitung angedeihen lassen. Die Möglichkeiten dafür sind vielfältig; die verbreitetste ist es, ihm Hochglanz zu verleihen. Eine solche Polierung erfordert, wenn sie perfekt sein soll, ebenso wie andere Formen der Endbearbeitung, eine hohe Qualität der jeweiligen Oberflächen. Das setzt saubere Arbeit in den vorangegangenen Fertigungsphasen und vor allem exaktes Abschmirgeln voraus, durch welches selbst feinste Kerben beseitigt worden sein müssen. Wenn eine Oberfläche diese Qualitätsmerkmale nicht aufweist, wird es schwierig sein, das erwünschte Endergebnis zu erzielen.

Zur Schaffung von Hochglanz gibt es verschiedene Wege, wir wollen uns im folgenden Abschnitt jedoch beschränken auf das Polieren von Hand mit Hilfe einer Poliermaschine, weil dieses Verfahren noch immer die beste Methode ist, um ein wirklich hochwertiges Endergebnis zu erreichen.

▼ Diese Ohrgehänge von Sandel Kerpen mit einem Aquamarin wurden nicht poliert, aber dennoch ist ihr Endzustand untadelig.

Zubehör für das Polieren

Für diesen Arbeitsgang brauchen wir eine elektrisch betriebene Poliermaschine und ein paar ganz bestimmte Teile, die man auf die Zapfen dieses Gerätes aufsteckt. Dazu gehören Schleifscheiben mit verschiedenen Profilen, Bürsten in verschiedenen Breiten, Wollräder mit Baumwollbesatz sowie filzbezogene Polierstifte und Polierkegel für die Bearbeitung von Ringinnenseiten. Als allgemeine Regel kann gelten, dass man dieses Zubehör immer in zwei Sätzen zur Verfügung hat, einen für das Vor-, einen für das Feinpolieren.

▶ Es gibt eine Reihe von Polierscheiben zum Aufstecken auf Handstücke, die keine zusätzliche Polierpaste erfordern. Sie ermöglichen sehr präzises Polieren und die Bearbeitung von Stellen, die für die Poliermaschine nur schwer zugänglich sind.

▶ Zum Polieren von Aushöhlungen, Verbindungen und schwer zugänglichen Stellen verwendet man feinen Messingdraht, der vorher in Schleifpaste getränkt wurde.

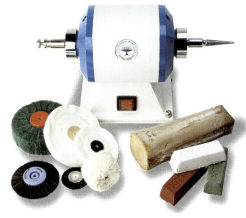

▲ Mit einer solchen motorbetriebenen Poliermaschine erzielt man die besten Ergebnisse bei einer Drehzahl von 2800 bis 3000 Umdrehungen pro Minute; auf die Zapfen an den beiden Enden werden die entsprechenden Zubehörteile aufgesetzt.

◀ Auch für die flexible Welle und den Mikromotor gibt es die entsprechenden Aufsätze zum Polieren, und beide eignen sich insbesondere für die Bearbeitung von Vertiefungen, Innenseiten, Steinfassungen und schwer zugänglichen Stellen.

Der eigentliche Hochglanz

Es ist schwierig, allgemeine Ratschläge für eine bestimmte Poliermethode oder dabei einzusetzende Mittel zu geben; aber jedenfalls sind immer zwei Arbeitsgänge zu unterscheiden: ein erster, bei dem gröbere Schleifhilfsmittel eingesetzt werden und die der Entfernung feiner, nach dem Schmirgeln noch verbliebener Kratzer dient, und ein zweiter, bei dem mit feinerer Polierpaste der eigentliche Hochglanz erzeugt wird. Der erste Arbeitsgang wird im allgemeinen Schleifen, der zweite Feinpolieren oder einfach Polieren genannt.

Der Arbeitsablauf

Für das Schleifen verwendet man gewöhnlich Polierpasten, die gemischt sind aus sogenanntem Tripel (einem Siliziumdioxidprodukt), zermahlenem Bimsstein und Wachs als Bindemittel. Bei diesem Arbeitsgang wird etwas Metall abgetragen und es entsteht ein matter Glanz.

Grundsätzlich muss man sich ein Stück vorher genau anschauen und danach das zum Polieren zu benutzende Zubehör auswählen. Damit Kanten nicht unerwünscht abgerundet werden, wird man feste Scheiben für glatte Flächen verwenden, für Rundungen dagegen Haarbürsten. Nach Beendigung des Schleifens muss das Stück gründlich gereinigt werden, ehe man mit dem Feinpolieren beginnt.

Dieses läuft in den gleichen Schritten ab wie das Schleifen, doch mit feineren Polierpasten, wie etwa Pariser Rot oder Polierrot. Am Schluss steht immer das Polieren mit einem weichen Wollrad, und nach erneuter Reinigung muss das Stück gut trocknen, am besten in Maismehl, um auch letzte Feuchtigkeitsreste noch zu entfernen. Man kann dann noch ein weiteres Mal nachpolieren und dem Stück sogenannten „italienischen Hochglanz" verleihen, doch nach einer korrekten Behandlung mit Polierrot sollte der Glanz bereits tadellos sein.

▼ Vor dem Schleifen sollte man sich vergewissern, dass keinerlei Kratzer vom letzten Schmirgeln verblieben sind. Sollte das doch der Fall sein, ist es besser, sie mit Schmirgelpapier zu entfernen als mit der Poliermaschine. Jeder Arbeitsgang muss in sich abgeschlossen sein, ehe man zum folgenden übergeht.

Das Polieren glatter Flächen

Wenn ein Stück mit glatten, ebenen Flächen poliert werden soll, bei dem man auf gerade Kanten Wert legt und deren Abrundung vermeiden möchte, muss man sorgfältig jede Seite abschmirgeln, ehe man mit dem Schleifen beginnt, und für dieses geradkantige Filzscheiben zur Bearbeitung einer jeden Seite verwenden, so weit wie irgend möglich jedoch keine Bürsten oder sonstigen Aufsätze, die eine Abrundung der Kanten bewirken könnten.

▶ **1.** Als erstes trägt man auf die Filzscheibe eine speziell für das Schleifen geeignete Politurpaste auf; es ist die erste der verschiedenen für das Polieren insgesamt verwendeten Pasten (meist in Blockform).

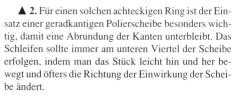

▲ **2.** Für einen solchen achteckigen Ring ist der Einsatz einer geradkantigen Polierscheibe besonders wichtig, damit eine Abrundung der Kanten unterbleibt. Das Schleifen sollte immer am unteren Viertel der Scheibe erfolgen, indem man das Stück leicht hin und her bewegt und öfters die Richtung der Einwirkung der Scheibe ändert.

▲ **3.** Zum Polieren der Innenrundung eines Ringes verwendet man einen speziellen Filzriegel oder eine „Filzgranate". Den beim Rotieren darübergeschobenen Ring bewegt man abwechselnd vor- und rückwärts und dreht ihn von links nach rechts.

▲ **4.** Als nächstes schleift man wie hier gezeigt die beiden Schmalseiten des Ringes und entfettet anschließend diesen entweder in warmer Seifenlauge oder in einem Ultraschallgerät, ehe man zu feineren Polierpasten übergeht.

▶ **5.** Nun wiederholt man den ganzen Ablauf unter Verwendung eines feineren Poliermittels, das rot ist, um dem Ring Hochglanz zu verleihen.

◀ **6.** Der Hochglanz wird erzeugt mit Hilfe eines Wollrades oder einer Schwabbelscheibe unter Auftrag von ein wenig Polierrot.

▶ **7.** Der Hochglanz lässt sich mit verschiedenen Aufsätzen und speziellen Pasten noch steigern, doch sollte man mit letzteren immer sehr sparsam umgehen.

Das Polieren gewölbter Flächen

Für das Polieren von Stücken mit Rundungen braucht man wieder anders geformtes Zubehör, und zwar Bürsten, weil feste Scheiben zu schmalen ebenen Streifen auf den Wölbungen führen würden und dies eine Beeinträchtigung eines korrekten Endergebnisses wäre.

▶ **1.** In bestimmten Fällen erweist sich eine Bürste mit synthetischen Borsten als nützlich, wie diese auch für Haushaltsbürsten verwendet werden; sie bewirkt feinere Bearbeitung der Oberfläche.

▶ **2.** Zum Schleifen eines gewölbten Stückes setzt man, wie hier zu sehen, eine sogenannte „Schmalbürste" ein, mit der man auch an schwerer zugängliche Stellen gelangt. Die Richtung, in der eine solche rotierende Bürste auf ein Stück einwirkt, muss regelmäßig geändert werden, um Bearbeitungsspuren zu verhindern.

▶ **3.** Nach anschließender Säuberung geht man zum Polieren über mit einer gehefteten Schwabbelscheibe und wenig Polierrot, bei dem man stets vor einem Zuviel auf der Hut sein muss. Auch hier wieder muss man auf regelmäßigen Wechsel der Angriffsrichtung der Scheibe auf das Stück achten.

▶ **4.** Ketten sind bei der Bearbeitung mit der Poliermaschine immer gefährdet, und daher sollte man sie dabei besser nicht in der freien Hand halten, sondern sie unter einem Holzbrettchen mit entsprechendem Ausschnitt heranführen.

Sauberkeit

Voraussetzung für eine gute Politur ist, neben sorgfältigem Arbeiten, auch die beständige Sauberkeit des dabei verwendeten Zubehörs. Dieses sollte man nach Schleifen und Polieren getrennt halten; vor allem darf man nicht die verschiedenen Pasten durcheinander bringen oder gar miteinander vermischen. Überdies ist sparsamer Umgang vor allem mit den Polierpasten zu empfehlen; mit einem verschmierten Wollrad lässt sich ebenso wenig ein gutes Endergebnis erzielen wie mit einer schadhaften Schleifscheibe.

Ehe man vom Schleifen zum Polieren übergeht, muss das Stück absolut frei sein von Schleifrückständen. Zur Säuberung hiervon kann man Wasser mit etwas Seife oder entfettendem Spülmittel verwenden; das Stück sollte dabei in warmem Zustand mit einer Bürste bearbeitet werden, bis es absolut sauber ist.

▶ Sehr praktisch ist die Reinigung mit Ultraschall in dem hier gezeigten Gerät; es lässt sich nicht nur zur Entfernung von Schleifrückständen einsetzen, sondern ist ganz allgemein zur perfekten Säuberung von Schmuckstücken, Werkzeug und Material vielseitig brauchbar.

Weitere Möglichkeiten der Endbearbeitung

Viele Stücke weisen mattierte oder satinierte Oberflächen auf. Für deren Erzeugung gibt es verschiedene Methoden, und die wohl häufigste ist die gezielte Oxidation mit Hitze unter anschließendem Beizen mit Säure.

Unter den weiteren Möglichkeiten sei hier der Einsatz eines Sandstrahlgebläses erwähnt; das ist ein kleiner Apparat, der mit Pressluft sehr feinen Sand gegen die Metalloberfläche schleudert, wodurch sie fein aufgeraut wird.

▲ Ein einfacher Weg zum Satinieren ist die manuelle Bearbeitung einer Oberfläche mit einem Haushalts-Topfreiniger aus Synthetik. Das kann man in trockenem Zustand machen oder auch mit Wasser, dem Bikarbonat zugesetzt wurde; in letzterem Falle lässt sich auch ein gewisser Glanz erzeugen.

◀ Zum Mattieren bedient man sich auch einer auf die Poliermaschine aufgesetzten sogenannten Schleuderbürste, bei der, wie nebenstehend zu sehen, an einer Nabe Büschel aus Stahldraht beweglich befestigt sind. Beim Rotieren erzeugen sie auf der Metalloberfläche eine punktierte Mattierung, sofern man das Stück nicht zu stark andrückt, weil sich sonst Strich- und Streifenmuster ergeben.

▼ Auch mit Säuren lässt sich Glanz erzeugen oder die Wirkung und Farbkraft des Goldes verstärken, wie dieses Armband von Carles Codina zeigt.

Färbungen

Sobald man ein Metall der Luft und Feuchtigkeit aussetzt, entsteht auf seiner Oberfläche eine natürliche Oxidationsschicht. Am häufigsten lässt sich das an Eisen beobachten, das sich sehr rasch mit Rost bedeckt, wenn es im Freien der Witterung ausgesetzt ist, aber auch an Skulpturen aus Bronze, die nach einiger Zeit sich grünlich färben. Oxidation ist ein natürlicher Vorgang; doch wir werden uns im hier folgenden Kapitel damit beschäftigen, wie er sich beschleunigen und beeinflussen lässt, um zu den von uns gewünschten Ergebnissen zu führen. Diese können als Patina bei Skulpturen und auch Schmuckstücken sehr attraktiv sein, und zwar sowohl flächig in sich selbst als auch als hervorgehobene Betonungen; dazu kommt der Vorteil, dass man dadurch neuen Stücken innerhalb kürzester Zeit den Anschein von Alter verleihen kann.

Durch Oxidation kann man Legierungen mit hohem Kupferanteil eine ganze Palette leuchtender Farben verleihen, weswegen man für Stücke, bei denen ein solcher Effekt erwünscht ist, gerne Kupfer, Bronze oder Messing verwendet. Gold lässt sich nur schwer oxidieren, Silber kann man dagegen auf diesem Wege leicht schwarz oder grau tönen.

▶ Die Faktoren, welche die Oxidation beeinflussen, sind mannigfaltig; Erhitzung und dann wieder Abkühlung beschleunigen sie, entscheidend für die sich ergebende Färbung einer Patina sind jedoch die jeweiligen Anteile bestimmter Chemikalien und die Art, wie diese auf das Metall aufgebracht werden.

▼ Die Oxidation ergibt sich als natürlicher Vorgang; die meisten Bronzen nehmen eine sich daraus ergebende interessante Patina ganz spontan an, wenn sie den Witterungseinflüssen ausgesetzt werden, wie man das von vielen Erzeugnissen der Volkskunst kennt. Unten ein Halsschmuck aus Zaire.

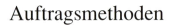

▼ Dieses aus Bronze gefertigte Objekt von Francesc Guitart weist eine interessante Patinierung auf, die erzeugt wurde durch aufeinander folgenden Hitzeauftrag von Kaliumsulfid, Eisennitrat und Titandioxid.

Die Vorbereitung der Oberflächen

Eine Oberfläche, die man patinieren will, muss zunächst einmal frei von Fett und anderweitiger Oxidation sein. Bei Kupfer, Bronze oder Messing empfiehlt sich daher vorheriges Beizen der Stücke in der Form eines Tauchbades in Wasser, dem Salpetersäure zugesetzt wurde. Dieses darf nur kurz sein, und der Anteil der Salpetersäure darf auch nicht zu hoch sein, weil diese die Metalle angreift. Nach dem Beizen reinigt man das jeweilige Stück sorgfältig mit einer hartborstigen Bürste und feinem Bimsmehl und lässt es gut trocknen, ehe man ein die Patinierung erzeugendes Mittel aufträgt.

Viele dieser Mittel wirken besser auf etwas aufgerauten Flächen, weshalb sich für solche Fälle entweder ein stärkeres Säurebad empfiehlt oder gleich der Auftrag auf Flächen mit einer gewissen Textur, insbesondere dann, wenn später bestimmte Bereiche hervortreten sollen.

Auftragsmethoden

Es gibt eine ganze Reihe von Methoden für den Auftrag der entsprechenden Chemikalien auf die Metalloberflächen, doch beschränken wir uns im folgenden auf die fünf brauchbarsten und interessantesten davon: Aufsprühen, Tauchbad, Aufdunsten, Sägemehltränkung und Heißauftrag.

Aufsprühen

Dies ist eine praktische Methode insbesondere für Stücke in größeren Abmessungen oder für den Auftrag auf Skulpturen. Dazu löst man die Chemikalien in Pulverform in destilliertem Wasser auf und sprüht die Lösung mit einem Zerstäuber auf. So werden die entsprechenden Chemikalien als dünner Überzug fein verteilt und bewirken nach dem Trocknen die erwünschte Oxidation. Die Auflösung in Wasser sorgt für eine sanftere Einwirkung der Mittel, und die Farbgebung lässt sich dadurch auch besser steuern.

Tauchbad

Das Stück wird in einen zugedeckten feuerfesten Behälter aus Glas oder Eisen gehängt und in der entsprechenden Lösung eine gewisse Zeit lang erhitzt. Ausschlaggebend für ein bestimmtes Farbergebnis ist die Dauer des Verbleibs und die Zeit des Köchelns.

Aufdunsten

Man gibt in einen Behälter, vorzugsweise aus Glas (also beispielsweise eine Flasche), der sich absolut luftdicht verschließen lässt, das jeweilige Stück zusammen mit einem Baumwolllappen, der mit der entsprechenden Chemikalie getränkt wurde, die sich bei ihrer Verdunstung auf dem Metall niederschlägt und so die Oxidation und damit die Farbveränderung bewirkt. Diese Methode empfiehlt sich vor allem für kleine Stücke, für welche Kupfer oder Bronze in Verbindung mit Gold oder Silber verwendet wurde, weil auf letztere die Chemikalie so nicht einwirkt und unschöne Flecken vermieden werden können. Der Behälter muss wirklich luftdicht verschlossen sein, und aus dem getränkten Tuch darf nichts auf das Stück tröpfeln; ein unmittelbarer Kontakt zwischen der Lösung und dem Metall muss unbedingt verhindert werden. Man könnte das Tuch entweder am Verschluss befestigen oder eine Art von Halterung dafür im Behälter anbringen.

Oberflächengestaltung

Sägemehltränkung

Bei dieser Methode tränkt man Sägemehl mit den entsprechenden Chemikalien und legt ein Stück hinein, damit es infolge des entsprechenden Kontakts oxidiert. Dieses Verfahren führt zu charakteristischen Flecken an den Stellen, die auf diese Weise in Berührung mit der jeweiligen Chemikalie kamen. Form und Musterung dieser Flecken lassen sich variieren durch unterschiedliche Körnung und Grundmaterialen des Sägemehls.

Hitzeauftrag

Nachdem man das jeweilige Stück entweder in eine Lösung der entsprechenden Chemikalie eingelegt hatte oder diese aufpinselte, erhitzt man es entweder mit einem Brenner oder im Ofen. Die Chemikalie ließe sich jedoch auch mit Hilfe eines damit getränkten Bausches aus Baumwollstoff auftragen, mit dem man behutsam über die Oberfläche fährt.

◀ Je nach Körnung und Grundstoff des Sägemehls kann das Ergebnis einer darin vorgenommenen Patinierung sehr unterschiedlich sein.

▶ An dieser in feinem Sägemehl patinierten Platte kann man gut erkennen, wie dessen Körnung ein Fleckenmuster erzeugt hat.

Die Farben

Es ist gänzlich unmöglich, hier die vielen Farben aufzuzählen, die man auf Stücken aus Kupfer oder Bronze erzeugen kann; dafür gibt es zu viele Chemikalien, die sich dafür verwenden lassen, und zu viele unterschiedliche Legierungen, die sich auf das Endergebnis auswirken. Vorgabe für den anschließenden Abschnitt war es daher, sowohl zu komplizierte Verfahren auszuscheiden als auch zu schwierig herzustellende Färbemittel und insbesondere schädliche. Unter dieser Voraussetzung führen wir im folgenden einige Tönungen auf, die sich unter Anwendung der obigen Auftragsmethoden erzeugen lassen.

Blaugrün

Dies ist eine der verbreitetsten Tönungen, und sie lässt sich auf mancherlei Weise erzeugen. Eine davon, die sich vor allem für Stücke in einer gewissen Größe eignet, ist der Auftrag von Ammoniaksalz, das man in jeder Drogerie bekommen kann. Man löst es in destilliertem Wasser auf und sprüht es als dünne Schicht auf die Oberfläche auf; nach Trocknung an der Sonne besprüht man erneut, diesmal jedoch nur mit destilliertem Wasser. Dieses Vorgehen wiederholt man, bis die erwünschte Tönung erreicht ist. Man kann das Verfahren beschleunigen, indem man das Stück erhitzt, aber schönere Farbtöne ergeben sich beim Trocknen an der Sonne und nur schwach konzentrierter Lösung, während zu kräftige Lösungen zu einem Abplatzen der Oxidationsschicht führen könnten.

Die Ergebnisse lassen sich noch verbessern, wenn die Oberflächen etwas aufgeraut sind, was sich durch eine gewisse vorherige Texturierung entweder auf mechanischem Wege oder mit Einsatz von Säure bewirken lässt.

Man kann auch ockerfarbene Lichter auf dem grünen Grundton erzeugen oder aber dem Stück insgesamt einen ockerfarbenen Ton verleihen, indem man eine ziemlich kräftige Lösung von Eisensulfat entweder durch Eintauchen oder Aufsprühen aufträgt. Unterschiede in der diesbezüglichen Tönung ergeben sich aus der unterschiedlichen Konzentration des Eisensulfats im Wasser.

Sehr gefällige Grüntöne lassen sich erzeugen durch Auflösung von 100 g Kupfernitrat und 40 ccm siebzigprozentiger Salpetersäure in einem Liter Wasser. Eine solche Oxidationsschicht trägt man besten unter Einsatz des Brenners auf.

▲ Verschiedene Grüntöne

▼ Dieses Objekt aus Bronze von Francesc Guitart wurde nacheinander patiniert mit Kaliumsulfid, Kupfernitrat und Eisennitrat. Die Chemikalien wurden in der angegebenen Reihenfolge aufgetragen und jeweils unmittelbar anschließend mit dem Brenner erhitzt.

▼ Diese Brosche von Carles Codina zeigt verschiedene Varianten einer Patinierung.

81

Färbungen

Rötlichviolett

Eine solche Tönung lässt sich erzeugen unter Verwendung einer Lösung von 200 g Kupfernitrat in einem Liter Wasser. Man gibt das Stück in die erhitzte Lösung, wenn diese zu sieden beginnt, und lässt es, während sie köchelt, zwanzig Minuten lang darin. Anschließend wäscht man das Stück gut ab und lässt es trocknen.

Man kann jedoch die obige Lösung auch, wie viele andere ebenso, aufsprühen oder in Sägemehl einwirken lassen und dann mit dem Brenner erhitzen. Das führt dann allerdings zu anderen Ergebnissen, nämlich grünlichen Tönungen.

◀ Bei diesen braunen und rotbraunen Färbungen beachte man die vorhergehende Texturierung der Platten mit Hilfe von Säure.

▼ Rötlichviolette Tönung

Dunkelorange

Eine Rezeptur für solche Töne besteht in der Auflösung von 120 g Kupfersulfat in einem Liter Wasser und anschließender Zugabe von 30 ccm Ammoniak. Diese Lösung darf immer erst am Tage ihrer Verwendung zubereitet werden, weil Ammoniak flüchtig ist und die Mischung sonst an Wirkung verlieren würde. Der Auftrag erfolgt in einem heißen Tauchbad; das Stück wird eingelegt, sobald die Lösung siedet, sie darf aber während der folgenden zwanzig Minuten, in denen das Stück darin verbleibt, nicht weiterköcheln. Anschließend reinigt man das Stück mit reichlich Wasser und lässt es an der Sonne trocknen; vor der vollkommenen Trocknung sollte man damit nicht hantieren.

Orangerot

Solche Färbungen lassen sich bewirken mit einer Mischung aus 50 g Kupfersulfat, 5 g Eisensulfat, 5 g Zinksulfat und 25 g Kaliumpermanganat in einem Liter Wasser.

Diese Chemikalien müssen nacheinander jeweils gut im Wasser aufgelöst werden; der Auftrag erfolgt durch Eintauchen in die erhitzte Lösung. Wenn diese siedet, taucht man das Stück zwei Minuten lang in sie ein und reinigt es dann von der schwarzen Schicht, die sich darauf gebildet hat. Bildet sie sich neu, wiederholt man das Vorgehen und lässt anschließend das Stück weitere zwanzig Minuten lang in der köchelnden Lösung. Die Tönungen variieren je nach Zusammensetzung der verwendeten Bronze.

Mattschwarz

Man löst 5 g Kaliumpermanganat, 50 g Kupfersulfat und 5 g Eisensulfat in einem Liter Wasser. Wenn die Lösung siedet, gibt man das Stück zwanzig Minuten lang hinein; anschließend reinigt man es mit Wasser und lässt es gut trocknen, ohne damit zu hantieren.

Dunkelrot

Dafür trägt man mit dem Pinsel eine Lösung von 10 g Eisennitrat in einem Liter Wasser auf. Dieser Aufstrich wird mit dem Brenner erhitzt, und dann trägt man auf gleiche Weise einen zweiten Anstrich (oder weitere) auf, bis die Oberfläche gleichmäßig ist. Anschließend empfiehlt sich Einwachsen.

Dunkel- und rotbraune Töne entstehen mit einer Mischung aus 25 g Kupfersulfat und 3 bis 5 ccm Ammoniak in einem Liter Wasser. Auch hier erfolgt der Auftrag im köchelnden Tauchbad.

◀ Eine solche schwarze Tönung wirkt zunächst matt (oben) und nach dem Auftrag von Wachs glänzend (unten).

▼ Orangerote Tönung

Künstliche Alterung

Mit diesem Verfahren kann man innerhalb kurzer Zeit neuen Stücken aus Bronze oder einer anderen Legierung mit relativ hohem Kupferanteil den Anschein von „Alter" verleihen.

Wenn man einem Stück aus Bronze ein solches Erscheinungsbild verschaffen will, muss man es zuvor kurz in Wasser mit einem Zusatz von Salpetersäure dekapieren, um eine vorherige Oxidationsschicht zu entfernen, und es mit etwas Bimsmehl kräftig abbürsten, damit es absolut sauber ist. Anschließend tränkt man Sägemehl mit einer Salpetersäurelösung, füllt es in ein flaches Glas- oder Holzgefäß und legt das Stück so hinein, dass es völlig vom Sägemehl bedeckt ist. Das Ergebnis hängt vom Sättigungsgrad der Lösung ab; je höher der Säureanteil ist, desto stärker die Einwirkung. Anschließend bereitet man eine neue Sägemehlfüllung vor, die man mit jener Lösung tränkt, mit der man das Stück patinieren will.

Eine Variante dieser Methode besteht darin, dass man die Salpetersäure mit Kupfer in der Weise anreichert, dass man sie auf dieses einwirken lässt. Anstatt jedoch eine völlige Sättigung der Lösung abzuwarten, entfernt man das Kupfer wieder, solange die Säure noch aktiv ist. Mit diesem Kupfernitrat tränkt man dann das Sägemehl, und weil die Säure noch wirkt, wird ein eingelegtes Stück einen Anstrich von „Alter" bekommen.

Entscheidend für ein gutes Endergebnis wird eine gewisse Erfahrung sein; das Erscheinungsbild der Oberfläche wird bestimmt von der Beschaffenheit des Sägemehls und der Säurekonzentration. Dabei empfiehlt sich eine eher ungleichmäßige Tränkung des Sägemehls mit der Lösung, damit die Einwirkung nicht zu einheitlich ist; dadurch ergeben sich gewisse Unregelmäßigkeiten, wodurch der Alterungseffekt eher realistischer wirkt.

Eine weitere Form der Anwendung besteht darin, dass man feines Sägemehl ungleichmäßig tränkt und nach ein paar Stunden der Einwirkung entweder das Gefäß damit schüttelt oder die Lage des eingelegten Stücks etwas verändert, damit die Säure an anderen Stellen angreifen kann. Das Stück wird auf diese Weise eine grünliche Patina annehmen, die sich beim Trocknen an der Sonne und durch anschließendes Einwachsen noch verstärkt.

▶ Wenn man ein Stück unter Hitzezufuhr getrocknet hat, kann man es (wie dieses *Geschützte Stück Nr. 2* von Carles Codina) zur Erhaltung der Oxidation mit einem speziellen Metallfirnis überziehen.

◀ Die voneinander abgesetzte Oxidation der erhabenen und der tiefer liegenden Flächen führt zu Ergebnissen wie bei diesem Stück von Judith McCraig, das sie *Dream whalers* nannte.

Silberoxidation

Silber nimmt auf natürliche Weise eine dunkelgraue bis fast schwärzliche Patina an, wenn es der Luft und der Feuchtigkeit ausgesetzt ist. Zu gleicher Schwärzung kommt es auf Grund der Oxidbildung bei starker Erhitzung und anschließender Abkühlung.

Zur Silberoxidation sind spezielle Erzeugnisse im Handel, aber es ist weit wirtschaftlicher und obendrein einfach, sie ohne diese in der Werkstatt selbst herbeizuführen. Dazu hat sich die Verwendung von Kaliumsulfid eingebürgert, das man leicht selbst herstellen kann, indem man 30 g Sulfid in einem Liter warmen Wasser auflöst und 8 g Ammoniak hinzufügt, was eine tiefschwarze Brühe ergibt. Die Aufbewahrung von Sulfid ist freilich etwas heikel; sie sollte an einem dunklen Ort in einer luftdicht verschlossenen Büchse erfolgen.

Vor dem Auftrag der Lösung muss das Stück sorgfältig gereinigt und dekapiert worden sein; im übrigen empfiehlt sich ein Anwärmen des Sulfids, damit es sich besser auflöst und die Schwärzung entsprechend besser haftet. Wenn man mit einem Pinsel arbeitet, müssen dessen Borsten aus Synthetik bestehen, weil die Lösung Naturborsten angreifen würde. Anwärmen des entsprechenden Stücks verspricht ebenfalls bessere Ergebnisse.

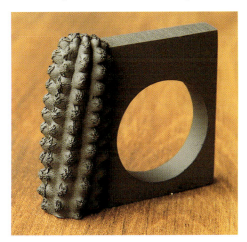

▼ Die beste Methode zum Auftrag einer Oxidationslösung ist das Eintauchen des Stücks, das man vorher an einen Kupfer- oder Silberdraht gebunden hat.

Eine Methode für den Auftrag besteht im Eintauchen des Stücks zunächst in kochendes Wasser, um es anzuwärmen, dann in die ebenfalls heiße Sulfidlösung und anschließend nochmals in heißes Wasser. Daraus zieht man es dann sofort wieder hoch und hängt es über dem kochenden Wasser auf, damit der Dampf die Verbindung noch verbessert. Nach erfolgter Oxidation muss man das Stück gut abspülen, trocknen und anschließend mit einem speziellen Metallfirnis bestreichen.

Wenn man das Aussehen von altem Silber erreichen will, muss man zunächst entweder das ganze Stück oder nur dessen tiefere Lagen oxidieren; wenn sich die Oxidschicht gebildet hat, poliert man die höheren Stellen oder schmirgelt sie entsprechend ab, bis der Silbergrund wieder zu Tage tritt.

Färbungen

Grün patinierte Brosche

Die im folgenden beschriebene Technik gestattet die Fertigung attraktiver Stücke auf recht einfache Weise. Das Wachs, dem wir später noch im Kapitel über Gießverfahren begegnen werden, ermöglicht die Herstellung von Negativformen bestimmter Texturen wie im gezeigten Beispiel.

Ramon Puig Cuyás gestaltete eine Brosche, indem er die Oberflächentexturen einiger von ihm gesammelter Gegenstände, zu einer Rundform zusammengesetzt, mit all ihren Details in eine Tonscheibe eindrückte. Diese Form wurde dann in einer Technik, die so alt ist wie die Schmuckkunst selbst und die man Wachsausschmelzverfahren oder Guss aus verlorener Form nennt, auf eine runde Bronzescheibe übertragen.

▶ Es ist wichtig, die Gegenstände für solche Einprägungen gezielt auszuwählen. Sie müssen ausreichend fest und konturiert sein, um einen klaren und glattkantigen Abdruck im Ton zu hinterlassen. Diese hier sind zum einen Teil Fundstücke, zum anderen wurden sie aus Holz extra angefertigt.

◀ Für einen Wachsabguss benötigt man etwas Ton und rosarotes Hartwachs, wie es von Zahnärzten und Dentisten verwendet wird.

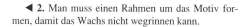

◀ 2. Man muss einen Rahmen um das Motiv formen, damit das Wachs nicht wegrinnen kann.

▲ 1. Man formt einen Tonklumpen von Hand oder mit Hilfe eines Nudelholzes zu einer Scheibe; wenn sie gut geglättet ist, drückt man die verschiedenen Objekte in die Oberfläche ein.

▶ 3. In einem kleinen Henkeltopf schmilzt man das Wachs langsam, ohne dass es zu sieden beginnt; dann gießt man es in die Tonform ein, wobei man darauf achten muss, dass es gut in alle Vertiefungen eindringt. Dann lässt man das Wachs einige Minuten lang erstarren. Bei der unteren Schicht auf der Tonfläche geht das rascher, die obere, noch weiche oder flüssige, kann man dann entfernen.

▲ 4. Man hebt sehr vorsichtig den Wachsmodel ab und schneidet mit einem Skalpell oder Cutter eventuelle überstehende Reste weg. Mit einer Bürste entfernt man dann behutsam vielleicht noch anhaftende Tonreste.

◀ 5. Nach entsprechender Reinigung des Wachsabdrucks wird ein Metallabguss davon gefertigt, wie das ab Seite 130 geschildert ist. Falls man nicht über die erforderliche Ausrüstung verfügt, kann man sich einen solchen Abguss auch in einem Fachbetrieb machen lassen.

▶ 6. Wenn der Bronzeabguss vorliegt, beginnt man mit dessen Patinierung. Der erste Schritt dabei ist das Beizen, um die Oxidationsschicht zu entfernen. Dazu bereitet man eine Lösung aus Wasser und Salpetersäure im Verhältnis 1:1 zu und hängt den Abguss einige wenige Augenblicke lang hinein.

Oberflächengestaltung

▲ **7.** So präsentiert sich die Bronzescheibe nach dem Dekapieren und Reinigen. Man darf sie nun auf keinen Fall mehr mit bloßen Fingern berühren, weil selbst geringfügigste Verschmutzungen, vor allem durch Fett, unbedingt vermieden werden müssen.

▶ **9.** Hier im Bild das Ergebnis dieses ersten Behandlungsschrittes. Man muss nun fortfahren mit wechselndem Aufsprühen von destilliertem Wasser und Ammoniaklösung und nach jedem Besprühen gut trocknen lassen.

◀ **8.** Als erstes sprüht man eine feine Schicht von in Wasser gelöstem Ammoniaksalz auf, bis die Oberfläche feucht bleibt, und legt das Stück dann zum Trocknen in die Sonne.

◀ **10.** Der Farbton verstärkt sich von Mal zu Mal, bis das gewünschte Ergebnis erreicht ist. Eine zu starke Konzentration der Oxidationslösung birgt jedoch die Gefahr einer Ablösung der Patina in sich.

▲ **11.** Wenn man eine etwas gelblichere Tönung erreichen möchte, bereitet man eine schwache Eisensulfatlösung vor, in die man das Stück taucht, das man anschließend trocknen lässt.

▲ **12.** Weil die Patinierung durch die Hitze beim Verlöten angegriffen würde, wurde eine silberne Trägerplatte angefertigt, auf welche die Bronzescheibe aufgeschraubt wird.

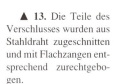

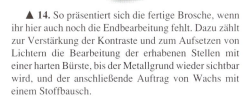

▲ **13.** Die Teile des Verschlusses wurden aus Stahldraht zugeschnitten und mit Flachzangen entsprechend zurechtgebogen.

Solche Verschlüsse eignen sich besonders für Broschen in einer bestimmten Größe; um diese jedoch gut an der Kleidung befestigen zu können, muss man darauf achten, dass sie nicht zu stark nach vorne überhängen.

▲ **14.** So präsentiert sich die fertige Brosche, wenn ihr hier auch noch die Endbearbeitung fehlt. Dazu zählt zur Verstärkung der Kontraste und zum Aufsetzen von Lichtern die Bearbeitung der erhabenen Stellen mit einer harten Bürste, bis der Metallgrund wieder sichtbar wird, und der anschließende Auftrag von Wachs mit einem Stoffbausch.

▶ Die von Ramon Puig Cuyás gefertigte Brosche

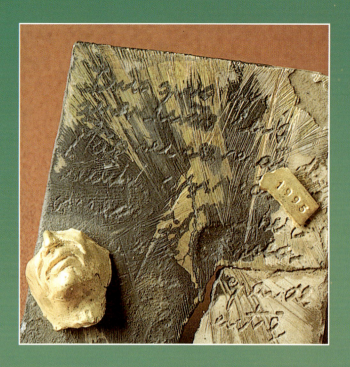

*I*m folgenden beschreiben wir eine Reihe von Techniken, deren man sich in Ergänzung zu den schon geschilderten Grundtechniken bei der Schmuckherstellung vielfach bedient. Zumeist handelt es sich dabei um im wesentlichen kunsthandwerkliche Fertigkeiten, die auch außerhalb der Schmuckgestaltung Anwendung finden, die aber schon seit langer Zeit auch von den Goldschmieden als wichtiger Beitrag zu ihren Schöpfungen betrachtet werden. Als erstes beschäftigen wir uns dabei mit dem Treiben und Ziselieren, mit dem man flachen Metallplatten (Blechen) durch Wölbung Volumen verleihen und sie dekorieren kann.

Es folgen zwei interessante Techniken, nämlich die Lackierung nach japanischer Art und das Emaillieren, zwei Wege zu großer Farbigkeit. Die Darstellung etwas spezieller Techniken, wie des Fassens von Edelsteinen, des Wachsabgussverfahrens sowie der Gieß- und Schmelzmethoden schließen sich an.

Die Schmuckgestaltung erfordert viele und vielseitige Fertigkeiten, und wenn es in diesem Buch auch nicht möglich war, sie alle vorzustellen und die behandelten erschöpfend zu beschreiben, wurde hier doch eine fundierte Einführung geboten, auf der Leserinnen und Leser aufbauen und die sie zu eigener Fortentwicklung nutzen können. Das war die stete Zielsetzung des Autors von Anfang an, und er fühlt sich hierin bestätigt durch Benvenuto Cellinis Worte, der in seinem berühmten *Trattato dell' orificeria* sinngemäß schrieb:

„Der Leser möge sich nicht wundern darüber, dass ich in diesem Buch über so vieles gesprochen habe. Er muss wissen, dass ich noch nicht die Hälfte von dem gesagt habe, was eigentlich notwendig wäre zur Erläuterung einer Kunst, welche alle Kräfte eines Menschen beansprucht und die völlige, lebenslange Hingabe an ihre Ausübung erfordert."

Ergänzende Techniken

Ziselieren und Treiben

▼ Vorkolumbianischer goldener Brustschmuck der Sinú, um 900

Der Treibkitt

Auf dieser Masse lässt sich eine zu bearbeitende Platte sozusagen festkleben. Sie muss unter der Einwirkung eines mit dem Hammer bearbeiteten Punzens auf das Metall darüber etwas nachgeben, damit sich durch wiederholte Hammerschläge die gewünschte Form der Metallplatte ergibt.

Für den Treibkitt gibt es, je nach vorhergesehenem Einsatz, eine Fülle von Rezepturen, aber im wesentlichen besteht er aus einem elastischen und zugleich klebrigen Anteil, beispielsweise Kolofonium oder schwarzem Pech, einem Anteil, der ihm Festigkeit verleiht (Ziegelmehl oder feiner Gips), und einem Fettzusatz wie etwa Talg oder Öl zur Erhöhung der Geschmeidigkeit.

Das Ziselieren spielt eine wesentliche Rolle bei der Schmuckgestaltung, und das seit sehr langer Zeit. Wegen seiner Vielfalt kann es als eigenständige Kunst betrachtet werden. Sie schließt das Treiben ein, unter dem man im engeren Sinne das Erzeugen gewölbter oder auch hohler Formen aus flachen Metallblechen versteht, während man mit dem eigentlichen Ziselieren vorwiegend das Dekorieren von Metall ohne Schaffung von Erhöhungen meint.

Durch Treiben will man einer Metallplatte sozusagen Volumen verleihen mit dem Ziel, eine bestimmte gewölbte Form anzunehmen. Dazu braucht man ein Material, auf dem als Unterlage man arbeiten kann, und das einerseits fest und haftend ist, andererseits aber auch gerade elastisch genug, dass es unter der Einwirkung von Hämmern und Meißeln (vom Goldschmied gewöhnlich Punzen genannt) nachgibt. Ein solches Material ist der Treibkitt, und wir werden uns zunächst mit seiner Herstellung beschäftigen.

▲ Die auf einen Lederkranz gesetzte Ziselierkugel, gefüllt mit Treibkitt

Herstellung von Treibkitt

Die Form der Zubereitung ist entscheidend für seine Qualität. Das Verfahren beginnt mit dem Zerteilen des Kolofoniums oder Pechs in kleine Stücke, dessen langsamem Schmelzen in einem Topf, der allmählichen Hinzufügung von Gips, Ziegelmehl oder auch Ocker und dem guten Mischen. Bei diesem muss man sowohl die Klumpenbildung als auch ein mögliches Anbrennen vermeiden. Wenn die beiden ersten Bestandteile gut miteinander vermengt sind, fügt man den Talg oder das Öl hinzu und rührt sorgfältig um, bis eine homogene Masse entstanden ist, die man je nach Bedarf entweder in die halbkugelige, gusseiserne Ziselierkugel gießt oder in den rechteckigen Kittkasten aus Holz oder Blech.

Man sollte auch wissen, wie man die Eigenschaften der Kittmasse verändern kann, die sich übrigens allein schon von selbst je nach Außentemperatur ändern. Der Kitt muss je nach den klimatischen Bedingungen eines Landes und nach der darauf vorgesehenen Arbeit mehr oder weniger fest sein. Will man ihn weicher machen, fügt man mehr Talg oder Öl bei, soll er umgekehrt fester werden, erhöht man den Gips- oder Ziegelmehlanteil. Für das Austreiben von Wölbungen empfiehlt sich ein weicherer Kitt, für das eigentliche Ziselieren eher ein fester.

Rezeptur für mittlere Festigkeit:
1 kg Kolofonium + 2 kg Ocker o.Ä. + 100 ccm Olivenöl.

Eine weitere Rezeptur für einen für die meisten Arbeiten geeigneten Kitt ist die folgende:
2 kg Schwarzpech + 2 kg Ocker (od. Ziegelmehl) + 100 g Talg + 50 g Venezianisches Terpentin (Lärchenbalsam).

Für weicheren Kitt erhöht man den Zusatz von Talg und Terpentin entsprechend.

▼ Brosche von Carmen Amador aus Gold, Silber und Alpakka

▶ Die Bestandteile zur Zubereitung von Treibkitt

Ergänzende Techniken

Die Werkzeuge

Zum Treiben und Ziselieren braucht man hauptsächlich drei Werkzeuge: den typischen Ziselierhammer mit seinem charakteristischen Kopf und einem Stiel mit ovalem Querschnitt, Ziselierkugel oder Kittkasten und die Punzen.

▲▼ Die Treib-, Kitt- oder Ziselierkugel besteht aus einer Gusseisen-Halbkugel, in die ein Querstab eingeschweißt wurde, damit das auf ihren Grund gegossene Blei sich nicht später unter den Hammerschlägen löst.

▲ Die mit dem Kitt gefüllte Ziselierkugel wird auf eine Halterung gesetzt (entweder einen dicken Lederring oder einen hölzerne Triangel), damit man sie bei der Arbeit drehen oder neigen kann oder auch abnehmen, um den Kitt zu erwärmen.

▼ Für die Punzen lassen sich die verschiedensten Formen wählen. Es gibt Schrotpunzen mit gerader oder auch gewölbter Klinge zum Übertragen von Motiven oder Vertiefen von Linien; die Modellierpunzen mit gewölbter Klinge zum plastischen Ausformen der Bleche (B); die Planierpunzen mit geraden, aber nicht scharfkantigen Arbeitsflächen für ebene Partien (A). Daneben gibt es eine Vielfalt sogenannter Matt- und Musterpunzen mit geriefelter oder sonstwie texturierter Schlagfläche, mit denen man Oberflächen eine bestimmte Textur verleihen oder Muster in sie einprägen kann (D).

Fertigung von Punzen

Wie viele sonstige Werkzeuge fertigt sich der Goldschmied auch die Punzen selbst an, und zwar aus stabförmigen Stahlrohlingen, den sogenannten Pranteln, die einen gewissen Anteil an Kohle aufweisen müssen. Diese Pranteln müssen geschmiedet werden, um sie zu härten, wodurch ihr Stahl widerstandsfähiger wird. Ein solches Härten ist aber nicht nur für Punzen erforderlich, sondern auch für Biege- und sonstige in der Werkstatt verwendete Spezialwerkzeuge.

Dazu erhitzt man den Rohling, bis er kirschrote Färbung zeigt; eine orangerote muss vermieden werden. Dann schreckt man ihn zur Härtung in klarem Wasser, Salzwasser oder auch Öl ab. Öl bewirkt eine geringere Härtung als Wasser, was wichtig ist bei Benutzung eines sehr harten Stahls vom Typ F-9 (je höher die Ziffer, desto härter der Stahl), bei dem geringere Härtung erwünscht ist; will man stärkere Härtung, nimmt man Wasser.

Nach dem Härten muss man dem Punzen etwas Zeit zur Umformung der Innenstruktur lassen und dann das sogenannte „Anlassen" vornehmen, durch welches man die bei der Härtung entstandenen Spannungen abbaut.

Nun muss man den Punzen erst einmal polieren, um klar sehen zu können, welche Farbe er in der Flamme annimmt. Dann erhitzt man an einem Ende ein etwa 3 cm langes Stück, bis es bläulich schimmert, und schreckt es nochmals in Wasser ab.

Der gesamte Arbeitsablauf einer Treibarbeit vom Entwurf bis zum fertigen Stück ist ausführlich beschrieben als Schritt-für-Schritt-Anleitung auf den Seiten 134 bis 137.

▲ **1.** Man schneidet etwa 11 cm lange Pranteln aus Stahl vom Typ F-5 zu (oder vom Typ F-114; die Bezeichnungen sind je nach Hersteller unterschiedlich). Vor dem Härten ist der Stahl weich und lässt sich daher entsprechend bearbeiten.

▲ **2.** Der Rohling wird bis zum kirschroten Glühen gebracht und im heißen Zustand mit dem Hammer bearbeitet. Oben das Formen eines Schrotpunzens, wofür das untere Ende platt gehämmert wird.

◄ **3.** Den abgekühlten Rohling kann man nun in die Hand nehmen, um dem unteren Ende (das stärker gehärtet sein muss als der Schaft, der eine gewisse Elastizität behalten soll) mit der Feile oder einer Schleifscheibe die gewünschte Form zu verleihen; zum Schluss muss die Klinge sauber abgeschmirgelt werden.

◄ **4.** Auch der Kopf des Punzens wird gut mit Feile und Schmirgelpapier geglättet, um eine präzise Übertragung des Hammerschlags auf ihn zu gewährleisten. Dem nebenstehend gezeigten Punzen wird man noch die gesonderte Härtung der Klinge angedeihen lassen.

► **5.** Das Ergebnis ist ein Punzen mit bestimmten Härtemerkmalen und für ganz bestimmte Aufgaben.

Japanlack (Urushi)

Jahrhunderte hindurch konnte man dem Geheimnis der Urushi-Technik nicht auf die Spur kommen, die sich in kleinen Werkstätten vom Vater auf den Sohn vererbte. Sie stammt ursprünglich aus China und tritt dort bereits während der Han-Dynastie (206 v. Chr. bis 221 n. Chr.) auf: während der Tang-Dynastie wird sie weiterentwickelt und findet auch Eingang in Japan, wo sie verfeinert und vervollkommnet wird. Die ersten japanischen Lackarbeiten stammen aus der Nara-Zeit (710 bis 790 n. Chr.); die Methode fand vor allem in der Heian-Epoche (795 bis 1192) weite Verbreitung und erreichte ihre Hochblüte gegen Ende des 16. und am Anfang des 17. Jahrhunderts in der Momoyama-Ära.

▶ Eine Lackarbeit von Joaquim Capdevila, die im unteren Teil eine Eierschalenauflage zeigt.

◀ So sieht der Lack im Reinzustand aus.

▼ Der Lack wird mit dem Pinsel in dünnen Schichten aufgetragen, die nach dem Trocknen glatt geschmirgelt werden. Die dabei verwendeten Pinsel sollten heute Borsten aus Synthetik haben; für die traditionell dafür benutzten waren Menschenhaare charakteristisch. Zur Reinigung verwendet man Benzin oder Spiritus.

Die Lacke

Die Urushi-Technik besteht im Auftrag mehrfacher Lackschichten auf bestimmte Oberflächen, vorwiegend Holz oder Metall. Diese Lacke lassen sich erzeugen auf der Basis des Harzes eines bestimmten Baumes, des Sumachs oder Götterbaumes, in Japan Urushi genannt. Dieses weist besondere Eigenschaften auf, nämlich außerordentliche Beständigkeit gegenüber Feuchtigkeit und Witterung sowie Resistenz gegen Holzschädlinge. Überdies ist es gleichermaßen hart und dabei doch relativ elastisch, und schließlich kann man es auch noch mit Farbpigmenten vermischen und damit unterschiedlich färben.

Lackarten

Solche Lacke kann man in reiner Form auftragen oder auch gelöst. Für die verschiedenen Arten gelten auch unterschiedliche Auftragsweisen, auf die wir im weiteren Verlauf dieses Kapitels eingehen werden.

Als Grundlack dient gewöhnlich der sogenannte Ki-urushi, doch kommen auch Sesime, Nama-urushi, Sukinaku nuri und Isebaya infrage, letzterer auch als Glanzüberzug.

Für Vergoldungen und Goldflitter nimmt man Togidashi nashiji, für farbige Lacke Aka roiro oder den dunkleren Suai.

Für Schwarzlack wird der glänzende und durchsichtige Hon kuro benutzt oder der opake Kuro roiro, der sich gut mit schwarzen Pigmenten mischen lässt.

Für Eierschalenauflage wird Sukinaka nuri verwendet, und für Hochglanz schließlich Isebaya.

Die Lackfärbung

Der Lack wird rein aufgetragen, wenn er als Grundfläche für weitere Bearbeitungen oder als Glanzüberzug dienen soll oder wenn man gerunzelte Oberflächen erzeugen will. Soll er gefärbt werden, muss man ihn erst lösen und dann die Farbpigmente in der Weise untermischen, wie die drei folgenden Illustrationen zeigen.

◄ **1.** Man löst Kampfer in Spiritus auf, bis dieser sich verflüchtigt und feines weißes Kampferpulver verbleibt. Das mischt man mit einem Anteil von bis zu 50 % unter den Lack, bis die Mischung eine Konsistenz erreicht hat, die etwas dünnflüssiger als die von Honig sein muss.

▼ **2.** Um die gewünschte Färbung zu erzeugen, muss man der Mischung nun Färbstoffe auf pflanzlicher Basis in Pulverform zusetzen; in unserem Beispiel sind diese rot.

▲ **3.** Seine endgültige Farbe wird der Lack erst mit Abschluss des gesamten Vorgangs annehmen, also nach seiner Trocknung. Das bedeutet, dass die Erfahrung eine entscheidende Rolle bei der Lackfärbung spielt.

▼ Ein von Estela Guitart gefertigter Halsschmuck in zwei verschiedenen Anordnungen

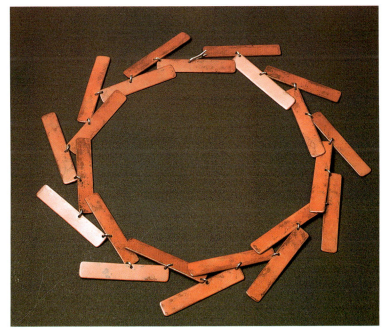
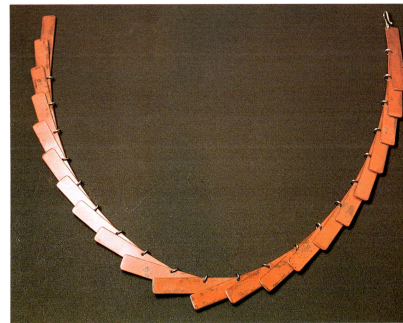

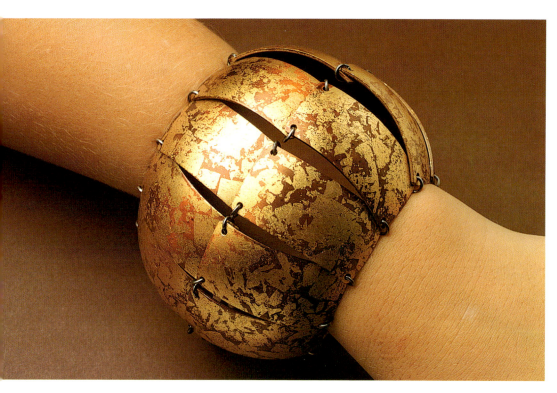

◀ Armreif von Estela Guitart mit Goldflitterlackierung

Der Auftrag

Solche Lacke lassen sich auf verschiedene Oberflächen aufbringen: Holz (mit Ausnahme von Olivenholz), Leder, Keramik oder Metall, wobei entscheidende Voraussetzung allein eigentlich ist, dass eine Oberfläche absolut sauber ist; diese muss also mit einem Schleifpapier in 500er Körnung gut abgeschmirgelt und dann mit Trichloräthylen („Tri") entfettet werden.

Der Auftrag erfolgt in vier Schritten: Zu Beginn wird eine erste Lackschicht als Grundierung aufgebracht, die glatt geschmirgelt wird unter Prüfung, ob auch die gesamte Fläche gleichmäßig abgedeckt wurde; sollte das nicht der Fall sein, ist ein zusätzlicher Auftrag erforderlich, um diesen Zustand zu erreichen.

Als nächstes bringt man mit einer der nachfolgend gezeigten Methoden einen nach Wunsch gefärbten Lack auf. Das geschieht mit dem Pinsel in verschiedenen Schichten, die jeweils in einem Umfeld mit wenigstens 60 % Luftfeuchtigkeit trocknen müssen. Dazu legt man sie mindestens einen Tag lang in einen kleinen Trockenschrank mit Feuchtigkeitsreglung ein. Ein sehr viel schnelleres Verfahren ist es, das Stück für drei Stunden in einen Elektroofen bei einer Temperatur zwischen 100 und 150° C zu legen.

Nach dem Auftragen und Trocknen einer jeden Schicht ist die Bearbeitung mit Schmirgelpapier und Wasser erforderlich, um kleine Rückstände zu entfernen, die Oberfläche auszugleichen und mangelhafte Verbindung mit der folgenden Schicht zu verhindern. Unter den Schleifpapieren mit den Körnungsgraden 800, 1000, 1200 und 2000 verwendet man das letztere nur für die oberste Schicht, damit sie auch ganz glatt wird, das erste dagegen nur zur Entfernung deutlich sichtbarer Unregelmäßigkeiten.

Wenn die vorstehenden Durchgänge abgeschlossen sind, trägt man mit Isebaya-Lack eine Glanzschicht auf, was mit einem Stoffbausch geschieht; für das anschließende Antrocknen in freier Luft reichen zwanzig Minuten. Überschüssigen Lack entfernt man mit einem Seidenrest, die Trocknung nimmt man während drei Stunden in einem Elektroofen bei 100 bis 150° C vor. Wenn man eine matte Oberfläche haben möchte, muss man zum Abschluss Lacke wie Suai, Nashiji oder Hon kuro auftragen.

Zur Schlussbearbeitung verwendet man das Poliermittel Kagayaki, das man mit einem Baumwollbausch aufträgt und so lange einreibt, bis es völlig in die Oberfläche eingedrungen ist. Ganz zum Schluss wiederholt man dieses Vorgehen mit der Glanzpolitur Migaki 5000.

Lackiervarianten

Im folgenden stellen wir dreizehn Varianten des Lackauftrags vor, die zu unterschiedlichen Mustern führen. Bei allen (ausgenommen die Eierschalen-Variante, bei welcher als Grundierung Sukinaka nuri verwendet wurde) diente als Grundlack Ki-urushi. Nach der Trocknung der Grundierung muss diese stets mit 2000er-Schleifpapier und Wasser glatt geschmirgelt werden, ehe man eine weitere Schicht aufbringt.

▶ Auf diese Aluminiumplatte wurden zwei Lagen Ki-urushi als Grundierung für die nachfolgenden Lackschichten aufgetragen, wie dies bei allen im folgenden vorgestellten Beispielen für Lackiervarianten der Fall war. Man muss sich stets vergegenwärtigen, dass dabei der Auftrag aller Lacke, die nicht Grundierlacke sind, nur zu intensiver Schwärzung führen würde.

Ergänzende Techniken

Lackiervariante 1

Wenn man Erscheinungsbilder wie das hier gezeigte bewirken möchte, trägt man über der Grundierung eine rot gefärbte Schicht von Aka roiro auf, streut einige Reiskörner darüber und lässt etwa zwanzig Minuten lang im Ofen antrocknen. Dann zieht man das Plättchen aus dem Ofen, entfernt sehr behutsam die Reiskörner (weil ja der Lack noch nicht wirklich trocken ist) und schiebt das Plättchen zur weiteren Trocknung wieder in den Ofen. Diese Schicht darf man dann nicht abschmirgeln, weil sich ja sonst die Konturen der Reiskörner verlieren würden. Nun bringt man einige Lagen von schwarz gefärbtem Kuro roiro auf; deren erste darf nur vorsichtig abgeschmirgelt werden, um das Relief nicht zu stark abzutragen. Die folgenden Schichten werden dann so abgeschmirgelt, dass das von den Reiskörnern in der roten Schicht erzeugte Relief sich nach und nach verliert und die oberste Schicht schließlich völlig glatt ist. Anschließend trägt man eine in Kampfer gelöste Lage von Hon kuro auf, einem Glanzlack, der zum Ausmerzen von Unreinheiten mit 2000er-Papier glatt geschmirgelt werden muss. Die Endbearbeitung erfolgt mit den beiden auf der vorigen Seite genannten Produkten.

Lackiervariante 2

Man trägt aufgelöstes Hon kuro auf und verfährt bezüglich der Reiskörner (deren Größe und Anordnung man vielleicht verändern könnte) und der anschließenden Behandlung dieser Schicht, was Trocknen in zwei Stufen und Verzicht auf Glattschmirgeln betrifft, wie beim ersten Beispiel. Dann trägt man eine Lage Aka roiro auf, die grün gefärbt wurde, lässt sie trocknen und schmirgelt sie glatt. Auf diese gibt man eine weitere Schicht des gleichen Lacks, dem jedoch eine intensivere Grünfärbung verliehen wurde, und schmirgelt sie nach dem Trocknen völlig glatt ab. Zuletzt erfolgt ein glänzender Lackauftrag mit Isebaya und die erwähnte Schlussbehandlung mit Kagayaki und Migaki.

Lackiervariante 3

Hier besteht die erste Schicht über der Grundierung aus diesmal blau gefärbtem Aka roiro; wieder streut man Reiskörner auf die noch weiche Oberfläche, lässt antrocknen, entfernt die Reiskörner, schließt die Trocknung ab und unterlässt das Glattschmirgeln. Dann trägt man abwechselnd blaue und grüne Lagen von Aka roiro auf (in dieser Reihenfolge) und bringt allmählich das durch die Reiskörner erzeugte Relief der untersten Schicht zum Verschwinden, bis schließlich die oberste Lage völlig glatt ist. Wie in den vorstehenden Fällen auch, muss jede Schicht behutsam abgeschmirgelt werden, ehe eine neue Lage aufgebracht wird. Für die oberste Glanzlackschicht verwendet man wieder Isebaya, und die Endbearbeitung entspricht wieder den vorangegangenen Beispielen.

Lackiervariante 4

Hier besteht die erste Schicht über der Grundierung aus rot gefärbtem Aka roiro. Man bestreut sie mit ganz feinen Suppen-Teigwaren, lässt sie zwanzig Minuten lang im Ofen antrocknen und entfernt dann die Nüdelchen. Nach Abschluss der Trocknung unterlässt man ebenfalls wieder das Glattschmirgeln.

Für die weiteren Schichten, die jeweils vor dem Auftrag der folgenden mit 2000er-Papier glatt geschmirgelt werden müssen, verwendet man hier Suai, und für das abschließende Polieren die dafür bereits genannten beiden Produkte.

▼ Lackiervariante 1

▲ Lackiervariante 2

▲ Lackiervariante 3

◀ Lackiervariante 4

Lackiervariante 5

Auch hier wieder arbeitet man mit den gleichen Teigwaren wie oben ganz nach vorherigem Ablauf, jedoch auf einer Schicht von dunkelgrünem Aka roiro. Weitere Lagen färbt man in jeweils etwas abweichenden Grüntönen; vor jeder Neubeschichtung wird geschmirgelt, die oberste Lage muss völlig glatt sein. Als Glanzlack, der wieder wie vorstehend in zwei Durchgängen poliert wird, verwendet man Isebaya.

Lackiervariante 6

Hier trägt man feine Suppenteigwaren in etwas anderer Form auf eine Schicht von Aka roiro auf, das man mit Terrakotta bräunlich gefärbt hat; die folgenden Schritte sind gleich wie bei den vorangegangenen Varianten, Glattschmirgeln unterbleibt bei dieser Lage. Für die weiteren Schichten benutzt man Aka roiro, dem man in jeweils abnehmender Konzentration weiße Farbkörper zugesetzt hat; sie werden mit unterschiedlichem Nachdruck geschmirgelt, erst die oberste Schicht soll völlig glatt sein. Auf sie trägt man als Glanzlack Isebaya auf, das zuletzt wieder mit Kagayaki und Migaki behandelt wird.

▼ Lackiervariante 6

▼ Lackiervariante 5

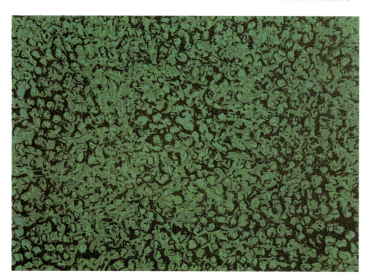

Lackiervariante 7

Die erste Schicht besteht hier aus ungefärbtem Hon kuro; auf sie werden ganz feine Suppennudeln aufgestreut, die man nach zwanzigminütigem Antrocknen im Ofen wieder entfernt; Abschmirgeln nach abgeschlossener Trocknung muss unterbleiben. Bei unserem Beispiel wurde auf die eine Hälfte der Platte blau gefärbtes Aka roiro aufgetragen, auf die andere grün gefärbtes, jeweils in mehreren Schichten, von denen wiederum erst die letzte völlig glatt geschmirgelt wurde. Schlussbearbeitung wie bei den vorhergehenden Varianten mit Isebaya, Kagayaki und Migaki.

Lackiervariante 8

Hier wurden auf Kuro roiro schwarze Farbpartikel betont unregelmäßig so verteilt, dass sich ein ausgeprägtes Relief ergibt; nach dem Trocknen darf nicht geschmirgelt werden. Als nächste Lage, die dann behutsam geschmirgelt wird, trägt man weiß gefärbtes Aka roiro auf. Es folgen mehrere Schichten von mit Kampfer versetztem Suai, deren letzte dann völlig glatt sein muss. An die Stelle eines Glanzlacks tritt Nachschmirgeln mit 2000er-Papier und abschließendes Vor- und Feinpolieren.

▼ Lackiervariante 7

▼ Lackiervariante 8

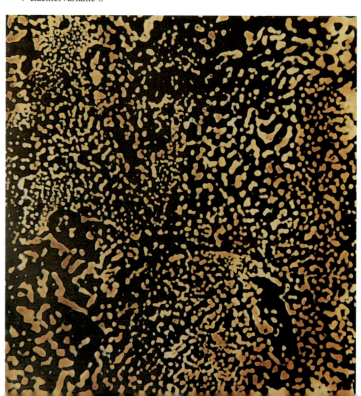

Lackiervariante 9

Hier wird nur eine Schicht von unvermischtem Ki-urushi aufgetragen, aber so reichlich, dass sie sich beim Trocken runzelt und kräuselt und ein Relief mit unregelmäßigen Vertiefungen und Erhebungen bildet; ein Glattschmirgeln nach der Ofentrocknung unterbleibt.

▲ Lackiervariante 9

Lackiervariante 10

Hier besteht die erste Schicht aus unvermischtem Hon kuro, das man wieder so reichlich aufträgt, dass es sich kräuselt und runzelt; Glattschmirgeln nach der Ofentrocknung unterbleibt. Es folgen mehrere Schichten von rot gefärbtem Aka roiro, die behutsam beschmirgelt werden, bis auf die oberste, die dann völlig glatt sein muss. Die Deckschicht aus gelöstem Suai wird mit 2000er-Papier glatt geschmirgelt.

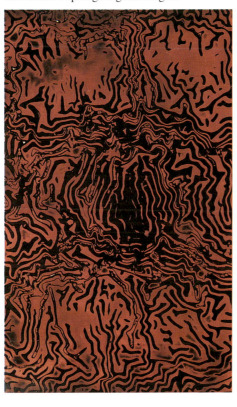

▲ Lackiervariante 10

Lackiervariante 11

Die erste Schicht über der Grundierung besteht hier aus gelöstem Togidashi nashiji; auf sie streut man sehr feines Aluminiumpulver so, dass es in die noch feuchte Lackschicht einsinken kann; Ofentrocknung schließt sich an, doch kein Abschmirgeln. Als nächstes trägt man eine Schicht des gleichen Lacks auf, doch ohne Zusatz; diese wird geschmirgelt, und nun folgt wieder eine mit Aluminiumpulver bestreute Lage. Man fährt mit solchen Schichten im Wechsel fort, die letzte darf kein Aluminium enthalten; diese wird glatt geschliffen und danach vor- und feinpoliert, was auch für die vorstehende Variante gilt.

▲ Lackiervariante 11

Lackiervariante 12

Auf eine Schicht von Togidashi nashiji wird Goldfolie aufgelegt; dann lässt man im Ofen mehr als drei Stunden lang trocknen, ohne danach zu schmirgeln. Anschließend trägt man eine weitere Lage Togidashi nashiji auf, schmirgelt sie nach dem Trocknen mit 2000er-Papier glatt und geht dann sofort zur Vor- und Feinpolitur über.

▼ Lackiervariante 12

Lackiervariante 13

Grundierschicht ist hier beschmirgeltes Sukinaka nuri. Darauf kommt eine weitere Schicht von unvermischtem Sukinaka nuri, auf die man in noch feuchtem Zustand sehr behutsam zerbrochene Eierschalen gibt. Man muss davon die Innenhaut entfernen, aber die Stückchen sollten noch gut aneinander hängen; die Wölbungen müssen außen liegen. Man kann ein wenig Zweikomponenten-Epoxidkleber verwenden, aber er darf sich nicht zwischen die Schalenstückchen schieben. Nun trägt man mehrere Schichten aus reinem Sukinaka nuri auf, bis alle Zwischenräume ausgefüllt und die Schalen schwach bedeckt sind. Da die Zwischenschichten zur Ausfüllung dienen, darf man sie nicht schmirgeln, ausgenommen die oberste. Die Schalen werden beim ersten Auftrag von Sukinaka nuri gebräunt; sollen sie völlig weiß sein, so muss man ihre oberste Schicht mit dem Lack darauf wegschmirgeln.

▼ Lackiervariante 13

Japanlack (Urushi)

Fertigung eines Armbands

Im folgenden beschreiben und zeigen wir die Entstehung eines von Estela Guitart entworfenen Armbandes aus schwach gewölbten Platten in allen Teilschritten vom Lackieren der Platten bis zu ihrer Zusammenfügung.

▶ **1.** Die vorher entsprechend gebogenen Platten müssen geschmirgelt und mit Trichloräthylen gesäubert und dann sorgfältig sowohl vor Staub als auch dem feinen Fett an den Fingerspitzen geschützt werden.

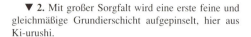

▼ **2.** Mit großer Sorgfalt wird eine erste feine und gleichmäßige Grundierschicht aufgepinselt, hier aus Ki-urushi.

◀ **3.** Das anschließende Trocknen kann, wenn man nicht über einen Trockenschrank mit Feuchtigkeitsregulierung oder einen speziellen Ofen verfügt, durchaus auch, wie hier gezeigt, in einem ganz normalen Haushaltsbackofen erfolgen.

▶ **4.** Nach vollständigem Trocknen werden die Platten mit feinem Schleifpapier abgeschmirgelt, und man muss prüfen, ob die Grundierschicht auch wirklich überall deckend ist.

▲ **5.** Es folgt jetzt eine Schicht von schwarz gefärbtem Kuro roiro, die nach dem Trocknen perfekt glatt geschmirgelt wird.

◀ **6.** Nun trägt man eine zweite Schicht von schwarz gefärbtem Kuro roiro auf; auf sie werden dann die Stäbchennudeln aufgelegt.

▶ **7.** Mit einer Pinzette werden die hier verwendeten stabförmigen Nudeln aufgelegt, was sorgfältige Arbeit und eine regelmäßige Anordnung bedingt.

Ergänzende Techniken

▲ 8. Die Platten wurden zwanzig Minuten lang im Herd belassen; anschließend entfernt man die Nudeln mit einer Pinzette und setzt die Platten zur restlichen Trocknung wieder in den Herd.

▲ 9. Ohne dass man das so entstandene feine Relief glatt schmirgelt, überzieht man die Platten mit einer Schicht von rot gefärbtem Aka roiro; nach der Trocknung im Herd sehen die Platten so aus.

▲ 10. Diese Schicht wird nun abgeschmirgelt, bis das von den Nudeln auf der Lage darunter erzeugte Muster zu Tage tritt.

▲ 11. Nachdem die Platten abgeschmirgelt und gereinigt wurden, behandelt man sie mit Poliermittel und überzieht sie nun erst mit einer durchsichtigen Schicht von Isebaya, wodurch sich ein vorzüglicher Glanzeffekt ergibt.

▲ 12. Auf der Innenseite der Platten wird auf die Lackschicht Goldflitter aufgetragen.

▶ 13. So sehen die fertigen Platten innen aus; man beachte im Vordergrund das Detail des Verschlusses.

▲ 14. Schließlich werden die Platten untereinander mit je zwei Silberösen verbunden.

▶ Das fertige Armband von Estela Guitart

97

Emaillieren

Das Emaillieren bietet mit seiner breiten Farbenpalette die Möglichkeit, Schmuckstücken große Farbigkeit und entsprechenden Glanz zu verleihen. Aus der Verbindung der beiden Elemente Glas und Feuer und ihrer engen Beziehung erwächst eine überreiche Fülle von Farben. Es wird überraschen, welch bestimmenden Einfluss die Hitze auf die Färbungen des Emails ausübt, und welche entscheidende Rolle für das Endergebnis dabei die Erfahrung spielt.

Um so zu emaillieren, wie das hier in diesem Kapitel beschrieben wird, bedarf es keiner allzu aufwändigen Ausrüstung; es genügen ein kleiner Ofen, der sich auf 900° C aufheizen lässt, einige Qualitätspinsel und ein kleiner Mörser mit Stößel zur Zubereitung der Schmelzmischungen.

Die Schmelzmischungen

Schmelzmischungen sind verglasende Mischungen, vorwiegend bestehend aus Silikaten, Boraten, Aluminaten und verschiedenen Kupfer-, Mangan- und Eisenoxiden, welche die jeweilige Färbung bewirken. Sie lassen sich auf verschiedene Weise auftragen: als angefeuchtetes Pulver, trocken oder als ölige Pasten; die letztere Form empfiehlt sich vor allem für Arbeiten, die eine gewisse Nähe zur Ölmalerei haben. Man kann sie in verschiedenen Arten zubereiten: als opake (also deckende, undurchsichtige), transparente und opalisierende; Glasfluss, gewöhnlich als farbloser Auftragsgrund (Glasgrund) verwendet, darf man nicht verwechseln mit bei der Metallverarbeitung verwendeten Flussmitteln.

◀ Ein von Miquel Soldevila geschaffenes Emailporträt seines Freundes Francesc Cambó. Man erzählt sich, Francesc Cambó habe dieses Emailbild zurückgewiesen, weil Miquel Soldevila darin zu viel von seiner Seele preisgegeben habe.

▼ Diese Abbildung zeigt opake Emailliermasse in ihrer Handelsform vor dem Zerstampfen im Mörser. Nach dem Auftrag ist solches Email undurchsichtig und erzeugt Farb- und Glanzwirkung in sich selbst.

◀ Schmuckstück mit opalisierendem Emailauftrag aus der Sammlung Lluis Masriera. Email dieser Art wirkt milchig und lässt das Licht durchscheinen; seine Farbe wechselt je nach dem Untergrund, auf den es aufgetragen wurde.

▼ Transparentes Email lässt das Licht durch, und damit bestimmt der Glanz der Schicht darunter den Glanz des gesamten Stückes.

Ergänzende Techniken

Aufbereiten der Emailliermasse

Gewöhnlich kann man von einem Fachlieferanten das entsprechende Grundmaterial bereits in gemahlenem Zustand erhalten, dennoch ist es angeraten, es in einem Mörser vor der Verwendung noch feiner zu zerstampfen. Man rührt es mit ein wenig Wasser und einem Stößel, vorzugsweise mit Achatfuß, in der unten dargestellten Weise an.

▶ **1.** Man schüttet die zermahlene Schmelzmasse in einen Mörser, fügt etwas Wasser hinzu und bearbeitet sie mit kreisförmigen Bewegungen des Stößels (auch Pistill genannt) mit dem Ziel, sie noch stärker zu pulverisieren. Das Ergebnis ist ein dickflüssiger, trüber Brei, den man mit viel Wasser klären muss. Man sollte stets nur kleine Mengen so zubereiten.

▲ **2.** Man gibt den Mörserinhalt in ein hohes Glas, füllt mit Wasser auf und rührt um, lässt den Brei sich absetzen und gießt das Wasser oben weg; das macht man insgesamt sechs Mal. Anschließend fügt man fünf Tropfen Salpetersäure hinzu und lässt sie eine Minute lang einwirken, ehe man wieder mit Wasser auffüllt und mit einem Glasstab gut umrührt.

◀ **3.** Wegen des höheren Gewichts setzt sich die Schmelzmasse am Boden ab, und so kann man leicht immer wieder das Wasser oben abgießen. Der Vorgang von Wasserzusatz, Umrühren und Abgießen des Wassers nach dem Setzen muss insgesamt zwölf Mal ablaufen, wobei man bei den letzten Durchgängen destilliertes Wasser verwenden sollte.

◀ **4.** Nach den sechs letzten Wasserauffüllungen muss man, wie im Bild zu sehen, die Schmelzmasse gut ruhen lassen. Nach Abschluss aller Durchgänge wird das letzte Wasser abgegossen, und man bewahrt die Schmelzmasse in feuchtem Zustand in einem durchsichtigen, dicht verschlossenen Behältnis auf.

Der Auftrag

Die Metalloberfläche, auf welche das Email aufgetragen wird, beeinflusst, ob dieses nun durchsichtig oder opalisierend ist, entscheidend dessen jeweilige Farbe; es macht einen Unterschied, ob das Email nun auf Gold oder Silber oder auch Kupfer aufgebracht wird. Und auch wenn man es auf eine vorher gefärbte Fläche aufträgt, wird es nicht deren Tönung haben, weil das Email darüber diese beeinflusst.

Im allgemeinen trägt man Email auf Gold, Silber und Kupfer auf, jedoch niemals auf Messing; das jeweilige Metall muss stets vorher geglüht und durch Dekapieren von Oxid und Fett befreit werden, ehe es zum Auftrag kommt. Transparentemail kann man über Goldflitter oder Silberpaillen legen, damit deren Glanz verstärken und attraktive Effekte schaffen.

Man fertigt besser dünne und gleichmäßige Emailschichten als dicke, denn so lässt sich die Farbgebung besser steuern, und ein Abplatzen wird vermieden.

Email ist ein empfindliches Material, man muss damit weit entfernt von Staub- und Schmutzquellen in der Werkstatt (vor allem der Poliermaschine) und äußerst sorgfältig arbeiten, weil jeder Anflug von Staub das Endergebnis beeinträchtigt.

▼ Vor Arbeitsbeginn sollte man sich eine Farbpalette wie hier gezeigt beschaffen, denn seine endgültige Farbe wird Email immer erst nach dem Aufschmelzen zeigen, und sie wird abhängen von der Zahl der aufgetragenen Farbschichten und von der Tönung der Flächen, auf welche der Auftrag erfolgte.

Konteremail und Glasgrund

Um Spannungen und Verwerfungen zu vermeiden, sollte man alle Flächen, ausgenommen tatsächlich sehr dicke, zum Ausgleich auf der Rückseite mit einer Konteremaillierung versehen. Insbesondere bei der Verwendung von Transparentemail sollte man überdies auch auf der Vorderseite zunächst eine farblose Glasflussschicht aufbringen, auf die man, wenn sie gebrannt ist, nacheinander die farbigen Emailschichten aufträgt, die dann jede für sich aufgeschmolzen werden.

▶ **1.** Email kann man auf ebene oder auch gewölbte Platten auftragen. Die Wölbung erreicht man, indem man die Platte auf eine nachgiebige Unterlage, beispielsweise ein Telefonbuch, legt und auf ihrer Rückseite mit einem hölzernen Stampfer bearbeitet.

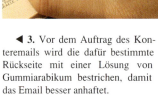

▼ **2.** Die Kanten glättet man anschließend mit einem Polierstahl.

◀ **3.** Vor dem Auftrag des Konteremails wird die dafür bestimmte Rückseite mit einer Lösung von Gummiarabikum bestrichen, damit das Email besser anhaftet.

▶ **4.** Auf diese Klebeschicht wird das Emailpulver für die Konteremaillierung gleichmäßig aus einer Streubüchse verteilt.

▲ **6.** Zwei mit Konteremail auf der Rück- und Glasgrund auf der Vorderseite zur weiteren Bearbeitung vorbereitete Metallscheiben. Es wird stets zuerst das Konteremail und dann auf der Gegenseite der Glasgrund aufgebracht.

▲ **5.** Der Glasgrund wird als farblose und völlig durchsichtige Schicht auf das gesäuberte Metall aufgepinselt. Nach dem Auftrag in einer Stärke, wie sie unsere Abbildung zeigt, erfolgt das Aufschmelzen im Ofen.

▶ **7.** Man trägt das Email mit einem feuchten Pinsel in regelmäßigen Streifen quer auf die flach liegende Platte auf. Mit Ausnahme der Arbeit mit ausgesprochenem Maleremail sollte der Auftrag niemals die Form von „Malerei" annehmen.

Ergänzende Techniken

Das Brennen

Sobald die Emailliermasse aufgetragen wurde, muss man sie in einem Ofen aufschmelzen (brennen); dies ist unentbehrliche Voraussetzung dafür, dass sich der gewünschte Farbeffekt ergibt. Es gibt, je nach ihrer Zusammensetzung und auch nach Hersteller, weichere Mischungen, bei denen das Brennen zwischen 750 und 825° C ausreicht, während andere, härtere einen Brand bei 950° erfordern. Für die meisten Brände jedoch wird man den Ofen auf 900° C einstellen und dann die Brenndauer je nach Art der Emailliermasse und der gewünschten Farbe länger oder kürzer ansetzen. Bestimmende Faktoren für die Brenndauer sind die Härte der Emailmischung, die Dicke eines Stückes und seine Abmessungen und schließlich die Brenntemperatur. Wenn die Emailschicht befriedigend aufgeschmolzen ist, nimmt man das Stück aus dem Ofen und lässt es einfach in Ruhe abkühlen, ehe man sich weiter damit beschäftigt.

◄ 1. Bevor man eine emaillierte Platte in den Ofen schiebt, muss sie völlig trocken sein, wozu man sie, wie in dieser Abbildung zu sehen, unter eine Infrarotlampe legt. Man kann sie zu diesem Zweck auch vor die geöffnete Ofentür halten, muss dabei aber unbedingt ihre zu plötzliche und starke Erhitzung vermeiden, weil sonst das noch in der Emailschicht enthaltene Wasser zu sieden beginnen würde und das zu Blasenbildung in der Schicht führt.

▼ 2. Das emaillierte Stück wird in den Ofen eingeführt auf einem Stahlgitter oder einer feuerfesten Unterlage.

Maleremail

Für diese Auftragsvariante wird das Emailpulver in Pastenform aufbereitet, indem man ein wenig davon in ein Glasschälchen gibt und Lavendelöl oder flüssige Vaseline hinzufügt. Mit einem kleinen Spatel mischt man beides zusammen, bis die Konsistenz von Ölfarben für Gemälde erreicht ist. Diese Emailmalfarben werden auf einen Untergrund aus weißem, deckendem Email aufgetragen; ihre Brenndauer ist gewöhnlich etwas geringer als beim Auftrag in Pulverform.

▲ Eine von Ramon Puig gestaltete Brosche mit Emailmalerei von Francesca Ribes

◄ Bei dieser Palette mit verschiedenen Emailmalfarben lässt sich auch deren Konsistenz in etwa erkennen.

▶ Die weicheren Emailfarben mit einer niedrigeren Schmelztemperatur muss man immer zuletzt auftragen, damit es nicht beim Brennen zu Beeinträchtigungen des Stückes insgesamt kommt.

Zellenschmelz (Cloisonné)

Diese Form der Emaillierung war bereits im alten Ägypten und in Mesopotamien als eine Art von Edelsteinersatz bekannt, und in Byzanz beherrschte man sie mit großer Meisterschaft. Die Technik besteht darin, dass man auf einer Oberfläche mit dünnem Gold-, Silber- oder Kupferdraht in einer Art von Netz kleine Räume abteilt, die sogenannten Zellen, in die man dann das Email füllt.

Auch wenn man diese Drähte, die sogenannten Stege, anlöten könnte, ist es doch einfacher und praktischer, auf das jeweilige Stück einen Glasgrund aufzubringen und darauf die Umrisse der Zellen aus Rechteckdraht aufzubauen, den man vorher mit Flachzangen in die entsprechend Form gebogen hat. Diesen Draht kann man mit ein wenig Tragant festkleben, man könnte aber auch Vertiefungen dafür schaffen, indem man die Umrisse eines bestimmten Motivs entweder mechanisch einritzt oder mit Säure ätzt.

Wenn alle Drähte an ihrem Platz sind, schmilzt man sie ein; anschließend beginnt man mit dem Füllen der angelegten Zellen in den gewählten Farben in mehreren Bränden. Ist dieser Vorgang abgeschlossen, wird die gesamte Oberfläche mit einem Schleifstein abgeschliffen und das Stück einem nochmaligen Brand unterzogen, damit die Oberfläche einheitlich wird und den gewünschten Glanz bekommt.

▲ Vielfach werden Zellenschmelz- und Grubenschmelzverfahren gleichzeitig für ein Werk eingesetzt, wie beim berühmten Eilbertschrein, dessen Deckplatte (im Mittelbild Christus auf dem Regenbogen zwischen den Symbolen der vier Evangelisten) wir oben sehen. Der heute im Kunstgewerbemuseum in Berlin befindliche Schrein, ein bemerkenswerter Kunstschatz aus der hochromanischen Epoche, entstand zwischen 1150 und 1160.

▶ Grisaille ist eine Form der Emailmalerei, die gewöhnlich der Darstellung von Personen oder Gegenständen dient.

Grisailletechnik

Auch für Emailarbeiten lässt sich die aus der Malerei bekannte Grisailletechnik anwenden. Dabei werden auf einen vorher aufgeschmolzenen dunklen Grund Schichten von Limousin-Weiß oder sehr feinem opalisierendem Email aufgebracht. Beim folgenden Brand sinken die hellen Materialien in den dunklen Untergrund ein, vermischen sich mit diesem, und es entstehen Grautöne. Durch wiederholten Auftrag und jeweils nachfolgenden Brand ergeben sich die verschiedenen Abstufungen und damit die gewünschte Darstellung. Dabei ist natürlich der Anteil des weißen Emails ausschlaggebend, um die erforderlichen Kontraste zu erreichen.

Zellenverglasung

Bei dieser Methode wird das Email ohne Grundfläche darunter zwischen Stege aus Metall eingefügt. Es füllt nach mehreren Bränden die Zwischenräume zwischen den ausgesägten oder verlöteten Stegen so, dass ein Effekt wie bei mittelalterlichen Glasfenstern entsteht. Die dünnen Emailschichten sind lichtdurchlässig.

▼ **1.** Bei unserem Beispiel für diese Technik wird die Emailliermasse mit einem feinen Spatel oder einem Pinsel in die vorher herausgesägten Leerräume zwischen den Stegen gefüllt. Diese wurden vorher an ihren Innenkanten mit Gummiarabikum bestrichen. Nach dem ersten Brand werden die Ausschnitte noch nicht bis zum Rand gefüllt sein, und um das zu erreichen, werden sich noch weitere Füll- und Brenngänge anschließen müssen.

◄ Ein schönes Stück in der Technik der Zellenverglasung aus der Sammlung Lluis Masriera

► **2.** Wenn die Zwischenräume komplett gefüllt sind, wird das ganze Stück mit dem Schleifstein abgeschliffen. Dann entfernt man sorgfältig alle Rückstände oder verbliebene Unebenheiten und führt einen Abschlussbrand durch, der als sogenannter Glanzbrand für Ebenmaß und den gewünschten Glanz sorgt.

Grubenschmelz (Champlevé)

Diese Technik wurde bereits von Persern, Griechen und Römern angewandt und auch von Nomadenstämmen der asiatischen Steppen, die sie dann wieder den Kelten und anderen europäischen Völkern vermittelten. Bei uns entstanden vor allem in romanischer Zeit zahlreiche kirchliche Stücke nach diesem Verfahren.

Kern der Methode ist das Ausfüllen von leichten Vertiefungen in metallischen Oberflächen, die mit Hilfe des Stichels, des Punzens oder auch durch Säureätzung geschaffen wurden. Die Emailliermasse wird in diese Vertiefungen gefüllt und dann nach dem Schmelzen mit einem Karborundschleifstein abgeschliffen. Wenn dadurch eine völlige Glättung erreicht ist, bewirkt man mit einem letzten Brand den entsprechenden Glanz.

Beim Schmelzen im Ofen sinkt das Email etwas ein und wölbt sich daher leicht nach innen, weswegen weitere Auffüllungen und neue Brände erforderlich sind, bis das Email die Vertiefungen in voller Höhe, also bis zur Metalloberfläche hin, füllt. Nach Abschleifen und sorgfältiger Säuberung führt ein Abschlussbrand zum erwünschten Glanz.

▲ Im Grubenschmelzverfahren gefertigtes Armband von Aureli Bisbe

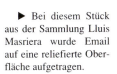

► Eine Variante des Grubenschmelzverfahrens, mit dem Fachausdruck „Basse-taille-Technik" belegt, besteht darin, dass man durchscheinendes Email auf eine Gold- oder Silberfläche aufträgt, auf der man vorher durch entsprechende Bearbeitung, wie etwa Treiben, erhabene Motive oder Texturen erzeugt hat.

► Bei diesem Stück aus der Sammlung Lluis Masriera wurde Email auf eine reliefierte Oberfläche aufgetragen.

Emaillierte Brosche

Es ist nicht immer einfach, einem Stück Farbigkeit zu verleihen; nur die richtige Farbwahl in Abstimmung auf das Metall und die Entscheidung für die passende Form gemeinsam führen zu überzeugenden Schmuckstücken.

Wir zeigen anschließend einige von Aureli Bisbe im Grubenschmelzverfahren gefertigte Broschen von attraktiver Schlichtheit.

▲ **1.** Zunächst bereitet man die Oberfläche einer entsprechend zugeschnittenen Silberplatte in der Form vor, dass man mit dem Stichel die Vertiefungen aushebt, in welche das Email eingefügt werden soll.

▶ **2.** Mit dem Pinsel trägt man das Email aus dem Schraubglas auf, wobei dieser bei jedem Wechsel zu einer anderen Farbe sorgfältig ausgewaschen werden muss.

◀ **3.** Nach dem Aufschmelzen des Metalls im Ofen bei 900° C wird die Oberfläche sorgfältig mit einer Diamantfeile geglättet.

▶ In Grubenschmelztechnik von Aureli Bisbe hergestellte Broschen

Niello

Da die Niellomasse kein Email ist, ist die Niellotechnik (man spricht gewöhnlich einfach vom Niello) auch kein eigentliches Emaillierverfahren; sie wurde aber wegen der Ähnlichkeit der Auftragsmethode historisch als zumindest nahe stehend betrachtet. Anwendung fand sie schon in der mykenischen und minoischen Kultur und sehr umfangreich während der Renaissance, nachdem schon zwischen 300 und 700 viele Kommunionpatenen auf diese Weise verziert worden waren.

Viel genutzt wurde und wird bis heute diese Technik in Indien und in den islamischen Ländern, und zeitgenössische Schmuckkünstler wenden sich ihr mehr und mehr zu. Als Material bietet die dafür benutzte Masse den Vorteil, dass sie einfacher herzustellen und aufzutragen ist. Überdies braucht man für ihren Einsatz weder einen Ofen noch irgendwelche Spezialprodukte.

Zusammensetzung der Niellomasse

Diese Masse ist eine Mischung aus Silber, Kupfer, Blei und Schwefel; auf Gold oder Silber aufgetragen, bewirkt sie markante Kontraste. Überdies hat sie den Vorteil einer niedrigen Schmelztemperatur, weswegen auch ihr Auftrag ziemlich unkompliziert ist.

Die Zubereitung

Die Masse beruht auf der Reaktion von geschmolzenem Schwefel auf die drei Metalle in der Mischung. Zunächst schmilzt man unter Zusatz von Borax in einem Tiegel, der für nichts anderes verwendet werden sollte, Silber, Kupfer und Blei; wenn diese drei Metalle geschmolzen sind, fügt man reichlich Schwefel und vielleicht auch noch ein wenig Ammoniumchlorid (Salmiak) hinzu. Mit einem kleinen Holzstab wird die Mischung gut durchgerührt, was nur mit einer Schutzmaske und an einem gut durchlüfteten Ort geschehen sollte. Wenn sich der Dunst verzogen hat, gießt man die Mischung in eine Kokille und lässt sie abkühlen. Um eine gute Niellomasse zu bekommen, empfiehlt es sich, den entstandenen

Anteile im Niello			
Silber	Kupfer	Blei	Schwefel
1	2	3	6
1	1	2	8
1	2	4	5

▲ Detail in Niellotechnik vom Tassilokelch im Kirchenschatz des Klosters Kremsmünster

Ergänzende Techniken

Barren wieder zu zerstampfen und das Gemenge unter erneuter Beimischung von etwas Schwefel nochmals zu schmelzen.

Die erkaltete Niellomasse wird dann in einem alten Mörser, möglichst aus Eisen, zu sehr feinem Pulver zerstampft, das sich dann später in einer Lösung aus Wasser mit ein wenig Gummiarabikum einfach auftragen lässt.

Die Masse eignet sich vorzüglich zum Einfüllen in Vertiefungen auf Metallflächen, die man mit einem Stichel oder durch Ätzung oder ein sonstiges Verfahren ausgehoben hat und deren Tiefe einen Millimeter nicht überschreiten sollte.

◀ So sieht die Niellomasse in zermahlenem Zustand aus.

Der Auftrag

Die entsprechende Oberfläche muss stets völlig sauber und fettfrei sein. Man feuchtet sie mit etwas Lötwasser an und trägt das gelöste Niellopulver mit dem Pinsel auf; dann muss man trocknen lassen, bis das Wasser völlig verdunstet ist. Dann legt man das jeweilige Plättchen auf ein Stahldrahtgeflecht oder eine dünne Eisenplatte und schmilzt die Masse im Ofen oder mit dem Brenner auf, wobei man eine direkte Berührung der Masse mit der Flamme ebenso vermeiden muss wie übergroße Hitze, die beide die Nielloschicht porös machen könnten.

Nach dem Abkühlen wird aller Überschuss mit einer Feile und verschiedenkörnigen Schleifpapieren entfernt, bis man auf der Höhe der Trägerplatte angelangt ist.

▲ 1. Für unser Beispiel haben wir ein Motiv als Vertiefung aus einer Platte herausgearbeitet, in die nun das Niello eingelegt werden soll. Auch wenn man dafür einen Pinsel verwenden kann, haben wir hier doch einen Metallstift benutzt. Die Niellomasse wird so aufgetragen, dass sie die Oberfläche ganz bedeckt.

▲ 2. Die Flamme wird auf die Trägerplatte gerichtet, um so die Niellomasse indirekt zu erhitzen, wobei man mit dem Metallstift für deren gleichmäßige Ausbreitung auf der gesamten Oberfläche sorgt.

◀ 3. Wenn das Plättchen abgekühlt ist, bearbeitet man die Oberfläche mit einer alten Feile und schmirgelt sie ab, bis sie völlig glatt ist.

Vorsichtsmaßnahmen

Weil die Masse Blei enthält, muss man sorgfältig mit ihr umgehen und vermeiden, dass Reste davon unter reines, zum Schmelzen bestimmtes Metall geraten; es empfiehlt sich, das Abschleifen außerhalb des Arbeitstisches vorzunehmen und Tiegel sowie Schleifpapiere, die damit in Berührung gekommen sind, wegzuwerfen. Außerdem muss das Schmelzen unbedingt an einem gut durchlüfteten Ort stattfinden, um Gesundheitsschäden durch die Dämpfe zu vermeiden.

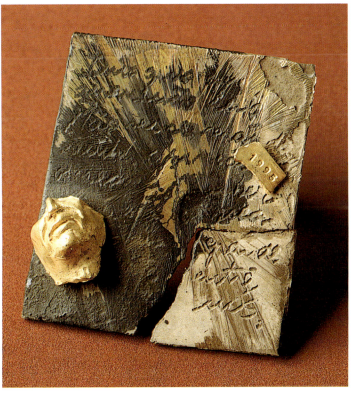

▶ Bei diesem Stück von Carles Codina wurde Niellomasse ungleichmäßig auf eine glatte Oberfläche aufgetragen.

FASSEN VON STEINEN

Das Fassen von Steinen, also ihre Einfügung in ein Schmuckstück auf eine Art und Weise, die sie zum Leuchten bringt, scheint in vielen Fällen als die einzig wesentliche Aufgabe eines Goldschmiedes betrachtet worden zu sein. Edle Steine spielten immer eine ganz entscheidende Rolle für Schmuck, und das Bestreben, sie zur Geltung zu bringen, bewirkte die Entwicklung der Kunst des Fassens als einer speziellen Technik, Steine in einer entsprechenden Halterung auf, an oder in einem Schmuckstück zu befestigen. Traditionell war dieses Fassen oder Montieren immer ein entscheidender Teil der Goldschmiedekunst. Heute jedoch ist es so spezialisiert, dass es fast schon zu einem eigenständigen Handwerk geworden ist. Das hat freilich den Nachteil, dass die Verbindung zur Gestaltung des jeweiligen Stückes verloren gegangen ist, wodurch es vielfach zu Fassungen kommt, die vom Charakter her nicht sonderlich der Gesamtzielsetzung eines Stückes entsprechen. Selbst Fassungen schaffen und einem Stück einfügen zu können, führt zu größerer Freiheit bei der Schmuckgestaltung und verleiht dem jeweiligen Schmuckstück konzeptionelle Geschlossenheit.

Die Werkzeuge

Die Ausrüstung zum Fassen ist nicht allzu teuer und leicht beschaff- oder selbst herstellbar. Dazu gehören: Stichel in einer Reihe von ganz bestimmten Formen, eine kleine Spiritus-Lötlampe, hölzerne Haltevorrichtungen (Kittstöcke) und dazu Kitt oder ein Spezialpräparat, um darauf die Stücke zu befestigen, ein kleiner Elektromotor mit Aufsatzstutzen, den man auf den Arbeitstisch stellen kann, und gute Beleuchtung.

◀ An diesem 1570 in Deutschland gefertigten Schmuckstück (jetzt im Museo degli Argenti in Florenz), einem Anhänger in Form eines Schiffes mit einem in einen Käfig gesperrten Liebespaar, sehen wir eine Reihe eher ungewöhnlicher Fassungen für Perlen und Edelsteine.

▲ An dieser Brosche von Ramon Puig Cuyás mit aufgesetzten Steinen lassen sich unterschiedliche Fassungsarten erkennen.

▶ Hier sehen wir die Grundwerkzeuge zum Fassen: Stichel in verschiedenen Formen, den Andrücker mit seinem charakteristischen Kugelgriff und ganz links das zum Festhalten und Versetzen der Steine unentbehrliche Wachsbein.

Ergänzende Techniken

Die Stichel

Stichel sind die für Fassungen am häufigsten verwendeten Werkzeuge. Ein Stichel besteht aus einer in einen Griff gefügten Stahlklinge, die in einer jeweils bestimmten Form zum Abschroten, Verformen oder auch Dekorieren von Metall, Justieren von Fassungen, Formen von Vertiefungen usw. dienen kann. Die Klingen müssen zu ihrer jeweils erforderlichen Form zugeschliffen werden, wie wir das im folgenden an drei Beispielen zeigen: einer mit gerader Schneide, einer mit halbrund gekrümmter und einer mit einer schrägen Spitze.

▶ **1.** Nebenstehend links die Klinge in ursprünglicher Form und rechts nach dem Abfeilen des zu entfernenden Teils mit der Schleifmaschine. Zunächst entfernt man zur Verkürzung die Spitze und dann schleift man unten die gewünschte Form und die entsprechende Fase (das zur schmalen Spitze abfallende Endstück) zurecht.

▼ **2.** Damit sich das Ende der Klinge beim Schleifen nicht zu stark erhitzt, muss man es immer wieder einmal in Wasser abkühlen, ehe man es erneut an die Schleifscheibe anlegt. Versäumt man das, wird die Klinge zu heiß und wird dadurch die für gute Wirkung erforderliche Härte verlieren.

▼ An der Zeichnung unten sehen wir, was an einer neuen Stichelklinge unten entfernt werden muss, damit sie für Fassungsarbeiten brauchbar wird.

▼ **3.** Auch für das Anschleifen der Fase gilt, dass sich dabei das Metall nicht zu stark erhitzen darf, weshalb man auch bei diesem Arbeitsgang das Klingenende immer wieder einmal in Wasser abkühlen muss.

▲ **4.** Nach dem Schleifen wird die Klinge auf einem Wetzstein, auf den man etwas Öl gegeben hat, gut abgezogen; das gilt für die gesamte Stirnseite der Klinge und muss nach Bedarf immer wieder einmal wiederholt werden.

Der Andrücker

Dies ist ein zwar ohne Schwierigkeiten anzufertigendes, aber für Fassungsarbeiten absolut unentbehrliches Werkzeug; es dient zum Andrücken des Metalls über dem Stein und Zusammendrücken der Montierung, um ein Herunterfallen des Steins zu verhindern. Zu seiner Herstellung entfernt man den Griff von einer alten Feile und glüht deren Ende; dann bringt man mit einer anderen Feile oder der Schleifscheibe dieses in eine der rechts gezeigten Formen und setzt die Klinge in einen kugelförmigen Handgriff ein.

Damit die Angriffsfläche des Andrückers (in der feinsten Form zur Endbearbeitung Anreiber genannt) nicht vom Metall der Montierung abrutscht, muss sie etwas aufgeraut werden; daher klopft man sie gegen die Riffelung einer alten Feile, damit sich diese auf der Stirnfläche einprägt.

▲ Drei Varianten für die Stirnflächen von Andrückern, die jeweils auf bestimmte Anforderungen oder auch Arbeitsweisen ausgerichtet sind.

107

Fassen von Steinen

Der Kitt und die Halterungen

Um Fassungen fertigen zu können, muss man die Montierungen sicher verankern, wofür man gewöhnlich Kitt verwendet (auch Siegellack wäre möglich); gleiches gilt für das Stück selbst, das man auf diese Weise auf hölzernen Halterungen (Kittstöcken) befestigt. Diese können, beispielsweise für Ringe, aber auch bestimmte Broschen oder Ohrgehänge, stabförmig sein; auch andere Formen sind möglich, wesentlich ist immer das Ziel einer unverrückbaren Befestigung.

Der Kitt besteht zumeist aus Schellack, Ocker und Kolofonium; die Zusammensetzung kann wechseln je nach den klimatischen Bedingungen eines Landes und der Einsatzweise. Zumeist werden die drei Bestandteile zu gleichen Teilen gemischt. Auch wenn dieser Kitt im Aussehen und der Zubereitung dem für Ziselierarbeiten entspricht, ist jener doch fester und hat auch eine andere Funktion.

▲ Man schmilzt die Bestandteile für den Kitt in einem Topf zusammen, wobei man ein Aufkochen strengstens vermeiden muss. Sobald eine homogene Masse entstanden ist, gießt man sie zur Abkühlung über eine in Wasser getauchte Stahlplatte. Ist sie dann erstarrt, zerschlägt man sie mit einem Hammer in kleine Brocken.

▼ Wenn man den Kitt aufweichen will, um darin eine Montierung zu befestigen, benutzt man dafür einen kleinen Spiritusbrenner. Wenn der Kitt gleichmäßig weich geworden ist, drückt man das betreffende Stück hinein, nachdem man es vorher in Öl getaucht hat; auf diese Weise kann man es nach Beendigung der Arbeit dann leicht wieder aus dem Kitt lösen. Um es von Kittresten zu reinigen, kocht man es kurz in aufgelöstem Ammoniak auf.

Elektromotor und Fasserhammer

Für Fassungsarbeitern empfehlen sich Fräsköpfe für Elektrobohrer, vorwiegend mit runden, halbrunden oder auch konkav gewölbten Köpfen, mit denen sich kleine Erhebungen („Körner") runden lassen. Man kann sie entweder auf den rotierenden Kopf einer mit einem stationären Elektromotor verbundenen biegsamen Welle aufsetzen oder auf das mit dem Mikromotor verbundene Handstück, mit dem man mehr Bewegungsfreiheit hat. Ebenso lässt sich ein kleiner Schlaghammer auf die Geräte aufstecken, die beide für Fassungsarbeiten sehr nützlich sind.

Als Antrieb für den Fasserhammer kommt auch ein kleines Druckluftgerät infrage, und daneben gibt es den „selbstschlagenden automatischen Ankörner".

▲ Die flexible Welle überträgt die Antriebskraft von einem stationären, oft aufgehängten kleinen Elektromotor, während dieser in noch weit geringeren Abmessungen direkt in das mit dem Steuergerät des Mikromotors verbundene Handstück eingebaut ist. Ein anschließbarer Schlaghammer mit unterschiedlich feinen Köpfen erlaubt beispielsweise das Zusammenklopfen von Verbindungen. Mit den verschiedenen Fräsköpfen, vor allem den gerundeten, lässt sich Metall entfernen, und man kann mit ihrer Hilfe Montierungen genauer justieren.

Das Wachsbein

Während des Fassens muss man die Steine immer wieder anderswohin versetzen, bewegen und neu einsetzen; dafür verwenden die Fasser ein kleines Hilfsgerät, Wachsbein genannt. Es ist sehr einfach herzustellen, denn man braucht dazu nichts weiter als einen alten Fräskopf, etwas weißes Wachs und ein Stück Kohlestift.

▶ 1. In einem Mörser zerkleinert man den Kohlestift zu feinem Pulver. Dann glüht man an einem alten Frässtift die beiden Enden, hämmert sie flach und taucht sie in Siegellack, damit sich später die Wachsmasse nicht um sie drehen kann.

▼ 2. Das Kohlepulver wird unter das Wachs gemischt, bis eine homogene Masse entstanden ist; mit ihr umhüllt man dann den Frässtift in Form einer Birne, die in eine Spitze ausläuft.

▼ 3. Zum Schluss muss das Wachs am Wachsbein eine entsprechende Konsistenz aufweisen, damit ein Stein gut daran haftet, wie das unsere Abbildung zeigt.

Montierungsarten und Fassungsformen

Ein Stein muss in eine Fassung eingefügt werden; diese ist eine metallene Halterung zur passenden Verbindung von Stein und Schmuckstück. Für die Anfertigung einer Fassung müssen zwei Grundforderungen erfüllt werden: sie muss sich gut mit den Schmuckstück verbinden und ein sicheres Festhalten des Steines gewährleisten.

Für beide Vorgaben gibt es unzählige Varianten, die sich unmöglich auch nur zu einem Großteil hier vorstellen lassen. Einige wesentliche Grundformen jedoch werden anschließend beschrieben, und man kann aus ihnen viele weitere Formen ableiten.

Ehe man mit dem Fassen beginnt, muss man sich natürlich sehr aufmerksam mit dem jeweiligen Stein beschäftigen, seiner Form und Größe und seinen Besonderheiten, die zur Geltung gebracht werden sollen; zur genauen Vermessung bedient man sich einer Präzisionsschublehre oder eines Mikrometers.

▲ Diese Ringe von Joan Aviñó zeigen eine einfache Montierung von Fläche auf Fläche.

▲ Um Farbe und Glanz von Edelsteinen zur Geltung zu bringen, werden diese geschliffen: Man verleiht ihnen kleine abgeschrägte Kanten in verschiedenen Winkeln, die sogenannten Facetten, die zu unterschiedlichen Lichtbrechungen führen. Für diesen Schliff hat sich ein ganzes System bestimmter Formen entwickelt mit Fachbezeichnungen wie Tafelschliff, Smaragdschliff, Brillantschliff, Pendeloqueschliff, Peruzzischliff, Marquise, Holländische Rose usw.

▶ Grundkonzept einer Montierung ist es, einen Stein am Verrutschen nach links und rechts, oben oder unten zu hindern. Zur Verhinderung von Bewegungen zur Seite und nach unten dient die sogenannte Zarge, um ein Herausrutschen nach oben zu vermeiden, biegt man entweder deren obere Überstände außen etwas über den Stein oder bringt einen gesonderten Bügel an.

◀ Für diese Fassung von Carles Codina wurde als Trägerplatte die Hälfte eines Röhrchens gewählt, dessen Innenwölbung zur Erhöhung des Steinglanzes auf Hochglanz poliert wurde. Die für das Festhalten des Steins erforderlichen Krappen wurden hier der Figur eines kleinen Engels einverleibt.

Fassungen auf Röhrchenbasis

Die einfachsten Fassungen sind jene, bei denen man als Grundform ein kurzes Röhrchen benutzt. Die Wandstärke sollte, um noch gut arbeiten zu können, für kleine Steine in Brillantschliff nicht wesentlich unter etwa 0,6 mm liegen. Dabei sollte man stets auf einen Unterschied von ein paar Zehntelmillimetern zwischen den Durchmessern von Stein und Fassung achten, um die Überstände der Krappen über den Stein biegen und ihn damit vor dem Herausrutschen sichern zu können.

Vorab muss man sich stets Gedanken machen über den betreffenden Stein und seine besonderen Eigenschaften. Ein stark gewölbter Stein wird gewöhnlich erhöhte Wandstärke und größere Höhe des Ausgangsröhrchens erfordern; ein empfindlicher Stein wie der Smaragd wird eine Fassung in einer weicheren Legierung verlangen, etwa in 22karätigem Gold. Harte Steine dagegen, wie etwa Diamanten oder Saphire, kann man dagegen in so gut wie jedem Material fassen.

▲ Das oben gezeigte Werkzeug wird als Stauchmatrize bezeichnet; der aufliegende Stempel lässt sich aus Rundstiften mit den unterschiedlichsten Spitzenformen fertigen. Zusammen dienen sie beispielsweise dazu, ein Röhrchen oben konisch auszuweiten, was jedoch möglichst nur nach Vorglühen mit Hilfe behutsamer Schläge auf den Stempelkopf geschehen sollte.

▶ Bei der nebenstehend gezeigten Sonderform der Krappenfassung wird unten als Fuß ein kleiner Standring angelötet.

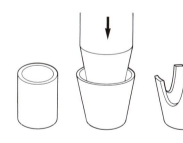

▲ Die Ausgangsform eines kleinen Röhrchens wird hier mit Hilfe eines Stempels nach oben zum leichten Hohlkegel erweitert; schon dieser könnte unverändert zur Aufnahme des Steins dienen, doch empfiehlt es sich, erst mit der Feile und dann einer Fräse aus dem Oberteil so viel Material zu entfernen, dass vier oder sechs Krallen oder Krappen entstehen.

Fassen von Steinen

Der Arbeitsablauf

Man muss stets so vorgehen, dass am oberen Ende einer Zarge oder Fassung ein paar Zehntelmillimeter an Überstand verbleiben, die man über den Stein drücken kann, damit dieser fest sitzt und nicht herausfallen kann. Voraussetzung dafür ist neben einem präzisen Einpassen des Steins in die Fassung auch, dass diese Überstände ausreichend groß sind, um sie unproblematisch über den Außenkanten des Steins schließen zu können.

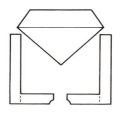

◀▼ 1./2. In der Stärke der halben Wanddicke muss man an der Oberkante des Röhrchens mit Sticheln mit erst geradkantiger, dann halbrunder Schneide auf der Innenseite etwas Material entfernen, damit der Stein etwas in die Fassung hineinrutschen kann.

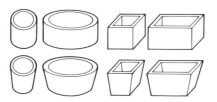

▲ Eine jede Zargenform lässt sich mit dem geeigneten Stempel in der Stauchmatrize nach oben etwas ausweiten.

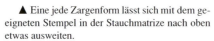

◀ Man muss für eine Fassung nicht immer ein kurzes Röhrchen als Ausgangsbasis verwenden. Im nebenstehenden Beispiel hat man dafür einen Draht aus Weißgold mit rechteckigem Profil in einer auf den Stein abgestimmten Härte der Legierung stabil mit dem Fingerring verbunden.

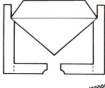

◀ 3. Nach dem Einsetzen des Steins feilt man rings um die obere Außenkante schräg ebenfalls etwas Material weg.

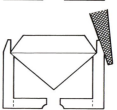

◀ 4. Dann drückt man mit einer noch feineren Form des Andrückers, dem sogenannten Anreiber, die dünne Oberkante außen um den Stein und klopft sie mit dem Fasserhämmerchen fest, wodurch diese Einfassung zusätzlich gehärtet wird.

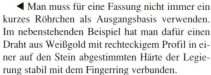

◀ Der Fassungsvorgang als solcher ist bei diesem Ring von Carles Codina gleich wie bei Verwendung eines kurzen Röhrchens zur Fertigung einer Zarge.

◀ 5. Mit einem geradschneidigen Stichel arbeitet man von innen auf der Unterseite das Metall an seinen Berührungskanten mit dem Stein zur Beseitigung vielleicht verbliebener Unregelmäßigkeiten nach; dann glättet man die Innenseite des Ringes mit einem Polierstift.

Drahtmontierungen

Bei dieser Variante von Fassungen, auch als Krallenfassungen bezeichnet, die recht verbreitet sind, wird der Stein nur in besonders geringem Maße vom Metall verdeckt. Es kommt dabei darauf an, dass die Krallen (oder Krappen), welche den Stein halten, seine Verschiebung nach irgendeiner Richtung absolut zuverlässig verhindern und dass der dafür verwendete Draht ausreichende Härte aufweist.

Arbeitsablauf

Das Vorgehen ähnelt weitgehend dem oben geschilderten; mit kleinen Rundkopffräsen schleift man die oberen Enden der Drahtstiftchen ab, damit sie sich besser um den Stein schließen, setzt mit Hilfe des Wachsbeins den Stein ein und presst mit dem Anreiber die Krallenenden über dessen Oberkanten oder Rundungen; schließlich feilt man die Drahtenden oben noch dünner und rundet sie mit einer Fräse, deren Kopf nach innen gewölbt ist, entsprechend ab.

◀ Ein Ring mit Krallenfassung von Daniel Krüger

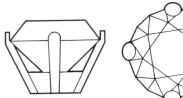

▲ Bei einer klassischen Krallenfassung wie oben gezeigt muss der Stein wenigstens von drei solcher Krallen festgehalten werden; die oberen Abschlüsse der Drähtchen und die dort angebrachten Einbuchtungen müssen immer auf gleicher Höhe sein, um einen Schiefstand des Steins zu verhindern.

◀ Für die Gestaltung einer Fassung gibt es keine starren Regeln, und man kann sich dabei gewisse Freiheiten erlauben; die technische Ausführung aber bleibt sich stets gleich. Die nebenstehend abgebildeten Ohrringe fertigte Carles Codina.

Reihenfassung

Diese Art der Montierung, die man auch Schienenfassung nennen könnte, wird für das Fassen mehrerer gleich großer Steine nebeneinander angewendet, beispielsweise für Eheringe. Sie kommt infrage für Steine in Brillantschliff oder einem anderen Schliff in rechteckiger oder quadratischer Form. Diese müssen sehr gut auf Gleichmaß ausgerichtet sein, im übrigen unterscheidet sich die Ausführung kaum von den bisherigen.

Arbeitsablauf

Man fertigt zunächst eine Zarge in Form eines rechteckigen, aber an den Schmalseiten offenen Kästchens an, an deren oberen Innenkanten man zuerst mit einer Kugelkopffräse und dann einem Stichel einen durchgehenden Rücksprung anbringt, der mit einem entsprechenden Stichel sehr präzise geglättet werden muss. Dann feilt man außen eine leichte Schrägkante an. Diese dünnere Oberkante wird dann mit dem Anreiber dicht über den ersten Stein gedrückt, bis dieser fest sitzt. Beim Einsetzen der weiteren Steine auf gleiche Weise muss man gut auf gleiche Höhe der Oberkanten und gleichen Zwischenabstand achten. Anschließend klopft man mit dem Fasserhämmerchen die Einfassung fest, schmirgelt die Kanten ab und poliert sie und sorgt insgesamt für einheitlichen Glanz.

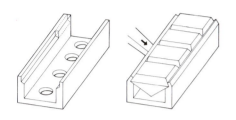

◀ Schema einer Schienenfassung

▲ In eine Reihenfassung montierte Diamanten in Brillantschliff; bei der Justierung muss man stets durch den Schliff bedingte Besonderheiten berücksichtigen.

Kastenfassungen für Cabochonsteine

Die Bezeichnung Cabochonfassung bezieht sich eigentlich nur auf die Form der Steine: oben gerundet, unten eben. Solche Steine, gewöhnlich opak oder allenfalls durchscheinend, erfordern eine gerade Trägerfläche als Auflage. Der Cabochonschliff wurde von vielen Schmuckgestaltern des Art nouveau als Innovation gewertet, weil bis dahin eigentlich nur der Facettenschliff als klassisch galt und diese neue Form als Bruch mit der Tradition und damit als überaus modern.

▲ Ringe von Pilar Garrigosa mit Steinen im Cabochonschliff

▶ **1.** Für unser Beispiel wurde ein Ring aus Draht mit rechteckigem Profil in einer Höhe von minimal mehr als 1mm Seitenhöhe gefertigt und oben geringfügig ausgeweitet; er wird auf ein rundes Trägerplättchen aufgelötet, und das Ganze wird dann gut abgeschliffen.

Arbeitsablauf

An den folgenden Abbildungen kann man verfolgen, wie ein Stein in Cabochonschliff auf einer entsprechend geformten Trägerplatte befestigt wird und wie man diese selbst vorher anfertigt.

▲ **2.** Zunächst fräst man mit einem Kugelkopf vom unteren Innenrand der Wand so viel Material weg, dass der Stein mit seiner ebenen Unterseite eng in die Fassung passt. Dann hebt man mit den entsprechenden Sticheln am oberen Rand so viel Material ab, dass er dünn genug wird, um sich später eng um den Ansatz der Wölbung schließen zu lassen. Der Einfassungsrand sollte allenfalls 1 mm hoch sein.

▲ **3.** Gemäß den Zeichnungen rechts wird die Fassung rundum eng an den Stein gepresst, dann nochmals entsprechend abgeschliffen und schließlich poliert. Man könnte auch den Rand dort, wo er den Stein berührt, nochmals mit einem ganz feinen Stichel und anschließend einem Polierstift bearbeiten, um für absolutes Ebenmaß und zusätzlichen Glanz dieses schmalen Metallbörtchens zu sorgen.

▶ Man muss unter Beachtung der unten gezeigten Reihenfolge den Metallrand mit dem Anreiber ganz eng um die Wölbung des Steins schließen; vorher hat man die Außenseite mit der Feile und die Innenseite mit dem Stichel bearbeitet, damit die Einfassung oben dünner wird.

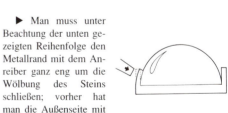

▶ Korrekte Abfolge beim Anpressen einer Einfassung an einen Cabochonstein. Man muss dabei, um ein präzises Ergebnis zu erreichen, regelmäßig von einer Stelle zur gegenüberliegenden wechseln.

Beispiele für Cabochonfassungen

Solche Fassungen sind in gewissen Variationen möglich; im hier gezeigten Beispiel hat man eine Einfassung aus zwei Drähten mit rechteckigem Profil in unterschiedlicher Höhe zusammengelötet, wobei sich eine Abstufung im Inneren des Ringes ergibt.

▶ **1.** Eine Einfassung für einen Cabochonstein lässt sich auch aus zwei Rechteckdrähten formen; bei dem hier gezeigten Beispiel hatten sie die gleiche Stärke, aber sie könnten auch nicht nur in der Höhe, sondern zusätzlich auch noch in der Stärke unterschiedlich sein, wodurch man sich bestimmten Anforderungen noch besser anpassen könnte. Die nach dem Umriss des Steines gebogenen Drähte wurden mit Hartlötung zusammengefügt.

▲ **2.** Nach Anfertigung des Rahmens kann man ihn unten etwas ausweiten und dann auf eine Bodenplatte setzen.

◀ **3.** Überstände werden weggefeilt, dann schmirgelt man die ganze Fassung außen gut ab.

▶ **4.** Die eigentliche Fassung wird hier noch auf einen rechteckigen Rahmen aufgelötet, der zusätzlichen Effekt bewirkt und zum Durchziehen einer Kette dient, an der man sich das Stück umhängen kann.

◀ **5.** Auch wenn hier kein Ausfräsen der Innenwandung erforderlich ist, empfiehlt sich doch vor dem Einfügen des Steins eine Nachbearbeitung mit dem Stichel. Das Schließen der Wandung um den Stein erfolgt zunächst mit Andrücker und Anreiber und dann mit dem Fasserhammer.

▶ **6.** So präsentiert sich der fertige Anhänger.

▶ Für die hier dargestellte Variante einer Cabochonfassung erzeugt man die Zackenform mit einer kleinen Feile.

Variante einer Cabochonfassung

Für diese Variante hat man winzige Kügelchen nach der vorn beschriebenen Granuliermethode gefertigt und sie an das Ende kurzer Drahtstückchen, sogenannter Stotzen, gelötet; diese Stotzen wiederum lötet man auf einen etwas dünneren Draht, der als Einfassung rund um den Stein geführt wird.

▶▶ Bei dieser Brosche von Carles Codina werden nun gerade noch mit dem Anreiber die Stotzen, die man dabei nicht verkratzen darf, um die Außenkante des Steins (die sogenannte „Rundiste") gebogen.

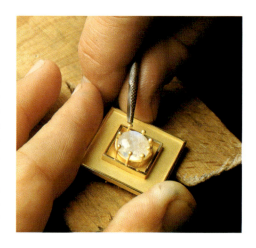

Fassung quadratischer und rechteckiger Steine

Bei der Gestaltung einer Fassung muss man stets die Besonderheiten des Steins, seinen Schliff und seine Abmessungen im Auge haben. Eckige Steine gibt es in vielen Varianten, und sie erfordern entsprechend unterschiedliche Fassungen.

Steine mit geraden Kanten gibt es in mancherlei Formen, so als das längliche Baguette, in quadratischem Tafelschliff oder als Achtkant, die besonders für Smaragde und eher anfällige Steine verwendet werden. Dafür braucht es jeweils ganz bestimmte Fassungen.

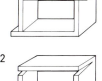

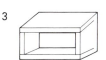
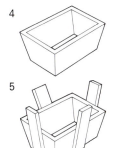

◄ Beim nebenstehend abgebildeten Stück von Carles Codina, bestehend aus einer Platte mit angeschraubtem Ring, wurde ein unregelmäßig geformter Topas, um ihm sicheren Halt zu verleihen, zwischen Arme und Brust eines kleinen gegossenen Engels eingefügt.

◄ Achteckige Steine erfordern besondere Fassungen, bei denen die Krallen an den schmalen Eckflächen sitzen.

▶ Die Schritte der Anfertigung einer Kastenform zur Aufnahme eines rechteckigen Steins; man könnte sie nach Schritt 4 abschließen oder gemäß Schritt 5 in der Mitte einer jeden Seite kleine Krallen aus Rechteckdraht anlöten.

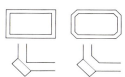 

▼ **1.** Für diesen zweifarbig schimmernden Stein verwendet man ein 0,6 mm starkes Plättchen, aus dem man den Umriss des Steines heraussägt und dann die Innenkanten des Ausschnitts sauber abfeilt, damit sich der Stein präzise einfügt. Aus 1 mm starkem Draht mit quadratischem Profil fertigt man dann zwei rechte Winkel, die man in der gezeigten Form zusammenlötet; die überstehenden Stücke werden abgesägt.

▼ **2.** Man fertigt ein dünnes Röhrchen an, das man in ganzer Länge längs mittig auf den Drahtrahmen lötet; anschließend sägt man sowohl außen als auch innen alle Stücke ab, welche über die Schmalseiten des Rahmens hinausstehen. Man beachte in der Abbildung auch, wie die erhabene Fläche des Steins innen über den Plattenausschnitt hinausragt.

▲ **3.** Ober- und Unterteil der Fassung werden, exakt aufeinander ausgerichtet, zusammengelötet, ehe man (siehe den nächsten Schritt) die Krallen aus Rechteckdraht ansetzt, mit denen der Stein festgehalten wird.

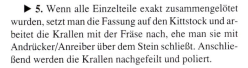 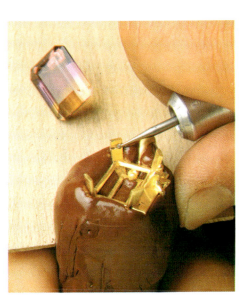 

◄ **4.** Die Krallen wurden aus 0,8 mm starkem Rechteckdraht hergestellt und nach nochmaliger Vermessung in präziser Lage angelötet.

▶ **5.** Wenn alle Einzelteile exakt zusammengelötet wurden, setzt man die Fassung auf den Kittstock und arbeitet die Krallen mit der Fräse nach, ehe man sie mit Andrücker/Anreiber über dem Stein schließt. Anschließend werden die Krallen nachgefeilt und poliert.

▲ So sieht dann der Anhänger nach seiner Fertigstellung aus.

Fassen von Steinen

Carreau-Fassung

Sogenannte eingelassene Fassungen, zu denen neben der hier zunächst gezeigten Carreau-Fassung auch die Pavéfassung auf der folgenden Seite zählt, sind weit verbreitet und eignen sich sowohl für das Montieren einzelner Steine als auch für das Einfügen vieler kleiner Steinchen nebeneinander. Grundlage des Verfahrens ist das Herausheben von Mulden aus der Oberfläche, in deren Ecken man mit einem entsprechend feinen Stichel je einen Metallspann abhebt, den man dann zu einem Säulchen formt, oben mit dem Korneisen zu einem halbkugeligen Kopf abrundet und über die Steinrondiste drückt.

▼ Eingelassene Fassungen sind weit verbreitet. Die häufig genutzte Methode wurde auch für das unten abgebildete Stück aus der Sammlung Lluis Masriera angewandt.

◄ Wie man an diesen drei Ringen von Alexandra Siege sehen kann, kommen Carreau-Fassungen keineswegs nur für ebene Flächen infrage.

▲ 1. Als erstes bohrt man in die Platte ein Loch, das etwas kleiner ist als der zum Einsetzen vorgesehene Stein. Dieses Loch erweitert man dann mit einem Rundkopffräser, dessen Durchmesser genau dem des Steines entspricht, so, dass sich der Stein präzise in die Vertiefung senken lässt.

▲ 2. In den Ecken eines angenommenen Quadrates um den Stein hebt man (jeweils einander gegenüber, damit der Stein sich nicht verschiebt) in Richtung auf den Stein mit einem Spitz- oder Facettenstichel in einer Bewegung von unten nach oben einen schmalen, in Dreieckform nach oben breiter werdenden Metallspan ab, den sogenannten Kornkeil; unten muss er natürlich mit der Platte verbunden bleiben.

▲ 3. Nachdem man die Haltekörner (die kugelförmigen Enden des Kornkeils) gegen den Stein gedrückt hat, glättet man die Stellen der Aushebungen und die Strecken dazwischen mit einem geradschneidigen Stichel; Ergebnis ist eine quadratische Vertiefung mit abgeschrägten Kanten, in deren Mitte der Stein sitzt.

▶ 4. Sobald die Vertiefung die oben gezeigte Form hat, rundet man die herausgehobenen Kornkeile mit einem sogenannten Korneisen in entsprechender Abmessung durch drehende Bewegungen aus dem Handgelenk zu kleinen Kugelköpfchen.

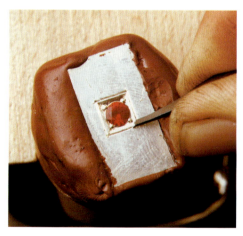

▲ 5. Mit einem sehr feinen Stichel profiliert man abschließend die Außenkanten des Quadrats.

Ergänzende Techniken

Pavé-Fassung

„Pavé" bedeutet Pflasterung, und typisch für diese Art der Fassung ist es, dass in einen Metallgrund viele kleine Steinchen nebeneinander so eingelassen werden, dass er geradezu wie mit Edelsteinen gepflastert wirkt. Besonders effektvoll ist dabei natürlich das Einsetzen von Brillanten in eine Fläche aus Gold und hier insbesondere wieder Weißgold. Das anhand unseres Beispiels gezeigte Verfahren dafür ist das häufigste, aber es gibt natürlich auch Varianten davon.

▶ 1. Als erstes bohrt man gemäß der auf der vorigen Seite dargestellten Methode für jeden Stein ein Loch und erweitert es mit einer Kugelkopffräse. Wie in den Schritten 1 und 2 der nebenstehenden Zeichnung skizziert, muss der Stein präzise eingepasst werden.

▲ 2. Jeweils über Eck hebt man um jeden Stein vier Kornkeile aus, genau so, wie das schon für eine Carreau-Fassung geschildert wurde (kräftiger Druck mit einem Spitzstichel von unten nach oben) und gemäß den unten mit 3 und 4 bezeichneten Arbeitsschritten.

▶ 3. Nachdem wieder die Köpfe der Haltekörner mit dem Korneisen abgerundet und die Steine damit sicher verankert wurden (siehe Arbeitsschritt 5), formt man auf die beschriebene Weise in den Zwischenräumen zwischen den Steinen, soweit diese Platz dafür bieten, zusätzliche dekorative Kugelformen.

▼ Arbeitsschritte für eine Pavé-Fassung

1

2

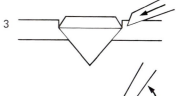

3

4

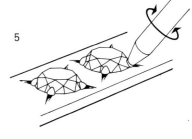

5

▶ So sieht ein Plättchen mit Pavé-Fassung nach der endgültigen Fertigstellung aus.

FORMGUSSVERFAHREN

Wie wir in den vorangegangenen Kapiteln dargestellt haben, gibt es eine Reihe von Eigenschaften, welche den Edelmetallen gemeinsam sind, wie Schmiedbarkeit und Oxidierung; außerdem lassen sie sich durch Schmelzen in flüssigen Zustand überführen und beim nachfolgenden Erstarren in neue Formen. Die Kenntnis dieser Eigenschaften der Edelmetalle war im Zusammenwirken mit ihrem Symbolgehalt Anlass dafür, dass man sie, allen voran das Gold, in so gut wie allen Kulturen auf vielfältige und eigenständige Weise bearbeitet hat. Das geschah zunächst einmal in kaltem Zustand und in unvermischtem; auf Grund der Erfahrungen mit Tonwaren und den dabei erworbenen Kenntnissen über Temperatursteuerung entwickelte sich anschließend die Technik des Schmelzens und Gießens. Entscheidend dafür war die auf etwa 4000 bis 3500 v. Chr. anzusetzende Erfindung des geschlossenen Ofens, mit dem sich entsprechend hohe Temperaturen erzeugen ließen. Etwas später, so um 3000 v. Chr., entdeckte man bei der Fortentwicklung des Schmelzens die Möglichkeit der Herstellung von Legierungen. Die Tatsache, dass man nunmehr Metalle nicht mehr allein in reiner Form be- und verarbeiten konnte, führte wiederum zur Entfaltung einer ganzen Reihe verschiedener Techniken.

Das Wachsabgussverfahren

Bisher haben wir uns beschäftigt mit der Anfertigung von Schmuckstücken aus vorgefertigten Metallteilen in Platten- oder Drahtform; daneben aber gibt es weitere Möglichkeiten der Gestaltung von Schmuckstücken, darunter die Anfertigung von Modeln aus Wachs und ihr anschließendes Ausgießen mit Metall.

Das Wachsabgussverfahren ermöglicht die Anfertigung von Objekten auf recht einfache und unmittelbare Weise. Für die sogenannte „Methode mit verlorener Form" braucht man, um ordentliche Ergebnisse zu erreichen, keineswegs irgendwelche Spezialkenntnisse; überdies lassen sich damit preiswert kleine Serien anfertigen. Wenn einem das Zubehör für den Metallguss fehlt, kann man diesen auch einem Fachbetrieb anvertrauen; wenn man den Auftrag richtig erteilt, wird man auch das gewünschte Ergebnis erhalten.

▲ Diese Ringe von Jimena Bello wurden mit Modeln aus Weichwachs gefertigt.

▼ Weichwachse sind weit weniger fest als Schnittwachse und werden in der Art einer Modelliermasse (wie etwa Plastilin) benutzt. Sie sind lieferbar als Streifen und Platten in allen möglichen Abmessungen und auch als Blöcke. Sie sind sehr leicht zu schmelzen und daher vielseitig verwendbar.

Modellierwachse

Unter den mancherlei Wachsen, die im Zusammenhang mit dem Schmelzen Verwendung finden, zeichnen sich die zur Fertigung von Gießmodellen geeigneten durch ganz bestimmte Eigenschaften aus. Sie weisen einen erhöhten Schmelzpunkt auf, der so um die 115° C liegt, eine höhere Viskosität als beispielsweise Einspritzwachse und vor allem eine Eigenschaft, die sie von übrigen Wachsen unterscheidet: Sie hinterlassen nach dem Ausschmelzen keinerlei Rückstände, was ganz entscheidend ist für einen präzisen Metallabguss.

Farben und Qualität der Modellierwachse unterscheiden sich je nach Hersteller, und für die richtige Wachswahl bedarf es schon einer gewissen Erfahrung.

◀ Entsprechende Wachse gibt es in den verschiedensten Handelsformen: als Platten, Streifen oder Röhren mit unterschiedlichen Profilen und in Qualitäten, die sich durch spezifische Eigenschaften jeweils für ganz bestimmte Arbeiten ganz besonders eignen.

▶ Spritzwachse werden heiß mit einer erhitzten nadelfeinen Lanzette auf härtere Wachse aufgetragen. Diese dünnen Wachse für Feinarbeiten benutzt man beispielsweise für Retuschen und Nachbesserungen, wobei man sehr feine Spatel (Lanzetten) einsetzen muss.

Ergänzende Techniken

Grundwerkzeuge

Für dieses Verfahren braucht man natürlich neben den Wachsen auch entsprechende Werkzeuge. Gewiss kann man solches Modellierzubehör auch bei einem Fachhändler beziehen, aber es wird sich nicht nur als billiger, sondern auch effektiver erweisen, sich diese Werkzeuge, genau abgestimmt auf den vorgesehenen Verwendungszweck, selbst herzustellen. Das gilt insbesondere für die Spatel, auch Lanzetten genannt, mit ihren auf die einzelnen Aufgaben ausgerichteten unterschiedlichen Enden.

Zum Befeilen des Wachses kann man entweder Spezialfeilen kaufen oder gebrauchte Feilen aus dem eigenen Bestand nehmen, die dann allerdings für anderweitigen Einsatz nicht mehr infrage kommen, da das Wachs leicht die Rillen zusetzt.

Zum Abschmirgeln nimmt man Schmirgelpapier, dabei jeweils übergehend von gröberen zu feineren Körnungen, bis die Oberfläche richtig glatt ist. Zum Schleifen und Fräsen muss man sich einen Vorrat an Frässtiften zulegen, vor allem mit Kugelköpfen in verschiedenen Größen.

Zum Zerteilen legt man sich am besten eine zusätzliche kleine Laubsäge zu, vorzugsweise mit Spiral-Sägeblättern; sehr nützlich ist auch ein Chirurgenskalpell mit dreieckiger Klinge.

Zum Polieren gibt es eine Reihe von Spezialprodukten, doch für einfachere Arbeiten genügt gewöhnlich das Abreiben mit einem mit ein wenig Feuerzeugbenzin getränkten Baumwollbausch oder -lappen; allerdings muss man übertriebenes Abrunden des Wachses vermeiden und auf die jeweilige Oberflächenbearbeitung achten.

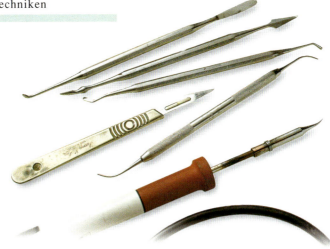

▲ Ein unverzichtbares Werkzeug ist der Wachsschmelzer, den man sich aus einem Lötbrenner für Elektriker, dessen Leistung herabgesetzt wurde, selbst formt, indem man die Spitze entsprechend dünn zuschmiedet. Das Gerät muss behutsam so eingesetzt werden, dass das Wachs allmählich schmilzt und nicht siedet.

◀ Dentistenspatel eignen sich unverändert für gröbere Arbeiten; für feinere lassen sich Lanzetten, wie sie unsere Abbildung zeigt, mit entsprechend dünnen und schmalen Spitzen selbst herstellen. Diese hier entstanden aus gebrauchten Feilen, deren Spitzen man nach dem Glühen in die entsprechende Form geschmiedet hat.

Schnittwachse

Solche Wachse werden in Form von Blöcken geliefert, die man zerteilen kann, wofür man sich einer Säge mit spiraligen Blättern bedient. Auf Grund der besonderen Eigenschaften lässt sich derartiges Wachs auch gut verschmelzen, und man kann es sowohl mit Fräsen wie Spateln bearbeiten als es auch polieren.

▲ Schnittwachs kann man befeilen, abschmirgeln und fräsen; der Abtrag von Material erfolgt auf mechanischem Wege. Die Härte ist je nach Hersteller unterschiedlich; gewöhnlich unterscheidet man drei Härtegrade, und man muss sich darüber informieren, um für jedes Vorhaben die richtige Wahl zu treffen.

▲ Zur Übertragung eines bestimmten Motivs bestreicht man die Wachsplatte mit abwaschbarem Deckweiß; auf diese Schicht paust man das Motiv durch (sofern man es nicht direkt darauf zeichnet) und drückt seine Umrisse anschließend mit einem feinen Stichel in die Wachsoberfläche darunter ein.

◀ Man kann auch die zum Übertragen der Vorlage verwendete Farbschicht anschließend wieder entfernen und die fein eingedrückten Linien mit einem dünnen Filzmarkierer nachziehen.

▶ Wenn man aus dem Abschnitt einer Hartwachsröhre einen Ring formen will, muss man dessen Innendurchmesser erst auf das gewünschte Maß bringen. Dazu bedient man sich eines Wachsriegels, der mit seiner messerartigen Schneidkante das Innere des Ringes ausschabt.

Formgussverfahren

Ringfertigung mit dem Wachsabdreher

Der Wachsabdreher ist ein Gerät, das die Herstellung von Wachsmodeln sehr erleichtert und mit dem sich bestimmte Grundformen ganz buchstäblich „im Handumdrehen" fertigen lassen. Wachsabdreher sind in zwei Ausführungen im Handel; wir zeigen hier zwei Anwendungsmöglichkeiten, bei denen damit ein Ring aus einer Wachsröhre geformt wird.

▶ 1. Zur Anfertigung eines Ringes muss zunächst die Innenhöhlung am Röhrenende auf das gewünschte Maß gebracht werden, wozu man das Schälmesser in den Apparat einsetzt und es im Uhrzeigersinn dreht. Das Innere des Ringabschnitts wird gleichmäßig und eben ausgeschält, was auf dem Wachsriegel nicht möglich ist wegen dessen leicht konischer Form, die sich auf die Innenfläche des Ringes überträgt.

◀ 2. Nun setzt man die Schiene in L-Form auf das Gerät und befestigt daran ein entsprechendes Schälmesser, mit dem man der Außenseite des Ringes die gewünschte Form verleiht.

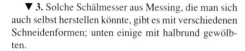

▼ 3. Solche Schälmesser aus Messing, die man sich auch selbst herstellen könnte, gibt es mit verschiedenen Schneidenformen; unten einige mit halbrund gewölbten.

◀ 4. Zum Abschneiden des Ringes von der Röhre spannt man einen Stichel (oder ein anderes Schneidwerkzeug, das sich einsetzen lässt) in das Gerät und dreht den Aufsatzkopf, während man zugleich einen gewissen Druck ausübt.

◀ 5. So sehen die fertigen, mit dem Wachsabdreher erzeugten Ringe aus; sie lassen sich nun entweder mit anderen Einsätzen, einem anderen Wachsabdreher oder auch von Hand weiter bearbeiten.

▶ Die Wachsform eines achteckigen Ringes und der Abguss in Gold

Weichwachs

Wachs dieser Art wird in verschiedenen Zusammensetzungen in dünnen Platten unterschiedlichen Formats geliefert; es ist jedoch auch in Form von Blöcken erhältlich, die man dann ganz oder in Stücken erweichen kann, um das Wachs in der Art einer Knetmasse zu verarbeiten.. Eine weitere Handelsform sind Packungen mit Wachsstreifen in verschiedenen Profilen und Stärken zum Modellieren, Verschmelzen usw.

Mit Weichwachs gefertigte Stücke

Im folgenden zeigen wir die vorbereitenden Arbeiten für einige Stücke, bei denen Jimena Bello Weichwachs verwendet hat, wie man es in der Schule benutzt. Es lässt sich bereits bei Raumtemperatur leicht formen, und schon unter einer normalen Glühbirne wird es rasch noch weicher.

▲ Solches Wachs lässt sich mit der Schere oder auch einem Cutter schneiden; schon die Wärmeeinwirkung einer Glühbirne reicht aus, um es noch geschmeidiger zu machen und die Wachsplatte biegen und falten zu können, wie oben gezeigt. Weichwachs lässt sich auch leicht zusammenschmelzen, während das Befeilen eher schwierig ist.

▲ Wenn man mit Platten arbeitet, die später geschmolzen werden sollen, muss man deren Stärke auf das Objekt abstellen, das geschaffen werden soll. Für das oben abgebildete Stück wurde eine 0,9 mm starke Wachsplatte verwendet; bei einer nur 0,5 mm starken hätte man mit Problemen beim späteren Guss rechnen müssen.

▲ 1. Es gibt auch Spezialwachse für solche Arbeiten, aber für die hier gezeigten Beispiele wurde einfach Wachs für den Schulgebrauch verwendet, das weit billiger und leicht zu verarbeiten ist und obendrein keine Rückstände beim Guss hinterlässt.

▲ 2. Als erstes schneidet man ein Stück Wachs ab (wofür hier eine Intarsierklinge verwendet wurde), knetet daraus einen Ring und flacht ihn zu der im Bild gezeigten Form ab.

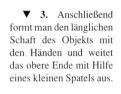

▼ 3. Anschließend formt man den länglichen Schaft des Objekts mit den Händen und weitet das obere Ende mit Hilfe eines kleinen Spatels aus.

▲ 4. Um beide Teile des Objekts miteinander zu verbinden, genügt es, eine Nadel oder einen spitz zugeschliffenen Spatel mit einem Spiritusbrenner zu erhitzen und die Ränder der beiden Teile damit zu bestreichen.

◄ 5. Mit einem in einen Rundkopf auslaufenden Spatel weitet man nun noch das andere Ende des Objekts aus und bringt es aus der freien Hand in die gewünschte Form.

◄ 6. Man formt die vier Blättchen, die oben angesetzt werden sollen, und verschmilzt sie mit dem Rand wie in Schritt 4 beschrieben.

◄ 7. Wenn das Wachsmodell fertig ist, bringt man es am besten in eine spezialisierte Gießerei, die damit zu einem annehmbaren Preis einen Abguss aus Silber herstellen wird.

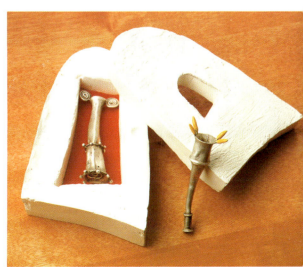

▶ Zwei Varianten der auf die oben geschilderte Weise von Jimena Bello gestalteten Objekte

Formgussverfahren

Hohle Wachsmodelle

Solche Modelle lassen sich mit zwei verschiedenen Wachsarten fertigen. Zunächst stellt man einen inneren Kern aus wasserlöslichem Wachs her; darüber legt man dann aus anderem Wachs eine zweite Schicht und formt sie so, dass das Gesamtmodell die gewünschte Form bekommt. Anschließend kann man den Kern durch Auflösung in Wasser entfernen, und es verbleibt eine Hohlform.

◀ **1.** Wachs dieser Art kann man zerschneiden, zersägen und auch abschleifen. Wenn man den Kern entsprechend geformt hat, spießt man ihn zur weiteren Bearbeitung auf einen spitzen Spatel.

▼ **2.** Man kann die Außenschicht auf einen Kern aus Drähten, weichen Wachsplatten oder sonstigem Material aufbringen. Bei unserem Beispiel soll der Kern aus wasserlöslichem Wachs bestehen.

▲ **3.** Man wendet den Kern auf dem Spatel so lange in dem noch flüssigen Wachs für die Außenschicht, bis dieses ihn gleichmäßig umhüllt.

▲ **4.** Wenn der Kern mit seiner Hülle abgekühlt ist, erweitert man das von der Spatelspitze hinterlassene kleine Loch zu einer Öffnung, in die das Wasser eindringen kann, um den Kern aufzulösen.

▶ **5.** Das Wasser hat den Wachskern vollständig aufgelöst, sodass nur die Hülle übrig bleibt. Einen damit gefertigten Metallabguss kann man später patinieren.

Ergänzende Techniken

Abformung auf kaltem Wege

In vielen Fällen lassen sich Abformungen nicht unter Hitzeeinsatz anfertigen, weil auch die Verwendung von flüssigem Silikon oder das Vulkanisieren ausfallen. Das gilt beispielsweise für Laub oder die Textur der Mauer eines antiken Gebäudes oder die menschliche Haut, die wir für unsere folgende Demonstration gewählt haben. Für solche Fälle muss man Silikonvarianten wählen, die sich ohne Erhitzung auf die jeweils abzuformenden Oberflächen oder Gegenstände auftragen lassen und einen unmittelbaren präzisen Abdruck ermöglichen. Eine solche Art von Silikon ist das Material, welches die Zahnärzte für Gebissabdrücke verwenden.

Brosche nach Silikonabdruck

Wie Zahnärzte oder Zahntechniker auch, müssen wir mit zwei verschiedenen Silikonmischungen arbeiten: einer grünen, die für präzise Abformung sorgt, und einer rötlichen, die als stabile Hinterfütterung dient. Das Material ist für die Haut oder auch die Schleimhäute völlig ungefährlich und bei jedem Lieferanten für Zahnarztbedarf unschwer erhältlich.

▲ **1.** Die Modelliermasse auf Silikonbasis besteht aus zwei Komponenten und beginnt unmittelbar nach deren Zusammenmischen zu erhärten. Daher darf das Mischen erst unmittelbar vor dem Auftrag erfolgen.

▶ **3.** Die erste Auftragsschicht besteht aus einer Masse in feinerer Konsistenz, die aus zwei Komponenten besteht; zum Auftrag verwendet man das oben gezeigte Gerät, das die homogene Mischung der beiden Komponenten, die danach sofort abzubinden beginnt, erst unmittelbar vor dem Aufbringen ermöglicht.

▶ **4.** Die zweite Masse mit gröberer Konsistenz, die man unverzüglich anschließend anmischen muss, besteht ebenfalls aus zwei Komponenten; sie hat eine rötliche Farbe und kann von Hand gemischt werden. Man trägt sie auf die Abformung aus der grünen Masse auf, damit der Abdruck insgesamt dicker und stabiler wird; mit den Fingern drückt man diese Verstärkung gut fest.

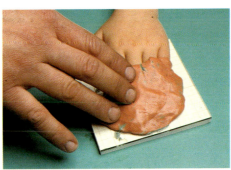

▶ **8.** Wenn man über einen Wachsinjektor verfügt (siehe dazu Seite 126), kann man damit etwas heißes Wachs in die Abformung spritzen; man kann aber auch Spritzwachs in einem Henkeltopf erhitzen und daraus eingießen, wobei man darauf achten muss, dass eine Temperatur von 70° C nicht überschritten werden darf und sich keine Blasen bilden dürfen, weil das zu Schäden an einem nachfolgenden Metallabguss führen würde.

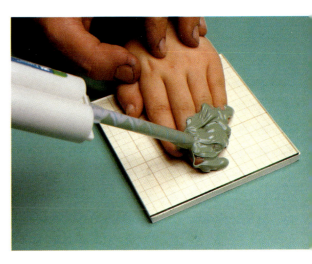

▲ **2.** Als Modell diente eine Hand, von der man zunächst Abdrücke von den Fingern auf der Außenseite und dann auf der Innenseite von der Handfläche mit den Fingeransätzen machte. Die Hand wird dabei auf eine glatte Fläche wie etwa eine Glasscheibe aufgelegt.

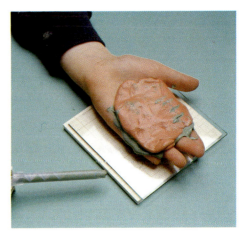

▲ **5.** Die Abformung wird innerhalb von etwa fünf Minuten fest; während dieser Zeit darf natürlich die Hand auf keinen Fall bewegt werden.

◀ **6.** Nach Ablauf dieser fünf Minuten wird der Abdruck vorsichtig abgehoben.

▲ **7.** Die fertigen Silikonabformungen kann man dann mit Wachs ausgießen, so oft man will, und durch Teilen und Kombinieren lassen sich unzählige Variationen damit gestalten.

Formgussverfahren

▲ **9.** Das auf die kalte Abformung gegossene Wachs wird sofort fest; um vollständige und gleichmäßige Wachsabdeckung zu erreichen, muss man den Abguss drehen, damit das Wachs über dessen ganze Oberfläche laufen kann.

▲ **10.** Sobald das Wachs gut in alle Vertiefungen des Abdrucks eingedrungen ist, gießt man das obenauf verbliebene noch flüssige ab.

▲ **11.** Nachdem man die Wachsschicht nach deren Abkühlung behutsam vom Abdruck gelöst hat, kann man sie vorsichtig in für die weitere Arbeit passende Stücke zerteilen.

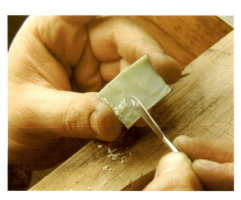

▲ **12.** Diese Teilstücke werden ziemlich dick und auf der Rückseite unregelmäßig sein, was bedeuten würde, dass Gold- oder Silberabgüsse davon unnötig schwer wären; daher schabt man, wie hier im Bild gezeigt, von der Rückseite mit einem Spatel vorsichtig Wachs weg.

◂ **13.** An die ausgewählten Stücke muss man einen Gießstutzen anfügen, mit dem man sie an das „Wachsbäumchen" für den späteren Metallguss ansetzen kann. Um den dafür benötigten Metallbedarf berechnen zu können, muss man die Stücke abwiegen und das Gewicht dann für Gold mit 15,5 und für Silber mit 10,5 multiplizieren.

▼ **14.** Hier einige Beispiele für Metallabgüsse von Teilen der vom Silikonabdruck genommenen Wachsabformungen. Mit derartigen Silikonabdrücken lässt sich vielfältig arbeiten.

◂ **15.** Hier hat man ein Stück vom Abdruck der Handfläche für einen Goldabguss verwendet. Wie man sieht, ist die Wiedergabe aller Details absolut präzise.

▼ **17.** Zum Schluss fertigt man noch ein Plättchen als rückwärtige Abdeckung an und schraubt das ganze Stück von der Rückseite her zusammen, um die eingefügte Fotografie nicht zu beschädigen.

▲ **16.** Nach Fertigstellung des Plättchens mit der Hautwiedergabe stellt man für die geplante Brosche einen äußeren Rahmen aus Rechteckdraht her und einen inneren aus einem entsprechend ausgesägten Goldplättchen.

▸ Die fertige Brosche von Carles Codina

Metallguss

Das Formgussverfahren insgesamt erstreckt sich vom Anfertigen eines Wachsmodels (von den Goldschmieden meist „Wachsmodell" genannt) bis zu dessen Wiedergabe in Metall. Es beinhaltet die Schaffung eines Ausgangsmodells, oft aus Metall, die Anfertigung von Modeln und die Reproduktion. Alle Abläufe, die im folgenden geschildert werden, erfolgten mit einer im Handel lieferbaren einfachen und preiswerten Grundausrüstung, die zusammen mit einer gewissen Erfahrung voll befriedigende Ergebnisse ermöglicht. Abgesehen davon, dass der finanzielle Aufwand dafür sich in Grenzen hält, kann man, wenn man diesen scheut, seine entsprechend vorbereiteten Wachsmodel einem professionellen Gießer übergeben, der davon Metallabgüsse in der erwünschten Qualität fertigt.

◀ Der präkolumbianischen Kunst sind überaus eindrucksvolle Stücke zu verdanken, die in Gusstechnik entstanden. Vielfach handelt es sich dabei um anthropomorphe Darstellungen, die durch nahezu moderne Gestaltung überraschen, wie dieser Anhänger der Tairona-Kultur aus Kolumbien.

▼ Metallene Ausgangsmodelle mit ihren typischen Gießtüllen

Die Ausgangsmodelle

Man muss stets von Grundmodellen für eine Abformung ausgehen, die nicht zwangsläufig aus Metall bestehen müssen; es können Naturprodukte sein wie Blätter oder Zweige oder Gegenstände aus beliebigem Material, immer vorausgesetzt, eine Abformung ist möglich. Die Palette von Vorlagen für Abformungen ist jedoch so groß, dass wir uns im folgenden auf ein Grundmodell aus Metall beschränken müssen, das in den allermeisten Fällen verwendet wird. Wir gehen hier sowohl auf die Anfertigung von Modeln ein als auch auf die Herstellung der unter deren Verwendung erfolgenden endgültigen Metallabgüsse. Als Ausgangsmodell kann entweder ein vorhandener, früher einmal erzeugter Gegenstand dienen oder auch ein Objekt, das ausdrücklich zur Herstellung eines Models (einer Matrize) gefertigt wurde. Dieser Model ist dann die Ausgangsbasis für absolut identische Abgüsse entweder in kleinen Serien oder auch in größerer Anzahl. Deren Qualität hängt in erster Linie ab von der Exaktheit und Perfektion des Models, denn auch der kleinste Fehler darin wird auf einem jeden Abguss wiedergegeben.

Eigenschaften eines Ausgangsmodells aus Metall

Eine metallene Ausgangsform sollte möglichst gleichmäßige Stärke aufweisen, muss völlig frei von Lacken, Email oder sonstigen Materialien sein, die eine perfekte Abformung behindern, darf keine Oxidation zeigen und muss auch sonst in absolut einwandfreiem Zustand sein.

Für die Anfertigung eines Models muss man stets den voraussichtlichen Schwund berücksichtigen, der sich im weiteren Verlauf des Gießverfahrens unter Einsatz von Zwischenmodeln aus Gummi oder Silikon ergibt. Genauere Angaben dafür sind schwierig, doch sollte man eine Volumenreduktion von 3 bis 11 % gegenüber der Ausgangsform annehmen; beeinflusst wird sie durch verschiedene Faktoren, zu denen sowohl das Material der Zwischenmodel als auch Größe und Form des erwünschten Gussstücks gehören. Bei einem länglichen großen Stück, etwa einer Brosche, wird der Schwund verhältnismäßig größer sein als bei einem kleinen, leichten Ring, und bei Verwendung einer Silikonform geringer als bei einer Gummiform.

Ein weiterer entscheidender Gesichtspunkt ist die Möglichkeit eines leichten Ablösens der vulkanisierten Zwischenform; deshalb sollte man sowohl auf hohle Wachsmodel als auch auf solche mit extrem dünnen Wandungen (weniger als 0,6 mm) verzichten.

Gießtüllen

Auch die Gießtüllen erfordern bestimmte Abmessungen, damit das Wachs beim Einspritzen gut hindurchfließen kann. Eine zu enge Tülle wird ein korrektes Ausfüllen der Form ebenso behindern wie ein zu klein gewählter Ansatzwinkel.

Das Polieren der metallenen Ausgangsform

Ein zu starkes Abschleifen der ebenen Flächen und Grate einer metallenen Ausgangsform muss man unterlassen, weil es zu Abrundungen führen kann. Die Bearbeitung sollte sich auf den Einsatz eines sehr feinen Schmirgelpapiers beschränken, vorzugsweise in 1200er-Körnung. Gewölbte Teile oder Stücke sollte man behutsam polieren und ihnen ein Nickel- oder Rhodiumbad angedeihen lassen, ehe man mit der Abformung beginnt.

▶ Zur Herstellung elastischer Negativformen braucht man einen kleinen Apparat, Vulkanisierpresse genannt; diese besorgt durch Druck und Hitze die Vulkanisation des eingefüllten Silikons oder Gummis und deren vollkommene Anpassung an eine eingesetzte Modellform.

Anfertigung der vulkanisierten Negativform

Von einer Ausgangsform lassen sich Abformungen auf verschiedene Weise herstellen. Dazu zählt auch die Verwendung bestimmter Silikone, die sich unter Zusatz eines Katalysators kalt auftragen lassen und die man daher für Abdrucke von Materialien benutzen kann, bei denen ein Abguss unter Hitzezufuhr nicht möglich ist, also beispielsweise Holz. Daneben gibt es durchsichtige Silikone, durch welche hindurch man das abgeformte Stück betrachten kann, und Silikone, die sich schon bei Raumtemperatur vulkanisieren lassen.

Im folgenden Abschnitt beschäftigen wir uns mit den beiden verbreitetsten Arten vulkanisierter Negativformen, jenen aus Silikon und jenen aus vulkanisierbarem Gummi.

Formgussverfahren

Die Gummiform

Zur Anfertigung einer Gummiform schneidet man aus einer für diesen Zweck erworbenen Gummimatte Stücke in entsprechender Größe aus und zieht die Plastikschutzschicht davon ab; dann schichtet man sie in jeweils gleicher Richtung bis zu dessen halber Höhe in einen Aluminiumrahmen, wobei sie möglichst wenig berührt werden sollten. Dann legt man das abzuformende Teil so ein, dass die Öffnung der Tülle an dem kleinen Loch an einer Seite des Rahmens anliegt oder in dieses eingeschoben werden kann, und legt dann weitere Gummischeiben in Gegenrichtung ein bis zum Rand des Rahmens, aber nicht wesentlich über diesen hinaus. Dann deckt man Ober- und Unterseite des Stapels mit dünnen Stahlplatten ab, damit die Gummimasse bei ihrer Erhitzung nicht die Vulkanisierpresse verschmutzt.

Vor dem Einschieben des Rahmens in die Presse stellt man deren Temperatur auf 100° C ein; nachdem man sie über dem Rahmen geschlossen hat, erhöht man die Temperatur und verstärkt den Druck etwas, was man während der ersten fünf bis zehn Minuten mehrfach wiederholt, damit der Gummi stärker zusammengepresst wird und es durch Druck und Hitze zu einer perfekten Abformung des eingelegten Stückes darin kommt. Die Dauer der Vulkanisation hängt von der Stärke des Rahmens ab; gewöhnlich geht man von sieben Minuten pro 3 mm Rahmenhöhe aus, was auch einer Gummischicht entspricht und eine Gesamtdauer von zumeist etwa einer Stunde ergibt. Wenn diese Zeit abgelaufen ist, muss man auf ein Absinken der Temperatur bis auf 100° C warten, ehe man die Negativform herausnimmt.

▲ **1.** Die Gummischeiben müssen sehr präzise so zugeschnitten werden, dass sie zwar nicht größer als der Rahmenausschnitt sind, diesen aber voll ausfüllen und das jeweilige Stück gut abdecken, zumal Gummi sich nicht so fein verteilt wie Silikon.

▶ **2.** Die beiden unmittelbar dem Stück anliegenden Gummischeiben werden ein paar Minuten lang auf der auf 100° C erhitzten Presse angewärmt, damit sie weicher werden und es gut abformen.

◀ **3.** Erst dann zieht man die Plastikhüllen ab, füllt wie beschrieben die eine Hälfte der zugeschnittenen Gummischeiben unten in den Rahmen, legt das abzuformende Stück gut auf Mitte ein und bedeckt es mit der zweiten Hälfte der Scheiben.

◀ **4.** Um wenigstens je eine Scheibe, je nach deren Stärke, sollte der Stapel jedoch über die obere Rahmenkante reichen, weil ja der Gummi sogleich zusammengedrückt wird und in ausreichender Dicke das Stück umhüllen muss.

▲ **5.** Der Aluminiumrahmen wird oben und unten mit je einer dünnen Stahlplatte abgedeckt und in die nun auf 150° C eingestellte Vulkanisierpresse eingeschoben.

▲ **6.** Nun dreht man das Rad oben an der Presse, um die Gummimasse im Rahmen fest zusammenzudrücken.

◀ **7.** Damit man das Formstück herausnehmen kann, muss man die Gummiabformung in zwei exakte Hälften trennen, wobei man zunächst der Linie des Gussstutzens folgt; sobald man auf der Höhe des Stückes selbst angelangt ist, ist besondere Sorgfalt geboten, um es beim Trennen der Gummiumhüllung nicht zu beschädigen.

▶ **8.** Damit beim späteren Befüllen der Gummimatrize deren beide Hälften sich nicht gegeneinander verschieben können, wurde der Trennschnitt in Zackenform vorgenommen.

Ergänzende Techniken

Abformung in Silikon

Gummi ist preiswerter als Silikon, aber Abformungen damit erfordern sehr sorgfältige Anpassung an das Formstück und damit höheren Zeitaufwand. Bei Verwendung von Silikon geht das Abformen schneller und leichter, und das gilt vor allem auch für das anschließende Trennen in zwei Hälften. Silikon hat eine feinere Auflösung als Gummi und schließt sich daher präziser um einen zur Abformung eingelegten Gegenstand.

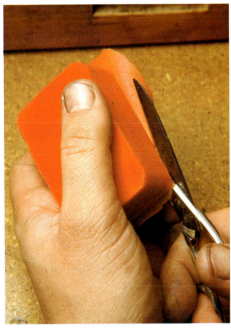

◀ **1.** Silikon lässt sich einfacher auftragen, schmiegt sich enger an ein Formstück an, erfordert aber auch eine höhere Vulkanisiertemperatur.

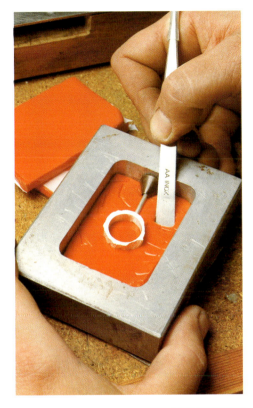

◀ **3.** Wie beim Gummi auch, muss das Silikon etwas über die Oberkante des Rahmens reichen, weil es ja gleich in der Vulkanisierpresse zusammengedrückt wird.

▲ **4.** Die Silikonabformung wird bei 160° C vulkanisiert, und nach dem Erkalten schneidet man erst einmal das überschüssige Silikon weg.

◀ **2.** Man legt die zugeschnittenen Silikonscheiben in den Rahmen ein und drückt sie mit dem Griff des Skalpells oder der Schneidklinge fest, dabei für enge Umhüllung des Formstücks sorgend.

▼ **7.** Sobald man beim Zertrennen am Stück selbst angelangt ist, sollte man dafür sorgen, dass die Schnittlinie längs einer Kante verläuft, wie hier bei diesem Ring zu sehen; das begünstigt den weiteren Ablauf.

▲ **5.** Falls man eine ablösbare Gießtülle verwendet hat, entfernt man zunächst diese.

▲ **6.** Das Trennen in zwei Hälften ist einfacher und unkomplizierter als bei einer Gummiabformung.

Wachseinspritzung

Wenn man die Abformung zerteilt und das Ausgangsstück entnommen hat, muss man in die Abformung Wachs einspritzen, damit daraus wieder Abgüsse als exakte Wiedergaben des abgeformten Stücks entstehen; deren Anzahl richtet sich nach der Anzahl der Stücke, die man als Endergebnis haben möchte.

Spritzwachse sind präzise auf diese Verwendungsart abgestimmt und schmelzen bei 65 bis 70° C. Es gibt sie, je nach Einsatzzweck, in verschiedenen Mischungen. Da Spritzwachs in einer Goldschmiedewerkstatt jedoch für Abgüsse von unterschiedlichen Stücken brauchbar sein muss, empfehlen wir eine Sorte von mittlerer Elastizität.

Der Thermostat des Wachsinjektors hält das Wachs darin konstant auf der vorher eingestellten Temperatur, womit ein Sieden des Wachses vermieden wird, was zu Luftblasen darin führen würde und damit zu porösen Metallabformungen.

Der Wachsinjektor muss verbunden sein mit einer Spritzdüse, durch welche das flüssige Wachs in den Gießkanal einer Abformung gedrückt wird; die dafür erforderliche Pressluft kann man mit einem Kompressor erzeugen oder auch mit einer kleinen Hand- oder Fußpumpe.

▲ 1. Spritzwachs wird in Form kleiner Täfelchen oder auch kleiner runder Pastillen in verschiedenen Farben geliefert; im Hinblick auf Zusammensetzung und Eigenschaften muss man sorgfältig die Angaben der Hersteller studieren.

▶ 2. In einem solchen Wachsinjektor wird über den Thermostat das Wachs auf eine eingestellte Temperatur gebracht und auf dieser gehalten; unter Einsatz von mit einem Kompressor oder einer Hand- oder Fußpumpe erzeugter Druckluft wird es dann aus einer Düse in den Gießkanal der Abformung gespritzt.

▼ 3. Man drückt die Eingussöffnung des Silikonmodels gegen die Spritzdüse am Wachsinjektor, damit das flüssige Wachs hineingespritzt wird.

◀ 4. Nach kurzem Abwarten ist das Wachs erstarrt, man klappt die beiden Hälften des Silikonmodels auseinander und entnimmt sehr vorsichtig den Wachsabdruck.

▶ 5. Ein Wachsabguss ist immer ein wenig kleiner als das abgeformte Stück, weil sich das umgebende Material, sei es nun Gummi oder Silikon, beim Vulkanisieren stets etwas zusammenzieht.

Ergänzende Techniken

Das Zusammensetzen der „Wachsbäumchen"

Sobald man eine Reihe von Wachsabgüssen hergestellt hat, geht man daran, sie an ein so genanntes „Wachsbäumchen" anzusetzen, dessen Bezeichnung sich aus seiner Form nach Fertigstellung herleitet.

Nach dieser, wenn also alle Einzelstücke angefügt sind, wird es mit einer Einbettmasse umhüllt; das Wachs wird ausgeschmolzen, und die sich dadurch ergebenden Hohlräume füllen sich mit der Metallschmelze zur Formung der definitiven Metallabgüsse. Die jeweiligen Wachsabformungen dürfen sich untereinander auf keinen Fall und an keiner einzigen Stelle berühren; mit dem Ansatz der kleinsten davon beginnt man am oberen Ende des „Stammes" und fährt mit jeweils größeren nach unten fort, wobei der Ansatzwinkel nie größer als 45 Grad sein darf. Die größten

▲ 1. Wenn man alle Wachsabgüsse zusammengetragen hat, sollte man einen um den anderen überprüfen und nötigenfalls nacharbeiten; dann setzt man sie an den Stamm des Wachsbäumchens an, wobei man an dessen Spitze mit den kleinsten davon beginnt.

▶ 2. Den Stamm fertigt man, indem man in ein gerades Stück Gasschlauch, dessen Außenhaut man vorher zur leichteren Ablösung eingeschnitten hat, Wachs einspritzt.

▲ 3. Mit dem Wachsschmelzer schneidet man den Stamm auf die erforderliche Länge zurecht und drückt ihn unten in die Halterung in der Mitte einer Bodenplatte aus Gummi.

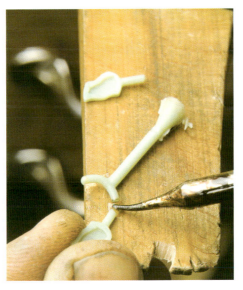

◀ 4. Mit dem Wachsschmelzer schneidet man bis auf kurze Ansatzstücke die Gießstutzen weg.

▶ 5. Wiederum mit dem Wachsschmelzer setzt man dann die Einzelteile als „Äste" an das Wachsbäumchen, nie in einem Winkel von unter 45 Grad. Man muss sehr auf eine stabile Verbindung des verbliebenen kurzen Gießstutzens mit dem Stamm achten; die feinsten Stücke setzt man ganz oben an, die größten unten.

Einzelstücke werden unten angesetzt, wobei man auf einen ausreichenden Abstand sowohl zwischen ihnen selbst als auch zwischen ihrer äußersten Stelle und der Wandung des später übergestülpten Gießzylinders achten muss.

Berechnung der benötigten Metallmenge

Ehe man an das Anmischen der Einbettmasse geht, sollte man den Bedarf an zum Guss erforderlichem Metall berechnen. Dazu muss man erst das Gewicht der verwendeten Wachsmenge kennen, wozu man das Wachsbäumchen in seinem Ständer abwiegt und dann das Gewicht des Gummiständers abzieht, den man vorher leer gewogen hat.

Das spezifische Gewicht der Spritzwachse liegt ziemlich dicht bei 1, und deswegen kann man das so ermittelte Gewicht direkt multiplizieren mit dem jeweiligen spezifischen Gewicht des Metalls, mit dem der Guss erfolgen soll; zum Ergebnis rechnet man für die „Wurzel" des Wachsbäumchens, eine noch anzufügende kräftige Standplatte, 15 bis 20 g hinzu. Für Reinsilber muss man mit 10,5 multiplizieren, für achtzehnkarätiges Gold mit 15,5. Gehen wir als Beispiel einmal davon aus, dass wir für das Wachsbäumchen ein Gewicht von 8 g ermittelt haben und der Guss in Gold erfolgen soll; die Multiplikation ergibt 124 g, zu denen wir 15 g hinzurechnen, sodass sich ein Bedarf von 139 g achtzehnkarätigem Gold ergibt.

▶ Wenn das nebenstehende Wachsbäumchen beispielsweise 5,4 g wiegt und der Guss in Gold erfolgen soll, müssen wir mit 15,5 multiplizieren; fügen wir dem Ergebnis weitere 15 g hinzu, so kommen wir auf einen Gesamtbedarf von 98,7 g an achtzehnkarätigem Gold, das entsprechend geschmolzen werden muss.

Zubereitung der Einbettmasse

Im Gießzylinder für den Metallguss, der sogenannten Küvette, muss das Wachsbäumchen vollständig von der sogenannten Einbettmasse umhüllt werden. Diese besteht größtenteils aus Gips, einem kleineren Anteil von Silikon und chemischen Zusatzstoffen in geringen Mengen. Ausschlaggebend ist der Anteil an Silikon, weil er das Entweichen von Gasen fördert und auch eine gleichmäßige Ausbreitung der Masse, und zugleich deren Schrumpfen verhindert.

Gewissenhafte Zubereitung der Masse in all ihren Teilen ist ganz entscheidend dafür, dass das Wachsbäumchen von ihr präzise umhüllt wird, und das wiederum ist die Voraussetzung dafür, dass nach dem Ausschmelzen des Wachses im Ofen die dadurch erzeugten Hohlräume zu korrekten Metallabgüssen führen. Man rührt die Masse unter Zusatz von Wasser, möglichst destilliertem und entionisiertem, in einem Anteil an, der bei etwa 39 bis 41 % der Pulvermenge liegen sollte.

◀ 1. Es empfiehlt sich zunächst das Aufpinseln einer ganz dünnflüssigen Aufschwemmung der Einbettmasse, um glatte Oberflächen zu sichern.

▼ 2. Man setzt den Stahlzylinder auf den Gummifuß, verbindet ihn unten mit Klebeband damit und formt mit Papier oder Klebeband einen Erhöhungsrand um die Oberkante, damit bei der Behandlung in der Vakuumglocke keine Einbettmasse überschwappen kann.

▼ 3. Als erstes gießt man das Wasser in den Anrührbehälter. Die Wassertemperatur sollte zwischen 20 und 22° C liegen, bei höherer beschleunigt sich das Abbinden, bei geringerer dauert es länger; mit weniger als 15° warmem Wasser sollte man allerdings nicht arbeiten.

◀ 4. Nun fügt man das Pulver dazu und hat nun etwa acht bis zehn Minuten zur Verfügung für den weiteren Ablauf, ehe die Masse abzubinden beginnt.

▶ 5. Für das Anrühren kann man einen Elektroquirl benutzen, doch muss man sich dessen Flügel daraufhin anschauen, ob sie nicht zu scharf sind und die Masse damit zu stark zerschnitten wird. Klümpchen darf die Masse nicht aufweisen.

▲ 6. Die angerührte Masse wird in ihrem Behälter in eine Vakuumglocke gesetzt mit dem Ziel, die darin enthaltene Luft abzusaugen. Dazu schaltet man das Gerät auf die höchste Leistungsstufe.

Ergänzende Techniken

◀ 7. Während dieser Behandlung klopft man leicht gegen die Wandung der Glocke, um so eine leichte Vibration zu erzeugen und damit das Aufsteigen der Luftblasen und ihre Absaugung zu fördern.

▶ 8. Mit großer Sorgfalt und ohne Schütteln der Masse wird diese in den oder die Gießzylinder bis zur Höhe des aufgeklebten Randes gefüllt; vorher sollte man sich davon überzeugen, dass das Wachsbäumchen an keiner Stelle an die Zylinderwandung stößt.

▼ 9. Nun erfolgt ein zweiter Durchgang in der Vakuumglocke, unter die man diesmal die gefüllten Zylinder gesetzt hat. Man kann sehen, wie die Einbettmasse in ihnen um ein paar Millimeter absinkt und diese ein paar Spritzer erzeugt. Nach einer Minute mit höchster Leistung fährt man diese für eine weitere Minute auf 60 % zurück und klopft dabei leicht auf die Wandung; dann schaltet man das Gerät ab und wartet das allmähliche Absinken auf Normaldruck ab.

◀ 10. Ehe die Masse völlig abbindet, muss man sich davon überzeugen, dass sich kein Teilchen vom Wachsbäumchen gelöst hat; sollte das doch der Fall sein, muss man es entfernen, wiegen und sein entsprechend multipliziertes Gewicht vom vorher berechneten Gewicht des erforderlichen Metalls abziehen. Nun sollte man die Zylinder etwa zwei Stunden lang ruhen lassen, ehe man sich weiter mit ihnen beschäftigt. Sobald die Einbettmasse vollständig abgebunden hat, schneidet man das, was oben über den Metallrand steht, mit einem Messer eben ab und stellt den oder die Küvetten mit der bisherigen Kopfseite nach unten in den Ofen.

Berechnung der erforderlichen Einbettmasse

Wenn man erstmals solche Arbeiten durchführt, muss man sich ein Bild davon machen, was man jeweils an Wasser und Einbettpulver für einen Gießzylinders braucht. Wenn man sich das ausgerechnet hat, schreibt man es sich entweder für künftige Fälle auf oder man misst gleich entsprechende Mengen ab und bewahrt sie in gesonderten Behältern für die nächste Zubereitung auf.

Man füllt zur Mengenbestimmung den betreffenden Zylinder zur Hälfte mit Wasser und gibt dann weitere 20 bis 25 % hinzu, denn es ist immer besser, etwas Einbettmasse übrig zu haben, als dass sie nicht reicht. Diesen Zylinderinhalt misst man dann in einem Messglas nach ccm; dann multipliziert man deren Zahl mit 100 und teilt (da er die erforderliche Masse an Pulver darstellt) durch den Prozentsatz des Wassers, das man diesem zusetzen muss.

Hier ein Beispiel: Wir haben 300 ccm Wasser gemessen, und das ergibt folgende Rechnung:

$$\frac{300 \times 100}{40} = 750 \text{ g Einbettpulver}$$

Insgesamt brauchen wir also für die Einbettmischung 750 g Einbettpulver und 300 g Wasser.

Für die Gegenrechnung multiplizieren wir die Pulvermenge mit dem Prozentsatz an Wasser und teilen durch 100:

$$\frac{750 \times 40}{100} = 300 \text{ ccm Wasser}$$

Ausbrennen der Küvetten

Die Küvette mit dem Wachsbäumchen darin muss nun in einen Ofen mit Temperatur- und Zeitprogrammierung gesetzt werden, um das Wachs zu verbrennen, damit man in die dadurch entstandenen Hohlräume in der Einbettmasse das Metall eingießen kann. Der Ofen lässt sich einstellen auf schrittweise Steigerung der Temperatur und deren exakte Einhaltung über bestimmte Zeiträume und sorgt für gleichmäßige Verbreitung der Hitze im gesamten Gießzylinder. Der Temperaturanstieg bewirkt zunächst den Auszug der Feuchtigkeit aus der Einbettmasse und das Schmelzen des Wachses; anschließend verbrennt dieses und trägt durch Kalzination zur Härtung der Einbettmasse bei. Es folgt eine Absenkung der Temperatur, um die Küvette auf das Eingießen des vorher geschmolzenen Metalls vorzubereiten. Zu Beginn des Vorgangs enthalten die Gießzylinder noch viel Feuchtigkeit, die während der ersten Stunden durch entsprechende Temperatursteuerung gleichmäßig entfernt werden muss, um Sprünge in der Einbettmasse zu vermeiden.

Die Temperaturkurve wird je nach dem für den Abguss vorgesehenen Metall und den Abmessungen der Küvette etwas unterschiedlich sein; ein recht großer Gießzylinder erfordert nach jeder Temperatursteigerung eine längere Haltezeit, weil ja die Hitze auf mehr Füllmasse einwirken muss. Das bedeutet, dass man für kleine Zylinder Haltezeiten von 45 Minuten, für mittelgroße von etwa einer Stunde und für sehr große von bis zu zwei Stunden vorsehen muss.

Für die bei unserer Demonstration hier verwendete Ausstattung gilt der nachfolgende Temperaturverlauf:

- Erste Stunde: langsamer Anstieg auf 100° C
- Folgende Stunde oder mehr: 100° C halten
- Während drei Stunden jede Stunde um 100° C steigern bis auf 400° C
- 400° C eine halbe Stunde lang halten
- Innerhalb einer halben bis einer Stunde steigern auf 750° C
- 750° C halten je nach Küvettengröße (siehe oben)
- Temperaturabsenkung auf 600° C bis zu 450° C
- Halten obiger, von der Küvettengröße abhängigen Temperatur für mindestens eine Stunde, auch dies je nach Küvettengröße

Schmelzen und Eingießen des Metalls

Zum Eingießen des geschmolzenen Metalls muss die Küvette über eine bestimmte Zeit auf einer abgesenkten Einfülltemperatur gehalten werden, die sich nach der Metallart und der Feinheit der zu gießenden Stücke richtet. Für Gold empfiehlt sich dabei eine Haltezeit von mindestens einer Stunde bei 500° C, auch wenn eine Befüllung auch bei 600° oder nur 450° möglich ist. Für Silber sind jeweils 100° weniger angezeigt als die obigen Werte für Gold.

Der Metallguss als solcher verlangt sehr viel Fingerspitzengefühl. Das Schmelzen und Eingießen sollte nämlich bei der geringstmöglichen Temperatur erfolgen, um auf jeden Fall ein Überbrennen oder Überhitzen des Metalls zu vermeiden, das zu schwersten Beeinträchtigungen des Endergebnisses führen würde, nämlich zu stark porösen Abgüssen.

▲ 1. In einer Zentrifuge (offiziell „Zentrifugal-Gießmaschine") wird das vorher genau berechnete und abgewogene Metall bis zu völliger Dünnflüssigkeit geschmolzen.

▶ 2. Nach Ablauf der letzten Haltezeit wird die Küvette mit einer Greifzange aus dem Ofen genommen und vorsichtig in die Zentrifuge eingelegt.

Ergänzende Techniken

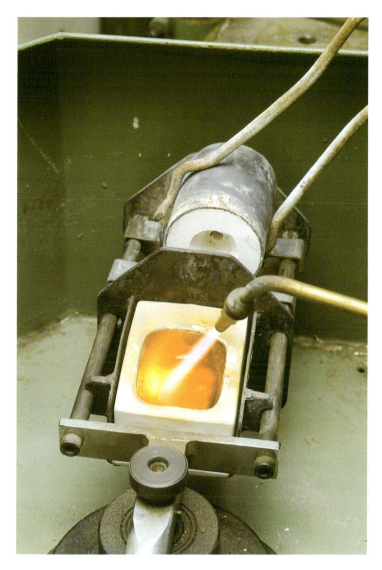

◀ 3. Die Küvette wird in die Schleuder eingespannt, zugleich verringert man die Sauerstoffzufuhr im Brenner etwas, damit der geschmolzene Zustand des Metalls zwar erhalten bleibt, die Temperatur der Schmelzmasse jedoch etwas abgesenkt wird.

▲ 4. Wenn man die sichere Befestigung der eingesetzten Teile überprüft und die erforderlichen Gegengewichte exakt eingestellt hat, setzt man die Zentrifuge in Gang, wodurch das flüssige Metall in die Hohlräume der Küvette geschleudert wird.

▶ 5. Nach erfolgtem Guss lässt man den Gießzylinder noch einige Augenblicke lang ruhen und taucht ihn dann zur Abkühlung in kaltes Wasser; durch den thermischen Schock zerbröselt die Einbettmasse.

▼ 6. Nach Entfernung der noch anhaftenden Reste der Einbettmasse werden die Metallabgüsse in einem Säurebad von der entstandenen Oxidationsschicht befreit. So präsentieren sich dann die Gold- oder Silberrepliken der vorherigen Wachsbäumchen.

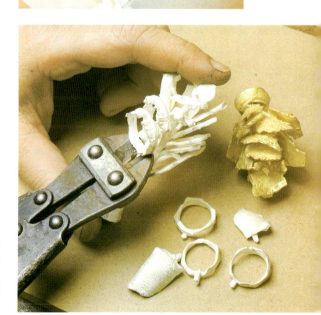

▶ 7. Zuletzt knipst man die Einzelstücke von der Gesamtform ab, feilt die Gießstutzen weg und schleift dann mit Schmirgelpapier nach.

*I*n den vorangegangenen Kapiteln haben wir die Grundlagen der Schmuckherstellung behandelt und die dazu erforderlichen wesentlichsten Techniken dargelegt; denn Schmuckgestaltung ist ein weites Feld und erfordert Grundkenntnisse in vielen unterschiedlichen Bereichen. Nachfolgend nun wird ausführlich und schrittweise die Fertigung bestimmter Stücke gezeigt, die so ausgewählt wurden, dass sich anhand des Entstehungsverlaufs die bisher vermittelten Kenntnisse bestimmter Bearbeitungsmethoden einprägen und vertiefen. Auch wurde die Auswahl so getroffen, dass die Breite und Vielfalt der Techniken, die sich für dieses Kunsthandwerk anbieten, zur Geltung kommt; deren korrekte Anwendung ist mit vielen Details erläutert. Für die Gestaltungsvorschläge auf den folgenden Seiten, deren Umsetzung Schritt für Schritt dargestellt wird, werden Verfahren genutzt, die maßgeblich sind für die Schmuckgestaltung insgesamt, aber jeweils betont ausgerichtet auf das betreffende Einzelobjekt; durch die detaillierten Schilderungen der Einzelschritte werden die bisherigen allgemeinen Beschreibungen bestimmter Methoden ergänzt. Die hier getroffene Auswahl ist zu betrachten als eine Art von Rahmen, innerhalb dessen sich die persönlichen Neigungen und schöpferischen Kräfte der Leserinnen und Leser entfalten können; sie soll jedem, der an Schmuckgestaltung interessiert ist, Anregungen vermitteln und Hilfestellung bei dem einen oder anderen Problem leisten.

Schritt für Schritt

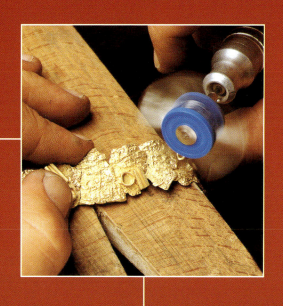

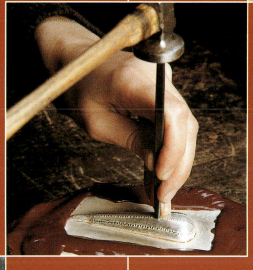
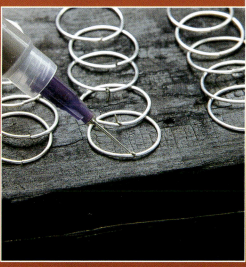

GETRIEBENER ANHÄNGER

Hier soll ein Anhänger mit kreisförmigem Durchschnitt gefertigt werden aus zwei gleichen Hälften. Eine gewisse Schwierigkeit dabei ist die exakte Übertragung des Musters und seine präzise Ausformung auf den beiden Hälften, die dann sorgfältig zu einem Gesamtkörper zusammengelötet werden müssen.

Die beiden Hälften werden aus 0,7 mm starkem Silberblech getrieben, das vorher geglüht wurde. Nach Zusammenlöten des Körpers fügt man an ihn unten eine Art von Tülle aus Gold an und oben eine kleine Öse aus Golddraht, um eine Kordel oder ein Kettchen hindurchzuziehen. Gestalterin dieses Schmuckstücks war Carmen Amador.

◀ **3.** Als erstes wird der Treibkitt an seiner Oberfläche mit dem Brenner erwärmt; die Flamme muss gleichmäßig über die Oberfläche geführt werden und darf nicht zu stark sein, um ein Verbrennen von Kitt zu vermeiden.

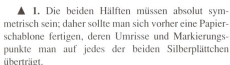

▼ **4.** Man legt die beiden Plättchen nebeneinander so auf den angewärmten Kitt, dass sie voll auf ihm aufliegen; Luftblasen unter den Plättchen muss man vermeiden.

▲ **1.** Die beiden Hälften müssen absolut symmetrisch sein; daher sollte man sich vorher eine Papierschablone fertigen, deren Umrisse und Markierungspunkte man auf jedes der beiden Silberplättchen überträgt.

▲ **2.** Man schneidet zwei Plättchen aus 0,7 mm starkem Silberblech zu, das geglüht und sorgfältig gereinigt werden muss. Die Ecken biegt man mit einer Flachzange um, damit die Plättchen besser auf dem Treibkitt haften.

◀ **5.** Nach entsprechender Abkühlung befestigt man die Papierschablone mit Klebeband auf dem ersten Plättchen und schlägt mit einem Markierpunzen deren Linien gepünktelt durch; das muss, um das Plättchen nicht zu verbiegen, behutsam geschehen. Unsere Abbildung zeigt auch die korrekte Haltung von Punzen und Hammer.

▶ **6.** Nun entfernt man die Schablone vom ersten Plättchen, klebt sie auf das zweite und überträgt wie vorher die Zeichnung auf dieses; damit haben wir dann zwei identische Stücke, die später zusammengelötet werden. Auf unserem Foto ist auch der ganz speziell geformte Hammergriff gut zu erkennen.

Schritt für Schritt

▲ 7. Für das Treiben sind sowohl die richtige Führung von Hammer und Punzen als die richtige eigene Arbeitshaltung wesentlich. Die Schläge müssen behutsam und rhythmisch erfolgen, und man darf dabei weder Ellbogen noch Hand aufstützen, damit kein schräger Anstellwinkel entsteht. Aufgestützt wird nur der Ringfinger, und zwar auf das Blech, über das er gleitet; er verhindert ein Wegrutschen des Punzens beim Aufschlag.

◀ 8. Um eine Wölbung des Plättchens auf die Mittellinie hin zu erreichen, arbeiten wir mit einem entsprechenden Austreibpunzen; die Schläge (die nun kräftiger sein müssen, um das Metall zu wölben) werden längs der dem Außenumriss nächstgelegenen inneren Linie geführt.

▼ 9. Wir setzen dieses Austreiben fort, bis die von uns angestrebte Form der Wölbung erreicht ist. Auch wenn man dabei die feine Punktierung zur Markierung der Linien behämmert, bleibt diese kenntlich.

◀▲ 10./11. Um die gewünschte Wölbung zu erzeugen, müssen wir das Metall ausweiten, wodurch dieses stärker beansprucht wird; daher muss es immer wieder einmal geglüht werden, damit es nicht spröde wird und reißt. Dazu hebt man die Plättchen mit der Flachzange ab und erhitzt sie mit dem Brenner.

◀ 12. Die vom Kitt genommenen Plättchen werden auf eine feuerfeste Unterlage gelegt und mit dem Brenner geglüht, damit das Metall wieder schmiegsamer wird.

▶ 13. Nachdem ein erster Ansatz der Wölbung erzeugt wurde, legen wir die Plättchen auf einen Bronzeklotz und arbeiten mit einem Schrotpunzen den Außenumriss nach, um ihn klar zu markieren und abzusetzen.

Getriebener Anhänger

▲ 14. Nachdem das Umrissprofil durchgehend deutlich herausgehoben wurde, wie man hier sieht (was nötig ist, um ein Verschwimmen des Profils während der weiteren Auswölbung des Blechs zu verhindern) werden die Plättchen wieder auf der Kittkugel befestigt.

▲ 15. Die Silberplättchen werden wieder in den Treibkitt eingedrückt, und wir fahren mit dem Austreiben der Wölbung fort.

◀ 16./17. Um das jeweils erreichte Maß der Wölbung und damit den Fortschritt der Arbeit gut beurteilen zu können, empfiehlt es sich, etwas Modelliermasse in gewissen Zeitabständen in die Ausrundung zu drücken und mit dem Hammer einzuklopfen; so lässt sich gut kontrollieren, welche Form die Wölbung inzwischen angenommen hat.

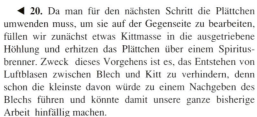

◀ 18./19. Wenn wir den Eindruck haben, dass die Wölbung jetzt stimmt, heben wir (was eine andere Möglichkeit des Ablösens ist) die Plättchen mit Hilfe eines geradschneidigen Punzens aus dem Kitt, um sie ein weiteres Mal zu glühen und dann abzubeizen.

◀ 20. Da man für den nächsten Schritt die Plättchen umwenden muss, um sie auf der Gegenseite zu bearbeiten, füllen wir zunächst etwas Kittmasse in die ausgetriebene Höhlung und erhitzen das Plättchen über einem Spiritusbrenner. Zweck dieses Vorgehens ist es, das Entstehen von Luftblasen zwischen Blech und Kitt zu verhindern, denn schon die kleinste davon würde zu einem Nachgeben des Blechs führen und könnte damit unsere ganze bisherige Arbeit hinfällig machen.

▶ 21. Nun setzt man die Plättchen wieder auf den Treibkitt, diesmal jedoch mit der Wölbung nach oben. Denn jetzt wollen wir deren ganze Fläche mit flachköpfigen Punzen, sogenannten Planierpunzen, erst einmal völlig einheitlich machen und glätten. Dazu wird die gesamte Wölbung mit solchen Punzen bearbeitet, bis wir das gesteckte Ziel einer glatten und gleichmäßig gerundeten Oberfläche erreicht haben.

▶ 22. Ein weiteres Mal lösen wir die Plättchen ab und setzen sie, zur anderen Seite gekehrt, wieder auf die Kittkugel. Mit einem spitzen Punzen prägen wir entlang den vorher punktierten Linien feine Vertiefungen ein. Das muss von der Rückseite her geschehen, damit sich später die entsprechenden Linien auf der Oberfläche als Reihen von punktförmigen Erhebungen darstellen.

◀ 23. Ein letztes Mal werden die Plättchen umgekehrt zur Bearbeitung der getriebenen Reihen. Man setzt auf jede der kleinen Erhebungen nacheinander einen Punzen mit ganz minimal gewölbter Arbeitsfläche auf, um sie schön abzurunden.

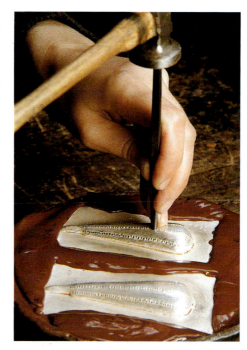

◀ 24. Nach Abschluss der Treibarbeiten schneidet man das insoweit fertige Stück mit einer feinen Säge aus dem Blech aus. Dann feilt man an den beiden Hälften die Schnittkanten gut ab, damit sie sauber aufeinander passen.

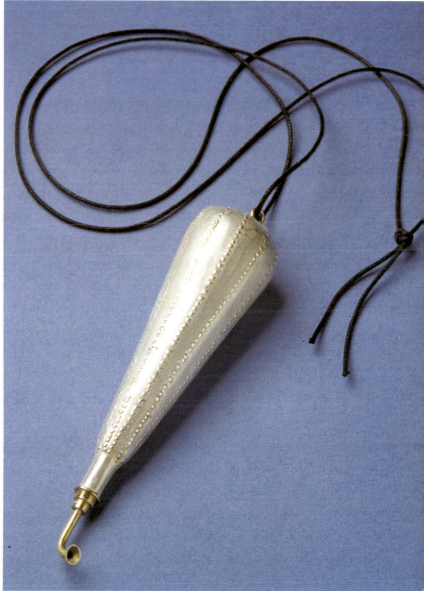

▲ 25. Nachdem man die Kanten nochmals auf ordentliche Passform überprüft hat, bindet man die beiden Hälften zum Verlöten miteinander mit Stahldraht fest zusammen. Die Verlötung erfolgt hier mit Lötdraht und umhüllender Flamme. Dabei muss man darauf achten, dass zwar die Lötung die Trennlinien komplett abdeckt, dass es aber auch nicht zum Überschuss an Lötmasse kommt, die man anschließend nur wieder wegfeilen müsste. Wenn die Verlötung der beiden Hälften abgeschlossen ist, werden an diesen Hauptteil die kleinen Ergänzungen aus Gold angesetzt.

▶ 26. Dem fertigen Anhänger hat Carmen Amador den Namen *Reise III* gegeben.

BROSCHE

Als nächstes zeigen wir die Anfertigung einer Brosche unter Anwendung verschiedener vorher beschriebener Techniken. Sie erfordert schon eine gewisse Übung hinsichtlich des Lötens, weil hier einige sehr kleine Teile miteinander verbunden werden müssen, weil das Fassen einiger Steine hinzukommt und weil auch der sogenannte Schiebehaken- oder Schubhakenverschluss etwas knifflig ist. Auch das Fassen des kleinen Quarzes mit Rutileinschlüssen verlangt etwas Erfahrung. Broschen werden vorwiegend durch ihre Gestaltung bestimmt, es sind die Schmuckstücke, die am stärksten freie Entfaltung ermöglichen. Die hier gezeigte Brosche lässt sich vielfältig abwandeln, doch gute Gestaltung muss hier beginnen mit einer Abwägung der Steine in ihren Eigenschaften und Abmessungen und der Wahl der dazu passenden Fassung. Ausgangspunkt für die folgende Demonstration ist die Zarge für den Quarz, die man aus 1 mm starkem und 4 mm hohem Rechteck-Golddraht fertigt.

◀ **1.** Man markiert als erstes auf dem Draht die Maße für die Einteilung, die sich aus dem länglichen Format des Steines ergibt. Mit einer kleinen Feile mit Dreiecksprofil werden die Ecken eingeschrägt, damit sich dort der Draht gut knicken lässt, was gewährleistet, dass der Stein gut in der Fassung sitzt und sie ein wenig überragen kann.

▲ **2.** Man knickt präzise alle Ecken ab, bis man wieder am Ausgangspunkt angelangt ist und dort die Form schließt. Die Außenseiten werden insgesamt glatt gefeilt, und man prüft, ob die Zarge sich auch eng genug um den Stein legt; oben müssen über der Wölbung drei bis vier Zehntelmillimeter verbleiben, damit man sie zum Festhalten des Steins darüberbiegen kann.

▲ **3.** Zur Verbindung mit dem Fassungsboden haben wir in unserem Beispiel runde Röhrchen gewählt, aber es käme auch jedes andere Profil infrage. Die Röhrchen werden zunächst mit Stahldraht in exakter Lage festgebunden und dann angelötet.

◀ **4.** Nun sägt man aus einem etwa 0,6 mm starken Goldplättchen einen Ausschnitt aus, wie im Bild gezeigt. Die Mittelteile der längeren Querröhrchen sägt man weg, und auf die verbleibenden Röhrchenstücke lötet man das ausgesägte Plättchen als Fassungsboden auf.

▼ **5.** Auch für die weiteren Steine fertigt man entsprechende Fassungen an.

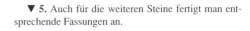

▼ **7.** Weitere Elemente der Brosche sind Goldabgüsse von dünnen Bambuszweigen, die man im Formgussverfahren hergestellt hat. Natürlich kommt auch anderes Beiwerk infrage, das man entweder aus Draht geschmiedet oder mit einer Textur versehen oder als Abformung anderer Materialien gefertigt hat.

▶ **6.** So sieht nun die Montierung für den Quarz aus. An sie schließt man wiederum mit einem kleinen Stück Golddraht die miteinander verbundenen Fassungen für die weiteren Steine an.

▶ **8.** Sobald die Komposition feststeht, befestigt man die Einzelteile so, dass sie nicht verrutschen können, auf einer Schicht aus hitzebeständiger Fixierpaste auf einer feuerfesten Unterlage. Dann lötet man mit dem Sauerstoffbrenner die einzelnen Teile aneinander, bis die ganze Brosche zusammengefügt ist. Weil sie beim Verlöten oxidierte, muss man sie vor dem Ansetzen des Verschlusses dekapieren.

Schritt für Schritt

▲ 9. Der hier verwendete Verschluss wird als Schiebehaken- oder Schubhakenverschluss bezeichnet und kann von jedem Anbieter von Schmuckzubehör bezogen werden. Er muss mit größter Sorgfalt exakt in der im Bild gezeigten Stellung angelötet werden.

▲ 10. Die Verschlussnadel (der Dorn) besteht aus einem nicht geglühten Runddraht mit einem Durchmesser von etwa 0,7 mm, an dessen Ende ein kleines, quadratisches, 0,6 mm starkes Plättchen angelötet wurde. Als Halterung an der Stelle, an welcher die Nadel angeschraubt wird, biegt man ein weiteres kleines Plättchen in U-Form zusammen.

▼ 11. Den ansonsten nicht geglühten Runddraht muss man dennoch an der Verbindungsstelle mit dem quadratischen Plättchen glühen. Damit er auch dort wieder Spannung erhält, muss man ihn mit zwei Flachzangen in sich selbst verdrehen, um ihm wieder die erforderliche Härte zu verleihen, und dann den Draht insgesamt abschmirgeln.

◄ 12. Sobald das Stück zusammengelötet ist, erhitzt man den Fasserkitt am oberen Ende eines kurzen Kittstockes mit dem Spiritusbrenner und drückt die Fassung hinein.

▲ 13. Der Kitt muss die ganze Fassung gut umfassen, damit diese auch unter dem beim Einsetzen der Steine unvermeidlichen Druck und den erforderlichen leichten Hammerschlägen nicht verrutschen oder sich lösen kann.

▲ 14. Mit einer Rundkopffräse wird die gesamte Innenkante der Montierung für den Quarz so abgeschliffen, dass dieser exakt hineinpasst und gut sitzt. Mit Hilfe eines Stichels mit halbrunder Klinge wird der Stein dann so in die Fassung gedrückt, dass an deren oberem Rand wenige Zehntelmillimeter überstehen, die über die Wölbung des Steins gebogen werden.

◄ 17. Mit der Feile werden alle noch überstehenden Metallreste weggefeilt und alle Kanten geglättet, die dann obendrein abgeschmirgelt werden. Mit einem feinen Stichel mit gerader Klinge, den man gegen den Stein stützt, werden allenfalls noch verbliebene Unregelmäßigkeiten zwischen Stein und Metallrand beseitigt, und zum Abschluss wird das ganze Stück poliert.

▼ 18. So sieht die von Carles Codina gefertigte Anstecknadel aus, nachdem noch eine Oberflächenmattierung erfolgte und die restlichen Steine eingesetzt wurden.

▲ 15. Weil der Quarz an seiner Unterseite eine schönere Maserung zeigt, wurde er sozusagen umgekehrt eingesetzt; sobald er eingepasst ist, biegt man, wie im Bild zu sehen, das am oberen Rand überstehende Metall darüber, bis er davon vollständig umschlossen ist.

▲ 16. Nachdem man den Metallrand über den Stein gebogen hat, wird er mit dem Fasserhammer zur Beendigung der Fassung festgeklopft und damit zugleich geglättet.

GLIEDERARMBAND MIT VERSCHLUSS

Nachfolgend zeigen wir in zahlreichen Einzelschritten die aufwändige Anfertigung eines goldenen Armbandes mit Rohdiamanten. Ausgangsmaterial für die Textur der Glieder war *Baumrinde*, die in Stücke zerteilt und entsprechend abgeformt wurde. Die Herstellung beinhaltet *viele der bisher beschriebenen Techniken*: mit der Baumrinde gestaltet man einen Wachsmodel, danach werden die Glieder gegossen und beweglich zusammengefügt; es wird ein Kastenschloss angefertigt und angesetzt, und obendrein erfordern die Steine eine angemessene Fassung. Zusätzlich erfolgt auch noch eine Mattierung der Metallflächen.

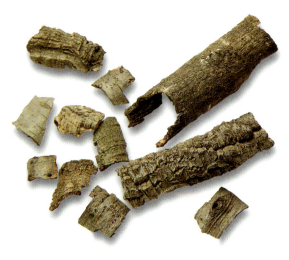

▲ **1.** Ausgangselement ist Baumrinde. Mit den Fingern zerteilt man die Abschälungen in kleine Stücke und wählt einige davon nach Größe und ausgeprägter Textur aus. Je stärker das Relief der Oberfläche, desto markanter wird auch ein nach dieser Vorlage gegossenes Metallteil sein.

▶ **2.** Jedes Rindenstück wird sorgfältig gereinigt und auf der Innenseite abgefeilt, bis es möglichst dünn ist, wobei man jedoch sehr darauf achten muss, dass es nicht zu Löchern kommt.

▼ **3.** Wenn die Innenseite nicht glatt genug wird oder zu dünne Stellen aufweist, trägt man, um sowohl gleichmäßige Stärke zu erreichen als auch eine glatte Oberfläche, Spritzwachs mit einem feinen Spatel auf.

◀ **4.** Die Rindenstücke werden nach Anfügen eines Gießstutzens an ein Wachsbäumchen angesetzt und für einen Metallabguss vorbereitet, wie das im Kapitel über den Formguss beschrieben wurde. Wenn man nicht über die nötige Ausrüstung dazu verfügt, beauftragt man mit dem Guss einen Fachbetrieb.

Schritt für Schritt

▲ **5.** Nach erfolgtem Guss sägt man die Gießtüllen ab. Wenn das Metall etwas stärker ist, wird man auch entsprechend stärkere Sägeblätter nehmen müssen, etwa die Nummern 1 oder 2.

▲ **6.** Mit einer passenden Feile müssen die Stücke nicht nur auf der Rückseite glatt geschliffen, sondern auch auf einheitliche Stärke gebracht werden.

▶ **7.** Anschließend werden die Stücke mit Schleifpapier von immer feinerer Körnung geschmirgelt, bis hinunter zu 1000er- oder 1200er-Papier, damit sie vor der Weiterbearbeitung wirklich glatt sind.

▲ **8.** Die reliefierten Außenseiten sollen mattiert werden, wozu man einen rotierenden Kranz mit langen Stahlborsten (eine sogenannte Schleuder- oder Mattierungsbürste) verwendet, der eine sehr kräftige Aufrauung bewirkt.

▶ **9.** Nun legen wir die vorbereiteten Teile des Armbandes erst einmal zur Seite und wenden uns den Fassungen für die kleinen, würfelförmigen Diamanten zu. Dazu verwenden wir 0,5 mm starken Rechteckdraht, der auf kleine Bodenplatten mit einer Stärke von ebenfalls 0,5 mm gelötet wird. Um die weitere Bearbeitung zu erleichtern, empfiehlt sich eine Lötmasse mit erhöhtem Schmelzpunkt. Nach der Verlötung muss man die überstehenden Teile der Bodenplatten entfernen und diese abschleifen, bis eine in sich geschlossene Form erreicht ist.

Gliederarmband mit Verschluss

Die Verbindungen

Um das Prinzip und die Anfertigungsweise von Verbindungen zu verdeutlichen, demonstrieren wir sie zunächst an zwei rechteckigen Silberplättchen. Die Funktion ist die gleiche wie bei unserem Armband, und man muss bei diesem auf die gezeigte Weise jedes Teil mit dem daneben verbinden.

▼ Ausfrässchema

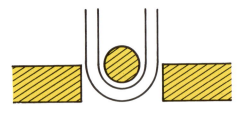

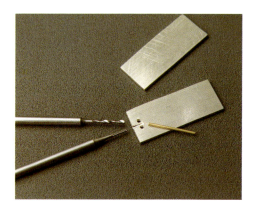

▲ **1.** Mit einem 0,6 mm starken Bohrer bohrt man im Abstand von nicht mehr als 1 mm voneinander zwei Löcher nahe dem Rand in jedes der Silberplättchen. Bei einem davon wird dann zwischen den beiden Löchern mit einem längsrunden Fräskopf, wie er in der folgenden Abbildung gut erkennbar ist, eine kleine Nut angelegt. In sie lötet man ein kurzes Stück 0,6 mm starken Draht ein.

▲ **2.** Nun wendet man dieses Plättchen um und schafft mit einem minimal stärkeren Fräskopf so viel Material zwischen den Löchern weg, bis man den auf der Gegenseite angelöteten Draht freigelegt hat. Um ihn herum wird die Krümmung des anderen Drahtes geführt; die Fräsnut muss in (leicht gekurvter) Form und Breite so angelegt werden, dass sich das gerundete Ende des u-förmig gebogenen Drahtes gut darin bewegen kann.

▲ **3.** An der Unterseite der oberen Platte müssen die Bohrungen etwas erweitert werden, damit sich eine gewisse Bewegungsfreiheit der Platten untereinander ergibt; beim Armband bedeutet das dann Beweglichkeit insgesamt. Die Verbindung der beiden Platten erfolgt durch den Draht in U-Form, dessen lange Enden mit der oberen Platte verlötet werden.

▼ **5.** Nach der Verlötung werden die Drahtenden abgesägt, und die Lötstelle wird abgefeilt und abgeschmirgelt, bis jegliche Erhöhung auf der Platte dadurch beseitigt ist.

◄ **4.** Die Krümmung des Verbindungsdrahtes fügt sich an der Unterseite des unteren Plättchens in die dortige Nut ein und wird vom eingelöteten kurzen Draht gehalten; die langen Enden werden an ihrem Austritt aus den Löchern im oberen Plättchen festgelötet.

▼ **6.** Beim Festlöten des gebogenen Drahtes am oberen Plättchen muss zwischen beiden Plättchen etwas Spielraum verbleiben; wenn das nicht geschähe, wäre Beweglichkeit nicht gegeben. Dieser Spielraum sorgt gemeinsam mit der Erweiterung der Bohrlöcher auf der Unterseite dafür, dass ein Armband in sich beweglich ist.

Schritt für Schritt

◀ 8. Die Glieder werden zusammengesteckt, aber noch nicht verlötet, ehe die (noch leeren) Fassungen für die Steine befestigt wurden. Die Zargen für die Steine sollen zwar in zwei Arten jeweils gleiche Form aufweisen, aber gewollt unregelmäßig verteilt werden; bei ihrer Anlötung auf den Gliedern muss man aber darauf achten, dass deren ordnungsgemäße Verbindung untereinander dadurch nicht behindert wird.

▲ 7. Im vorstehend gezeigten System werden dann die Glieder des Goldarmbands miteinander verbunden, indem man jeweils an deren einer Seite die Halterung (mit Querdraht) für den gebogenen Draht anbringt, der hier 0,7 mm stark sein soll, und an der anderen die Löcher, um ihn hier nach oben zu führen. Man fügt so Glieder mit möglichst gleicher Seitenlänge aneinander, bis eine Armbandlänge von 18 cm erreicht ist.

▶ 9. Sobald man die Zargen aufgelötet und sich noch einmal vergewissert hat, dass die Reihenfolge der Glieder ganz unseren Vorstellungen vom fertigen Armband entspricht, beginnt man mit dem Zusammenfügen der Glieder, indem man zunächst einmal die geraden Drahtenden durch die Löcher der aufliegenden Plättchen nach oben zieht.

◀ 10. Wenn das geschehen ist, lötet man an jeder Verbindung zunächst nur das eine der beiden geraden Drahtenden an. Beim zweiten stellt man das zurück, um erst einmal zu prüfen, inwieweit die erforderliche Beweglichkeit gegeben ist, und zwar für das Armband insgesamt. Zur Verlötung wurde bei unserem Beispiel Lötpaste mit dem Sauerstoffbrenner aufgebracht.

▶ 11. Man prüft nun, ob die Verbindung der einzelnen Glieder ein Herunterhängen des Armbands in angemessenem Maß erlaubt. Erst wenn das gewährleistet ist, legt man das Armband erneut wie schon vorher auf den Lötklotz und lötet die jeweils zweiten Enden der Verbindungsdrähte fest.

143

Gliederarmband mit Verschluss

Anfertigung des Kastenschlosses für das Armband

Ein jedes Gliederarmband erfordert einen Verschluss. Das hier dafür gewählte Kastenschloss ist ein sehr verbreiteter Typ, vor allem für etwas breitere Schmuckstücke wie unser Armband hier. Diese Art von Verschluss lässt sich leicht öffnen und schließen, ist sicher und kann in vielen Varianten den jeweiligen Zwecken angepasst werden. Das hier gezeigte Kastenschloss ist leicht und ohne großen Aufwand herzustellen.

▶ **1.** Man schneidet ein paar 0,5 mm starke Goldplättchen zurecht. Eines schneidet und feilt man in einer Breite von 3 bis 4 mm so zu einem Streifen zu, dass man vorn ein etwa 5 bis 6 mm langes Stück über einen verbleibenden Rest von etwa 1 cm biegen kann. An der Knickstelle feilt man innen eine kleine Nut ein, um das Abbiegen zu erleichtern.

▲ **2.** Ehe man das Oberteil überbiegt, muss man glühen, um ein Abbrechen zu vermeiden; die Knickstelle wird mit Hartlot verlötet und abgeschmirgelt. In einem anderen Plättchen legt man einen Ausschnitt an, in den (siehe obige Abbildung) diese Zunge (der „Schnepper") genau hineinpasst.

◀ **3.** Das Plättchen mit dem Ausschnitt wird senkrecht auf die schmale Vorderkante eines Plättchens in gleicher Stärke und Breite gelötet, und in das so entstandene „Maul" muss sich der Schnepper präzise einschieben lassen.

▶ **4.** Im Abstand der Schnepperlänge wird das hintere Stück der Kastenplatte nach oben gebogen, und die Knickstelle wird mit Hartlot verlötet. Dieser Kastenboden muss nun mit dem letzten Glied der Kette verbunden werden, wozu man (siehe hierzu auch die folgenden Abbildungen) ein kleineres Stück davon abtrennt und im größeren vorn einen kleinen Ausschnitt anbringt.

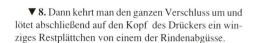

▲ **5.** Mit mittelhartem Lot verlötet man nun die aufrechten Kanten des Kastenbodens mit dem Glied und feilt die Front des Mauls glatt.

◀ **6.** Auf das federnde Oberteil des Schneppers lötet man nun ein kleines, wenigstens 1 mm starkes Stiftchen oder Drahtstück und sägt, damit man das damit heruntergedrückte Federteil in den Kasten einschieben kann, dafür einen kleinen Spalt in die Oberkante der Maulöffnung und die Oberseite des Gliedes dahinter.

▼ **8.** Dann kehrt man den ganzen Verschluss um und lötet abschließend auf den Kopf des Drückers ein winziges Restplättchen von einem der Rindenabgüsse.

▶ **7.** Nun biegt man einen kleinen Metallstreifen in der Form eines breiten U zurecht und lötet ihn als Halterung für den Schnepper mit Hartlot auf dem kleineren Teil des Gliedes an. Deren Oberkante muss genau parallel zur Oberkante des Kastens gegenüber liegen, um einen präzisen Einschub zu ermöglichen. Der Schnepper wird mit dieser Halterung verlötet.

Schritt für Schritt

◀ **9.** Den Verschluss ergänzt man nun noch durch einen Sicherungsbügel, wofür man zunächst neben die Schnepperbefestigung auf dem kleineren Teilstück ein kleines Goldkügelchen in eine mit einer Rundkopffräse geschaffene winzige Vertiefung lötet. Genau gegenüber lötet man auf das größere Teilstück ein kurzes Röhrchen, durch das man einen dünnen Golddraht zieht. Diesen biegt man zur im Bild gezeigten Form und lötet abschließend seine beiden Enden zusammen.

▶ **10.** Mit einer kleinen Rundzange biegt man von außen her die beiden Enden so zusammen, dass der Bügel Spannung erhält und über das Kügelchen gedrückt werden kann.

◀ **12.** Rohdiamanten haben eine unregelmäßige Form, und das erfordert individuelle Fassungen.
Für die kleineren hat man vorher kurze Schienen gefertigt, in deren Boden man nun mit einer kleinen Rundkopffräse nebeneinander Vertiefungen zum Einpassen anbringt. Mit einer noch feineren Fräse muss man dann den oberen Rand der Schienen bearbeiten, um dort das Metall exakt um die Steinchen schließen zu können.

▲ **11.** Ehe man die Steine einsetzt, überarbeitet man nochmals mit dem auf das Handstück aufgesteckten Stahldrahtkranz die Außenseite des Armbands, um eine gleichmäßige Mattierung zu gewährleisten.

▶ **13.** Mit dem Wachsbein wird jedes Steinchen an seine Stelle gesetzt und so eingepasst, dass ein ausreichender Metallstreifen verbleibt, um ihn oben darüberzubiegen.

▲ **14.** Auch wenn man die Ränder direkt mit dem Fasserhämmerchen über die Steine klopfen könnte, wurden sie doch hier zunächst erst einmal mit einem Andrücker angebogen und dann nachgehämmert.

▲ **15.** Bei jeder Fassung müssen die Innenkanten mit einem feinen Stichel nachgearbeitet werden, um die winzigen Metallgrate zu entfernen, die nach dem Behämmern noch verblieben; abschließend werden die Außenseiten poliert. Oben sehen wir nun das Armband von Carles Codina nach seiner endgültigen Fertigstellung.

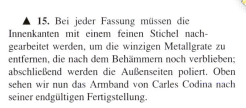

GOLDANHÄNGER MIT KETTE

*A*uf den folgenden Seiten zeigen wir die Herstellung eines goldenen Anhängers, der fest mit einer Kette verbunden ist. Diese attraktive Kette ist dennoch recht einfach aus Golddraht mit quadratischem Profil zu fertigen. Daneben wird das richtige Knicken von Golddraht im rechten Winkel demonstriert, das korrekte Verlöten von Teilen untereinander und die Anfertigung von Fassungen für Steine, die auf den Anhänger aufgesetzt werden. Am Beginn steht die Fertigung der Kette, für die wir Golddraht mit einem quatratischen Profil von 2 x 2 mm ausziehen, dessen etwa 2 cm lange Teilstücke dann durch kleine Goldösen aus 1,3 mm starkem Runddraht, erzeugt gemäß der Beschreibung in einem vorangegangenen Kapitel, miteinander verbunden werden. Der rechteckige Anhänger besteht aus einem Rahmen aus dem gleichen Viereckdraht, in den einige Abformungen von Baumrinde mit markanter Textur gesetzt wurden und der schließlich noch mit Rohdiamanten in etwas weniger geläufigen Fassungen verziert wurde.

▲ **1.** Den gemäß vorangegangener Darstellung ausgezogenen Golddraht schneiden wir in gleichmäßig etwa 2 cm lange Stücke zu; auf dem hier gezeigten kleinen Gerät stellen wir die Länge ein und sägen die Teile dann in identischen Abmessungen ab.

▲ **2.** Man stellt etwa 40 kleinere Ösen mit einem Innendurchmesser von 1,5 mm her und 20 mit einem größeren (an die 3 mm), mit denen die Stäbchen dann untereinander verbunden werden.

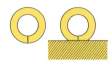

▲ Die kleinen Ösen biegt man mit der Flachzange dicht zusammen und feilt sie am Zusammenstoß etwas flach, um sie, wie im Bild gezeigt, an dieser Stelle mit den Schmalseiten der Drahtstäbchen zu verlöten.

▶ **3.** An jede Schmalseite eines Stäbchens wird eine kleine Öse gelötet; alle Ösen müssen in der gleichen Ebene liegen.

◀ **4.** Wenn alle kleinen Ösen angelötet sind, muss man die Kettenglieder zusammenhängen. Dazu biegt man mit zwei Flachzangen jeweils eine der größeren Ösen etwas auseinander, hängt die Ösen von zwei Stäbchen ein, biegt die große Öse dann wieder zusammen und verlötet deren beide Enden.

Schritt für Schritt

▶ **5.** Für das Zusammenfügen empfiehlt es sich, die ganze Kette auf dem Lötklotz auszubreiten, jede Verbindungsöse etwas zu erhitzen, Lötpaste aufzutragen und dann eine Öse um die andere zusammenzulöten.

▲ **6.** Wenn alle Glieder miteinander verlötet sind, muss man die Kette abbeizen, sie mit feinem Schmirgelpapier (1000er- oder 1200er-Körnung) glätten und dann gemäß der Anweisung weiter vorn im Buch polieren.

Als nächstes gehen wir an den Anhänger, für dessen Rahmen wir als erstes zwei etwa 10 cm lange Stücke Viereckdraht zuschneiden.

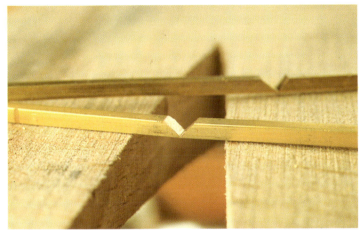

◀ **7.** Jedes Stück müssen wir nun zu einem L knicken. Damit das in exaktem 90°-Winkel geschehen kann, feilen wir an der entsprechenden Stelle (siehe unten links) mit einer Feile mit quadratischem Profil ein V ein, dessen Spitze fast bis an die Unterkante des Drahtes reicht. Jetzt muss der Draht geglüht werden, damit er beim Abknicken nicht bricht.

◀ **8.** Nach dem Abknicken im genau rechten Winkel befeuchten wir die Ecke mit etwas Lötwasser, legen eine Lötpaille auf und verlöten die Stelle.

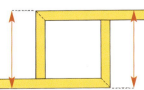

▲ Damit sich ein korrektes Rechteck ergibt, müssen die kurzen Seiten der L-Form exakt gleiche Länge haben.

▶ **9.** Wie hier gezeigt, muss man vor dem Zusammenlöten des Rechtecks mit einer Schublehre nochmals überprüfen, dass die gegenüberliegenden Seiten präzise gleiche Länge haben und die vier rechten Winkel exakt sind. Dann verlötet man erst die eine Seite und überprüft nochmals; sollte sich eine kleine Verschiebung ergeben haben, lässt sie sich vor dem Verlöten der anderen Seite noch korrigieren.

Goldanhänger mit Kette

◀ **10.** Nach dem Zusammenlöten werden die überstehenden Teile abgesägt.

▶ **11.** Die Ecken werden erst mit der Feile und dann mit Schmirgelpapier in immer feinerer Körnung (das man um einen Holzstab oder auch die Feile selbst wickeln kann) nachgearbeitet; jegliche Abrundung der Kanten muss dabei streng vermieden werden.

◀ **12.** Als Füllung des Rahmens haben wir bei unserem Beispiel Abformungen von Rindenstücken gewählt, aber man kann sich dafür natürlich auch etwas anderes einfallen lassen.

▶ **13.** Der nächste Schritt ist das Einpassen dieser Abformungen in den Rahmen. Wenn dafür kein Sauerstoffbrenner zur Verfügung steht, kann man auch mit mittelhartem Lot verlöten unter der Voraussetzung, dass für den Rahmen Hartlot verwendet wurde.

▲ **14.** Zum Einhängen an die Kette werden an die beiden oberen Ecken des Rahmens zwei Ösen gelötet.

▶ **15.** Für die Anbringung der Rohdiamanten brauchen wir Zargen in zwei verschiedenen Formen; für die eine haben wir im Fassonamboss aus Goldblech eine kurze Schiene gehämmert.

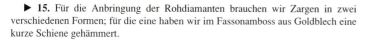

▲ **16.** Die zweite Fassung ist für einen etwas unregelmäßigen, würfelförmigen Rohdiamanten bestimmt. Dazu biegen wir sehr dünnen Rechteckdraht mit der Flachzange als Rahmen um den Stein und verlöten die Endkanten. Den Boden der Fassung schneiden wir aus 0,5 mm starkem Goldblech und löten darauf den Rahmen. Anschließend wird die Gesamtzarge sauber abgefeilt und abgeschmirgelt.

◀ **17.** Oben soll die Kette einen Verschluss erhalten, wofür man ein Karabinerschloss verwendet, das im Zubehörhandel erhältlich ist. Da ein solcher Verschluss aber eine Stahlfeder enthält, die beim Erhitzen ihre Spannung verlieren würde, kommt deshalb hier ein Anlöten nicht infrage. Daher kann man die etwas größere Öse, mit der er verbunden werden soll (eine gleich große dient am Glied gegenüber zum Einhängen) und die man zu Gunsten ihrer Widerstandsfähigkeit und um ein Öffnen zu verhindern aus nur wenig geglühtem etwas dickerem Draht machen muss, nur mit Flachzangen zusammenbiegen.

◀ **18.** Die kleinen Diamanten werden in eine kleine Führungsrille in der Mitte der Schiene gesetzt, und der Metallrand wird über ihnen geschlossen; das sollte mit Rücksicht auf die Unregelmäßigkeit der Steine auch eher in etwas unregelmäßiger Form geschehen.

▼ **19.** Hier nun das fertige Stück; der Rahmen und die Kette wurden auf Hochglanz poliert, der texturierte Einsatz dagegen in betontem Gegensatz dazu in einem Säurebad mattiert.

KETTE AUS SILBERDRAHTRINGEN

Das Ausgangsmaterial für die folgende Kette waren verlötete Silberdrahtringe, gefertigt aus 0,9 mm starkem rundem Silberdraht. Der Draht könnte sowohl noch dünner als auch ein wenig stärker sein, aber mit einem feinen Draht in guter Qualität lässt sich leichter arbeiten. Man könnte auch abwechselnd Ringe aus anderem Metall mit einbeziehen.

Der erste Schritt besteht darin, eine lange, dichte Drahtspirale wie weiter vorn im Buch gezeigt um einen Rundstab zu wickeln, der nicht dünner als etwa 1,5 cm sein sollte. Die Spirale zerlegt man dann in die Einzelringe, deren Stoßkanten verlötet werden.

▲ 1. Es erweist sich als praktisch und bequem, zum Verlöten die Ringe so auf dem Lötklotz anzuordnen, wie hier im Bild gezeigt. Die Verwendung einer Lötpaste ist für diese Arbeit besonders zu empfehlen. Wenn man allerdings mit einem Gasbrenner lötet, ist Lötdraht eher angemessen.

▲ 2. Wenn es um eine große Anzahl von Ringen geht, kommt auch der Einsatz des Sauerstoffbrenners in Verbindung mit Lötpaste infrage. Nach dem Verlöten müssen die Ringe abgebeizt, gut abgeschwenkt und getrocknet werden.

▶ 3. Mit einer vorn umgebogenen Spreizzange werden die Ringe in jene längliche Form gedehnt, die Voraussetzung für die weitere Verarbeitung ist.

▶ 4. Dann muss man Stützen für den weiteren Fortgang der Arbeit herrichten. Dazu lötet man, wie hier gezeigt, auf die Überkreuzung von zwei gelängten Ringen einen kurzen Stift aus dickem rundem Silberdraht. Man könnte auch mehr solcher Drahtschlingen befestigen; üblicherweise beginnt man solche Ketten mit zwei, vier oder sechs Grundschlingen.

◀ 5. Die äußeren Enden der Schlingen werden dann nach innen gebogen. Wenn die Kette dicker werden soll, braucht man mehr Schlingen gleich für den Anfang, und diese müssen länger sein, also aus Ringen mit größerem Durchmesser gedehnt werden.

▼ 6. Durch eine der angelöteten Schlingen führt man nun eine andere und drückt deren Enden mit den Fingern gleichmäßig nach oben. Der Trägerstift muss fest in einen Tischschraubstock eingeklemmt sein.

▼ 7. Um die beiden Enden auf gleiche Höhe zu bringen, schiebt man eine lange, gerade Schusternadel von entsprechender Stärke hindurch und zieht diese gleichmäßig und gerade nach oben.

▼ 8. Man schiebt nun, immer im Uhrzeigersinn, weitere Schlingen durch und verfährt damit gleichermaßen.

Schritt für Schritt

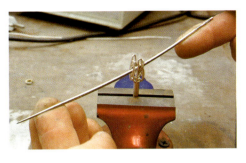

◀ 9. Sobald der hier gezeigte Punkt erreicht ist, beginnt das eigentliche Flechten der Kette. Dazu ist ein wesentlicher Wechsel erforderlich: Statt wie bisher eine neue Schlaufe immer durch die jeweils oberste zu führen, schiebt man sie nun in die zweite von oben. Wenn man nun wieder nach oben zieht, werden zwei Schlingen zugleich nach oben gebogen.

▲ 10. Jede neue Schlinge muss wieder mit der Nadel gleichmäßig nach oben gezogen werden.

▲ 11. Man fährt entsprechend fort; vor dem Einsetzen einer neuen Schlinge zieht man mit der Nadel die zweitoberste gut nach oben und biegt sie zusammen.

◀ 13. Nach Abschluss des Flechtens zieht man die Kette entweder durch eine entsprechende runde Öffnung des Zieheisens oder bohrt dafür ein Loch in ein Holzbrett. Man zieht die Kette, sie an einem Ende mit der Flachzange fassend, behutsam durch; sie wird dadurch gleichmäßiger gerundet, doch durch das Zieheisen zugleich etwas rau.

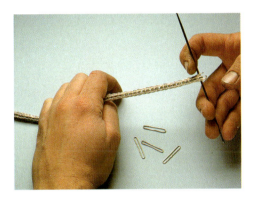

▲ 12. Sobald die Kette länger wird, muss man sie fassen wie hier gezeigt; sie sollte wenigstens 40 cm lang werden, und 2 cm mehr muss man stets für den Verschluss rechnen. Besonders attraktiv sind diese kordelförmigen Ketten, wenn sie eher eng um den Hals liegen in der Form eines Halsbandes.

▶ 14. Nun muss man die Kette noch geschmeidiger machen. Dazu führt man sie um einen stabil befestigten Holzstab mit 5 bis 6 cm Durchmesser oder um einen Armbandriegel, nimmt jedes ihrer Enden in eine Hand und zieht abwechselnd kräftig daran.

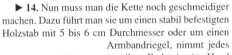
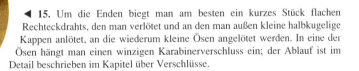

◀ 15. Um die Enden biegt man am besten ein kurzes Stück flachen Rechteckdrahts, den man verlötet und an den man außen kleine halbkugelige Kappen anlötet, an die wiederum kleine Ösen angelötet werden. In eine der Ösen hängt man einen winzigen Karabinerverschluss ein; der Ablauf ist im Detail beschrieben im Kapitel über Verschlüsse.

▲ Je dicker der Draht ist und je geringer der Durchmesser der Ringe, desto kompakter wird die Kette; hier ein auf diese Weise gefertigtes Goldkollier.

▼ Wie unten gezeigt, kann man nach dem gleichen Schema auch mit mehr als zwei Anfangsschlingen arbeiten. Wenn man mit drei Schlaufen beginnt, müssen die Ringe allerdings bei gleicher Drahtstärke einen größeren Durchmesser haben.

◀ Der Arbeitsablauf ist der gleiche wie bei unserem Beispiel mit zwei Anfangsschlingen.

▶ Das Ergebnis unterscheidet sich jedoch etwas, weil die Kette ein anderes Profil bekommt.

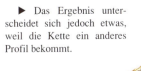

HOHLER FINGERRING

In unserer nächsten Demonstration geht es um die Gestaltung eines Fingerrings aus Silber und Gold, auf den ein Stein gesetzt wird. Dazu sind einige der Techniken erforderlich, die in vorangegangenen Kapiteln ausführlich erläutert wurden: das Biegen, Knicken und Zusammensetzen von Profilen, das Einpassen, die Oxidierung von Silber, die Anfertigung eines Gewindes und insbesondere das Löten. Die Arbeit beginnt mit der Herstellung eines Rahmens aus silbernem Rechteckdraht, auf dem dann Plättchen aus verschiedenem Metall in unterschiedlichen Lötverfahren befestigt werden. An das Abschleifen und Abschmirgeln schließt sich eine Oxidierung an und zum Schluss die Anfertigung einer Schraubverbindung für den aufgesetzten Stein.

▲ **1.** Ein schmaler Silberbarren wird geglüht und in der Walze zu einem 1 mm starken Streifen ausgewalzt. Er wird in zwei Hälften zertrennt, die wiederum geglüht, abgebeizt und geglättet werden müssen, ehe man daraus nach der Beschreibung weiter vorn im Buch den Rahmen formt.

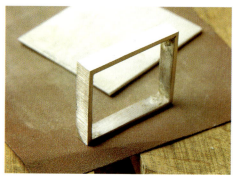

▲ **2.** Ausgangsbasis für den Ringkorpus ist der Rahmen aus zwei Stücken Rechteckdraht, die mit Lot höheren Schmelzpunktes miteinander verlötet werden. Die Kanten müssen dann gut abgefeilt werden, damit sie glatt und gleichmäßig sind. Sodann schneidet man ein Gold- und ein Silberplättchen zu, jeweils mindestens 0,6 mm stark.

▲ **3.** Ehe man den Rahmen mit dem Silberblech verlötet, sollte man die beiden Teile mit Stahldraht gut zusammenziehen, damit sie dabei nicht verrutschen können; das darf aber auch wieder nicht zu fest geschehen, da zu starker Druck zur Verformung führen könnte. Auf die vorhergehenden Lötstellen trägt man ein Lötschutzmittel auf; das wiederum darf nicht auf die neuen Lötstellen kommen, weil es sonst eine saubere Verlötung beeinträchtigen würde.

▲ **4.** Die beiden Teile legt man zum Verlöten auf ein Drahtkissen; dieses erlaubt den Zugang der Hitze auch von unten her, damit eine gleichmäßige Umhüllung der Stücke durch die Brennerflamme und eine gute Verteilung des Lots auf die Verbindungsflächen der beiden Teile garantiert ist. Da man bei der vorangegangenen Lötung Hartlot benutzte, sollte man jetzt mittelhartes Lot einsetzen.

▲ **5.** In die Silberplatte sägt man einen runden Ausschnitt wie im Bild gezeigt und formt aus einem schmalen Goldblechstreifen, ebenfalls 0,6 mm stark, einen genau in den Ausschnitt passenden Reif.

▶ **6.** Nun wiederholt man auf gleiche Weise wie oben einschließlich des Zusammenziehens mit Draht und Abdeckens mit Lötschutzmittel das Auflöten eines Plättchens, diesmal des goldenen auf der Gegenseite.

▲ 7. Wenn man mit Lötpaillen arbeitet, empfiehlt es sich, das ganze Stück erst einmal etwas zu erhitzen, die Paillen dann in Lötwasser zu tauchen und sie dann eine um die andere an die entsprechende Stelle zu setzen. Auch jetzt wieder sollte man mittelhartes Lot verwenden.

▲ 8. Wir benutzen hier jedoch Lötdraht. Dabei trägt man erst Lötwasser auf das ganze Stück auf, erhitzt es dann mit dem Gasbrenner, und erst wenn die angemessene Temperatur erreicht ist, setzt man den Lötdraht auf.

▲ 9. Nachdem man durch ein Tauchbad die Oxidationsschicht entfernt hat, muss die gesamte Außenfläche gut abgefeilt und abgeschmirgelt werden. Erst dann wird auch aus dem Goldplättchen eine gleich große Öffnung herausgesägt wie aus dem Silberplättchen.

▶ 12. Nach dieser letzten Lötung muss man alle noch überstehenden Metallgrate wegfeilen. Dann schmirgelt man das Stück mit zwei oder drei Papieren von jeweils feinerer Körnung ab, wobei man stets darauf achten muss, dass glatte Kanten nicht abgerundet werden.

▲ 10. Mit einer Feile mit halbrundem Profil glättet man die Innenkanten der Ausschnitte, bis der auf dem Fassonamboss gerundete Goldreif sich präzise einfügt.

▲ 11. Nach Abdeckung vorheriger Lötstellen legt man um den Goldreif eine Anzahl von Paillen aus Weichlot und lötet ihn mit allseits das ganze Stück umhüllender Flamme ein.

◀ 14. An einem Draht hängt man nun den Ring in eine Silberoxidlösung. Sie schwärzt das Silber, verändert das Gold jedoch nicht, da sie dieses nicht angreift.

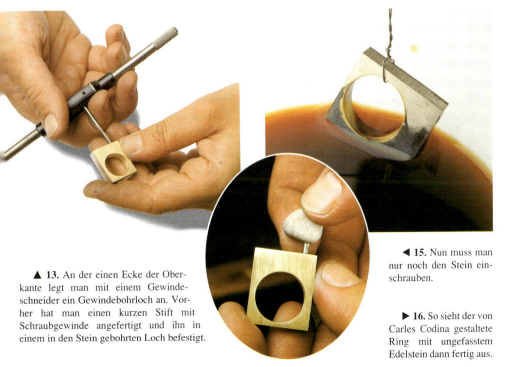

▲ 13. An der einen Ecke der Oberkante legt man mit einem Gewindeschneider ein Gewindebohrloch an. Vorher hat man einen kurzen Stift mit Schraubgewinde angefertigt und ihn in einem in den Stein gebohrten Loch befestigt.

◀ 15. Nun muss man nur noch den Stein einschrauben.

▶ 16. So sieht der von Carles Codina gestaltete Ring mit ungefasstem Edelstein dann fertig aus.

„GEHÄKELTE" KETTE

Die Arbeit mit feinem Draht ist außerordentlich kreativ auf Grund der Tatsache, dass die Verwendungsmöglichkeiten für qualitativ hochwertigen Draht in angemesser Stärke nahezu unbegrenzt sind. Die Kette, deren Anfertigung nachfolgend gezeigt wird, entsteht in einer Umsetzung einer textilen Flechttechnik, die schon von Kindern mit Plastikschnüren oder Wollfäden geübt wird. Die Ausführung ist leicht und erfordert neben feinem Silber- oder Golddraht kaum mehr als eine gewöhnliche Häkelnadel. Mit Qualitätsdraht in der richtigen Stärke sind Umsetzungen der verschiedensten textilen Techniken möglich, bis hin zum Einsetzen von Spulen mit Metalldraht in eine Strickmaschine.

Die Kette wurde von Tanja Fontane aus 0,25 mm starkem Silberdraht gefertigt; gleiche Stärke empfiehlt sich auch für eine Ausführung in Golddraht. Fachbezeichnungen für solche Ketten sind auch Strickkette, Geflechtkette und Schlauchkette.

▲ **1.** Man benötigt eine Rolle geglühten Silberdraht und eine feine Häkelnadel; je dicker die Häkelnadel ist, desto größer werden die einzelnen Schlingen, und damit wird die Kette lockerer und leichter. Für Anfang und Ende der Kette braucht man noch eine Rolle gleich starken Kupferdraht.

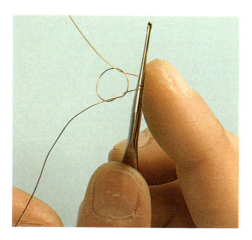

▲ **2.** Man beginnt mit Kupferdraht; mit diesem bildet man die zwölf Anfangsschlaufen (siehe dazu Schritt 5). Macht man mehr solcher Schlingen zum Beginn, wird die Kette entsprechend dicker.

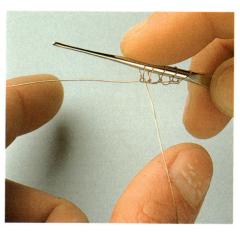

▲ **3.** Die zwölf Schlaufen müssen unten (siehe auch die runde Abbildung) miteinander verschlungen sein.

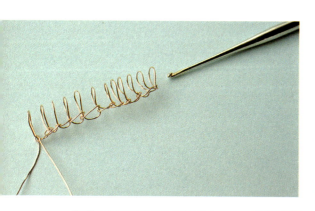

◀ **4.** Die Schlaufen müssen mit den Fingern vorsichtig nach oben gebogen werden, bis sie eine gleichmäßige, auf gleicher Höhe verlaufende Reihe bilden.

▶ **5.** Hier die Ausgangsform für das Flechten des Silberdrahts: Der Streifen mit den Kupferdrahtschlaufen wurde auf einem Finger zu einer Art Kranz zusammengebogen, dann formt man mit den Fingern die Schlaufen nach, bis sie möglichst die gleiche Größe und Gestalt haben.

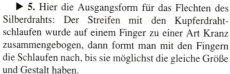

◀ **6.** Jetzt führt man den Draht, der zur Rolle führt, innen in die Mitte der ersten Schlaufe, ergreift ihn von außen mit der Häkelnadel und hängt über die innere Schlaufe hinweg eine zweite außen an.

▶ **7.** Das handhabt man dann so auch für die anderen Schlaufen und fährt damit fort, bis einige Runden weiterer Schlaufen angelegt sind.

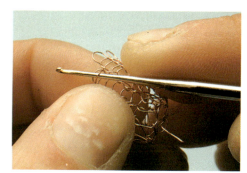

Schritt für Schritt

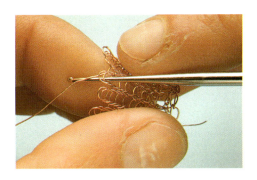

▲ **8.** Wenn wir so weit sind, hängen wir nunmehr an die zweite Reihe von Schlaufen weitere Schlaufen an, damit ein dichtes Geflecht entsteht.

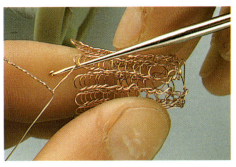

▲ **9.** Bis jetzt haben wir mit Kupferdraht gearbeitet, damit beim späteren Straffen der Kette das Geflecht nicht Schaden leidet. Jetzt wird dieser durch Silberdraht ersetzt, indem man für den Ansatz beide Drähte miteinander verwindet, wie im Bild zu sehen. Der Draht wird nun um je zwei Schlaufen geführt.

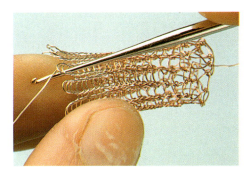

▲ **10.** Hier kann man genau verfolgen, wie mit der Häkelnadel der Silberdraht von außen durch die zweitäußerste Schlaufe gezogen wird; über sie hinweg wird er dann wieder nach außen geführt.

▲ **11.** Man fährt mit dem Häkeln fort, bis eine Länge von wenigstens 40 cm erreicht ist; das Geflecht muss gerade bleiben und der Durchmesser des Stranges so gleichmäßig wie möglich sein.

▲ **12.** Wenn die gewünschte Länge erreicht ist, wechseln wir wieder zu Kupferdraht, auf gleiche Weise wie vorher zu Silberdraht. Solche Wechsel sind auch sonst möglich, beispielsweise wenn Teile der Kette aus Gold sein sollen.

▲ **13.** Auch wenn die Kette noch nicht ganz fertig ist, sollten wir sie jetzt doch kräftig ausziehen, wie unser Bild das zeigt, damit sie gedehnt und gestrafft wird und mehr Elastizität gewinnt und so, wie der Goldschmied sagt, „besser fällt".

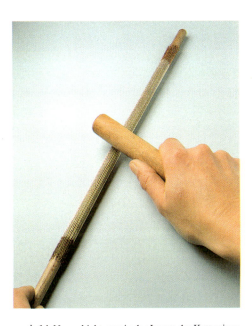

▲ **14.** Nun schiebt man in das Innere der Kette einen Holzstab von entsprechender Stärke, legt sie so ausgefüllt auf eine glatte Unterlage und glättet mit ausholenden Bewegungen die Außenseite mit einem anderen runden Holzstab, am besten einem Griff aus Buchsbaum.

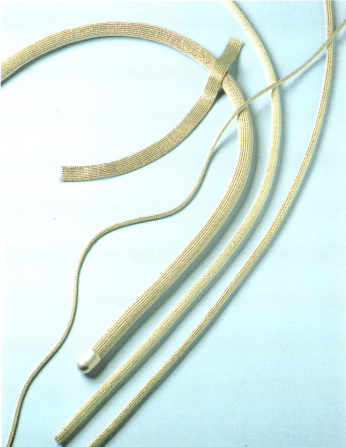

◀ **15.** Die Enden fasst man am besten in kleine, mit einer Halbkugel schließende Röhrchen, an die man einen der Verschlüsse lötet, die der Zubehörhandel in vielen Formen bereithält.

Fachbegriffe

A

Amboss: Stählerne Aufschlagfläche in verschieden Formen: als Zweihornamboss, Aufsteckamboss, Fassonamboss (dieser meist Anke genannt)

Andrücker: In Rundstabform mit feiner Spitze auch Anreiber genannter Stift, mit dem die oberen Ränder von Fassungen über den Stein gebogen werden

Anke: Geläufigere Bezeichnung für den Fassonamboss, gewöhnlich in Würfelform mit Rillen als Riefenanke oder mit gewölbten Eintiefungen als Kugelanke; auch in Kombination beider Formen lieferbar

Arkansas-Bankstein: Besonders hochwertiger Stein zum Schleifen und Schärfen von Sticheln usw.

B

Bahn: Aufschlagfläche eines Hammers; auch dessen Flügel („zweibahniger Hammer")

Beize: Lösung zum Dekapieren (Entfernen einer Oxidationsschicht) von Metallen nach dem Glühen oder Löten; Beizen = Dekapieren

Biegsame Welle: Siehe Flexible Welle

Bimsstein: Sehr weiches Mineral, auch in Pulver- und Pastenform zum Glätten und Polieren verwendet

Blech: Bezeichnung der Goldschmiede für alle plättchenartig planen Edelmetallstücke

Blechschere: Schere zum Zertrennen von Metall; kleinste Formen zum Zerteilen von Paillen

Boden: Bei Edelsteinen der von der Fassung umschlossene und daher nicht sichtbare Teil

Bohrfutter: Am Kopf bestimmter Geräte oder Handstücke angebrachter veränderlicher Öffnungsstutzen zum Einsetzen verschiedener Stifte zum Bohren, Fräsen, Schleifen usw.

Bolzen: Kleiner Metallstift zum Vernieten oder auch Verschrauben von Teilen untereinander

Borax: Glasige Paste als Flussmittel beim Verlöten oder geschmolzen zur Auflösung einer Oxidschicht

Bördelung: Schmaler Metallrand um einen in eine Fassung gesetzten Stein

Brillantschliff: Eine der verbreitetsten Formen (neben vielen anderen) für den Schliff von Diamanten

Bruch/Feilung: In der Werkstatt anfallende Edelmetallabfälle, die nach entsprechender Säuberung und Aussonderung von Fremdstoffen wieder geschmolzen werden können

C/D

Chaton: Nach unten konisch verjüngte Zarge, aus der dünne, stotzenartige Halterungen herausgesägt oder -gefeilt werden

Dekapieren: Entfernen einer Oxidationsschicht von Metallen durch Säure, auch Beizen genannt

Drahtunterlage: Kissenartiges Stahldrahtgeflecht, das beim Verlöten den Zugang der Flammenhitze von allen Seiten erlaubt

Drahtziehbank: Lange Werkbank zur Verminderung der Durchmesser von Draht mit Hilfe von Zieheisen

E/F

Email: Glasflussähnliches Material aus Silizium und weiteren Bestandteilen, das für farbige Partien bei hoher Temperatur auf Edelmetall aufgeschmolzen wird

Fassen: Technik zum Einfügen von Edelsteinen in Halterungen zur Verbindung mit Schmuckstücken

Feilung: Siehe Bruch

Feuerklammern: Klammern zum Festklemmen von Gegenständen, die gelötet werden sollen; in verschiedenen Größen, Formen und Druckstärken lieferbar, auch für den Werktisch

Flexible Welle: Auch biegsame Welle genanntes schlauchartiges Verbindungsstück, welches die Antriebskraft von einem Elektromotor auf das sogenannte Handstück überträgt; oft auch für die gesamte Einheit benutzt

Flussmittel: Beim Löten verwendetes Präparat, das die Oxidbildung verhindern soll und die Verbindung der Metallteile fördert

Furnituren: Sammelbezeichnung für Kleinteile wie Schlösser, Stege, Federn, Clips, die beim Zubehörhandel zum Ansetzen an Schmuckstücke erhältlich sind

G

Glasgrund: Farblose, durchsichtige Masse, die als Grundierung für darauf aufgebrachte farbige Emailmasse dient

Glimmer: Mineral, das in dünnen Blättchen unter zu emaillierende Stücke geschoben deren Ankleben auf einer heißen Unterlage verhindert

Glühen: Erhitzen von Metall bis zum Erreichen einer kirschroten Färbung und anschließendes Abschrecken; es ist nötig, um einem durch Schmieden oder Walzen stark beanspruchten Metallstück wieder die erforderliche Schmiegsamkeit („Bearbeitbarkeit") zu verleihen

H

Handdosiergerät: Kleines Werkzeug zum gezielten Auftrag kleiner Portionen von Lötpaste

Härtung: Bestimmter erwünschter Härtegrad von Metallen, erzeugbar durch mechanische Bearbeitung oder Hitze oder in Verbindung von beidem

Hornamboss: Kleiner Tisch- oder Aufsteckamboss mit zwei Flügeln, von denen einer gerundet, der andere plan ist

K

Karatierung (bei Edelsteinen): Hier entspricht ein Karat einem Gewicht von 0,2 g

Karatierung (von Metall): Kennzeichnung bestimmter Edelmetallanteile („Feingehalt") in Legierungen

Kitt: Haftmischung zum Festhalten kleiner Stücke beim Fassen (Fasserkitt) oder als nachgiebige Unterlage beim Treiben (Treibkitt)

Kittstock: Kurzer Stab, gewöhnlich aus Holz, der mit seiner Kittmasse am Kopf die Befestigung kleiner Teile vor allem beim Fassen erlaubt

Kolofonium: Feste, durchsichtige Masse, gewonnen durch Destillieren von Terpentin; verwendet für Kitt zum Festhalten von Schmuckstücken bei deren Bearbeitung oder Zusammensetzen

Königswasser: Lösung aus Salpetersäure und Salzsäure, die Gold auflöst

Konteremail: Auf die Rückseite eines zum Emaillieren bestimmten Stücks aufgetragene Emailschicht, um die Spannung von der Vorderseite zu nehmen

Korneisen: Metallstift, dessen Aufsetzende konkav gewölbt ist und der beim Fassen zum Abrunden der nach oben abgehobenen Metallspäne dient

Kupelle: Schmelztiegel, auch Gefäß zum Anmischen von Chemikalien zur Überprüfung eines Feingehalts

Küvette: Zylindrischer Stahlbehälter für das Formgussverfahren

L

Laubsäge: Grundwerkzeug des Goldschmieds mit einem Bügel, in dessen festziehbare Halterungen die Sägeblätter eingespannt werden

Legierung: Mischung aus zwei oder mehr verschiedenen Metallen

Lot: Legierung, die in geschmolzenem Zustand zwischen Kanten oder Flächen von Metallteilen eindringt, die miteinander verbunden, eben verlötet werden sollen

M/O

Mikrometerschraube: Präzisionsgerät zum Messen von Drähten und Blech

Ocker: Rötliche Tonerde zum Schutz von Lötstellen vor Feuer; bewirkt durch Abdeckung damit, dass sich auf alten Lötstellen neues Lot ausbreitet

P/Q

Paille: Winziges, flitterartiges Plättchen aus Lot, das zum Verlöten aufgelegt wird

Polieren: Glanz verleihen, häufig durch das Glätten mit einem Gerät aus Stahl, Hämatit oder Achat

Prüfstein: Auch Probierstein genannte Platte aus dunklem, geglättetem Naturstein zur (ungefähren) Bestimmung eines bestimmten Feingehalts

Punzen: Zum Treiben und Ziselieren von Metall verwendeter Stahlstift in unterschiedlichen Härtegraden

Quartscheidung: Werkstattverfahren zur Läuterung von Gold durch Herunterlegieren und Ausfällen mit Salpetersäure

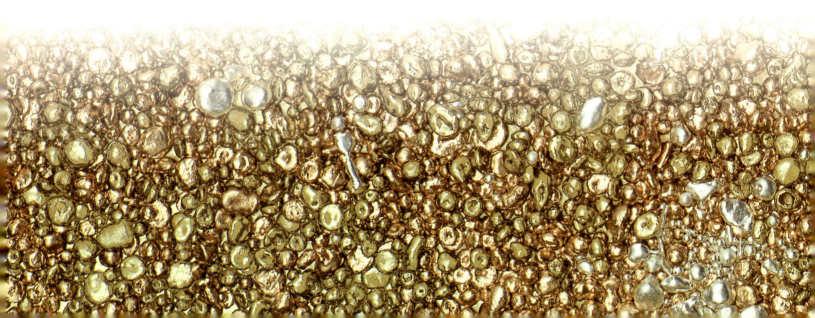

R

Reibahle: Feines Werkzeug aus Stahl mit Schneidkanten zum Erweitern von Löchern oder Glätten kleiner Röhrchen

Riegel: Langer stählerner Rundstab mit ansteigendem Durchmesser (und gegebenenfalls Maßangaben) zum Rundformen von Ringen oder auch Armbändern

S

Sägeblatt: Dünner gezähnter Metallstreifen, oft einfach „Säge" genannt, zum Einspannen in die Laubsäge (genauer: den „Laubsägebogen")

Scheidewasser: Lösung aus destilliertem Wasser und Salpetersäure, das in unterschiedlicher Konzentration zum Reinigen von Gold und zum Ausscheiden von Metallen aus einer Legierung dient.

Sprödigkeit: Zustand, der bei Gold im Verlauf des Auswalzens auftreten kann, zu Sprüngen führt und weitere Bearbeitung unmöglich macht.

Steinschleifer: Spezialist, der Edelsteinen durch Anbringen des Schliffs in Facetten ihre Form und ihren Glanz verleiht

Stempel: a) Hersteller- und Feinheitsangabe auf einem Barren oder Stück aus Edelmetall; b) kurzer Punzen zum Ausweiten von Bohrungen oder Zargen

Stichel: In eine Spitze auslaufendes Stahlwerkzeug, verwendet zum Abheben oder Ziselieren von Metall

Strichprobe: Methode zur (ungefähren) Bestimmung des Feingehalts einer Legierung

T/W/Z

Treiben: Einem flachen Metallblech Wölbung verleihen durch die Bearbeitung mit Hammer und Treibpunzen mit gewöhnlich gerundeter Oberfläche

Wachsbein: Kleiner Trägerstift mit spitz zulaufendem Klumpen aus geschwärztem Wachs am oberen Ende zum Festhalten eines Steins beim Fassen

Zarge: Metallfassung zum Montieren von Steinen, oft aus Metallröhren mit rundem oder rechteckigem Profil gewonnen

Weiterführende Literatur

Das grundlegende Fachbuch für die Goldschmiedekunst, seit Jahrzehnten Unterrichtsgrundlage und soeben in 14. Auflage im Fachbuchverlag Leipzig erschienen, ist:

Brepohl, Erhard: Theorie und Praxis des Goldschmieds

Zur Ergänzung auch zu Einzelthemen und als Anregung sind die folgenden Bücher zu empfehlen:

Coles, Janet/Budwig, Robert: Das große Buch der Perlen. Ein Leitfaden mit vielen praktischen Anregungen zum Gestalten von Schmuck; Verlag Paul Haupt, Bern

Dormer, Peter/Turner, Ralph: Schmuck - Die internationale Avantgarde; DuMont, Köln 1986

Eberle, Bettina: Faszination Glas. Ein Arbeitsbuch für Glass Fusing, Glasmalerei und Flammenarbeit mit Glas; Verlag Paul Haupt, Bern, 2. Aufl. 2000

Falk, Fritz: Schmuck-Kunst im Jugendstil; Arnoldsche Verlagsanstalt, Stuttgart 1999

Fisch, Arline M.: Textile Techniken in Metall für Schmuckherstellung, Textilkunst und Bildhauerei; Verlag Paul Haupt, Bern 1998

Jenkins, Cindy: Glasperlen. Vom einfachen bis zum anspruchsvollen Projekt; Verlag Paul Haupt, Bern, 1999

Martinazzi, Bruno: Schmuck 1958 - 1997 (Ausstellungskatalog); Arnoldsche Verlagsanstalt, Stuttgart

McGrath, Jinks: Techniken der Schmuckherstellung. Ein illustriertes Handbuch traditioneller und moderner Techniken; Verlag Paul Haupt, Bern, 1997

Rothmüller, Hanns: Schmuck und Juwelen; Battenberg, München 1985

Schadt, Hermann: Goldschmiedekunst. 5000 Jahre Schmuck und Gerät; Arnoldsche Verlagsanstalt, Stuttgart 1996

Schmuck 2000: Rückblick, Visionen (Sonderedition der Zeitschrift Schmuck Magazin, 1999)

Seling, Helmut: Die Kunst der Augsburger Goldschmiede 1529-1868, 3 Bände; Beck, München 1993

Solodkoff, Alexander von: Fabergé, Juwelier des Zarenhofs (Ausstellungskatalog); Umschau Brauss, Frankfurt 1995

Weinhold, Ulrike: Emailmalerei an Augsburger Goldschmiedearbeiten 1650 bis 1750; Deutscher Kunstverlag, München 2000

Witt, Gerlinde: Goldschmieden. Ein Grundkurs für Hobbykünstler; Hinstorff, Rostock, 2.Aufl. 1997

Wolters, Jochem: Die Granulation. Geschichte und Technik einer alten Goldschmiedekunst; Callwey, München, 2. Aufl. 1986

Zarengold. 100 Meisterwerke der Goldschmiedekunst aus der Staatlichen Eremitage Sankt Petersburg; Arnoldsche Verlagsanstalt, Stuttgart 1995

Dank

Der Escuela Massana in Barcelona und all ihren Lehrkräften und Schülern darf ich danken für ihren Beitrag zum Zustandekommen dieses Buches; nicht zuletzt dafür, dass erst die hier gewonnenen Kenntnisse mich befähigt haben, es zu schreiben.

Neben den für ihre einleitenden Beiträge schon erwähnten Ramón Puig und Xavier Domenech sei hier gedankt Estela Guitart für das Kapitel über Japanlack, Carmen Amador für das über das Treiben und Joan Aviño für den wichtigen Beitrag zu jenem über das Fassen von Steinen. Verónica Andrade wirkte mit bei verschiedenen Abschnitten und insbesondere dem über die Granulation.

Weiteren Freunden und Fachleuten schulde ich Dank für ihre Beratung bei den Texten über chemische Fragen (Joaquim Benaque), Wachsabguss (Jimena Bello), Schmieden (Jaime Díaz), Färbungen (Ramón Puig) und Emaillieren (Carme Brunet) sowie für die Anfertigung der Kette aus Silberdrahtringen Tanja Fontane.

Nicht zu vergessen sind all jene, die Abbildungen ihrer Stücke für diesen Band zur Verfügung stellten oder Empfehlungen für einzelne Abschnitte gaben, und insbesondere Aureli Bisbe mit den hier gezeigten Demonstrationen der Entstehung einiger seiner Arbeiten.

Dank gesagt sei auch den Kunstgalerien Magari und Forum Ferlandina in Barcelona unter Leitung von Pilar Garrigosa und Beatriz Würsch, Joan Oliveres von der Firma Bagués und der Firma Chamorro & Moreno, ferner dem engagierten Fotografen Joan Soto und den geduldigen Mitarbeitern des Verlags Parramón.

Und besonders herzlich danke ich meiner Frau und meinen beiden Söhnen für ihre Geduld im Verlaufe des vergangenen Jahres!

Carles Codina

Für die deutsche Ausgabe dieses Buches schulden Übersetzerin und Redaktion für ihre umfassende Beratung in Fachfragen außerordentlichen Dank Goldschmiedemeister Ulrich Meier (Luitpoldplatz 20, D 95444 Bayreuth) und seiner Mitarbeiterin Carolin Waha.